AF632962

श्रेष्ठ भारतीय साहित्य

भारतीय ज्ञानपीठ

हिंदुस्तानीयत का राही

(अध्ययन)

हिंदुस्तानीयत का राही

डॉ. हैदर अली

भारतीय ज्ञानपीठ

लोकोदय ग्रन्थमाला : ग्रन्थांक 1412

ISBN 978-93-87919-71-6

हिंदुस्तानीयत का राही

(अध्ययन)

डॉ. हैदर अली

प्रकाशक : **भारतीय ज्ञानपीठ**

18, इन्स्टीट्यूशनल एरिया, लोदी रोड, नयी दिल्ली–110 003

मुद्रक : भारतीय ज्ञानपीठ, नयी दिल्ली

आवरण : महेश्वर

HINDUSTANIYAT KA RAHI
(Study)
By Haider Ali

Published by
Bharatiya Jnanpith
18, Institutional Area, Lodi Road, New Delhi-110 003
Ph. : 011-24698417, 24626467; 23241619 (Daryaganj)
Mob.: 9350536020; e-mail : bjnanpith@gmail.com
sales@jnanpith.net; website : www.jnanpith.net

First Edition : 2020
Price : Rs. 300

राही के साथ
उनको समर्पित
जो हिंदुस्तानीयत को बचाए हुए हैं

भूमिका

राही मासूम रज़ा का पूरा साहित्य हिंदुस्तानी सभ्यता और संस्कृति की साझी-विरासत का प्रबल समर्थक है। राही उन शक्तियों और प्रवृत्तियों का हमेशा विरोध करते रहे जो देश की एकता को धर्म, संप्रदाय, क्षेत्रीयता और भाषा के नाम पर बाँटने की कोशिश करती है। राही का मानना है कि धर्म और जाति कोढ़ की तरह है और यही भारत की सबसे बड़ी समस्या है, जहां सत्ता के लिए धर्म का दुरुपयोग किया जाता है। राही ने अपने लेखन में भारतीय समाज की इसी त्रासदी का चित्रण बिना किसी पूर्वाग्रह के पूरी ईमानदारी से किया है।

राही का साहित्य इस बात की गवाही देता है कि देश में फैली सांप्रदायिकता चाहे वह किसी भी आधार पर हो, उसकी चिंता उन्हें इस कदर थी कि, उनके साहित्य का मुख्य विषय और मूल समस्या यही बन गई। राही ने कभी इस विषय से हटना भी चाहा हो तो भी वे चीज़ें अनायास ही उनके यहाँ आ जाती हैं। राही क्षेत्र और भाषा के आधार पर देश को तोड़ने वालों को सचेत करते हैं कि, ''यह भी न भूलिये कि 'इंकलाब ज़िंदाबाद' का जो नारा है यह स्वतंत्रता संघर्ष का इकलौता नारा है और यह मराठी नहीं है। यह नारा उ.प्र. ने दिया था। तो यह नारा लौटाइये। और इस नारे के पीछे चलने वाला सारा स्वतंत्रता संघर्ष लौटाइये। हमारा जो राष्ट्रीय गान है वह भी मराठी नहीं है बंगाली है तो वह भी लौटाइये।'' (धर्मयुग, 25 जनवरी 1987) राही को इस बात की बड़ी फिक्र थी कि हमारे देश में हिंदू-मुस्लिम, बंगाली, तमिल, तेलगू, मराठी तथा गुजराती की संख्या तो दिनो-दिन बढ़ रही है, परंतु हिंदुस्तानी धीरे-धीरे कम होते जा रहे हैं—

अपने वतन में,
हिंदू, मुस्लिम, सिख, ईसाई, बहुतेरे हैं
लेकिन मैं यह सोच रहा हूँ
अपने मुल्क में हिंदुस्तानी कितने होंगे!

राही के इस प्रश्न का उत्तर देने के लिए हम आज भी कितने तैयार है, यह

सोचने वाली बात है।

मार्च 2001 से पहले राही मासूम रज़ा के नाम से भी मैं अनभिज्ञ था। हिंदी द्वितीय वर्ष का छात्र था ज़रूर लेकिन राही तक मेरी पहुँच नहीं थी। कबीर के मर्म भेदी बाण तो देखे थे और उसकी डंके की चोट पर कहने वाली बेलाग टिप्पणियाँ भी, परन्तु उसी की परंपरा में 'राही' का नाम पहली बार सुन रहा था। मार्च 2001 के दूसरे सप्ताह की बात है, जब जामिया मिल्लिया इस्लामिया के हिंदी विभाग में राही केंद्रित संगोष्ठी का आयोजन किया गया था। मैंने उस संगोष्ठी में पूरी तनमय्ता के साथ शिरकत की। उन दिनों राही को सुनते हुए उनसे एक अजीब सा लगाव हो गया था। उस संगोष्ठी में वैसे तो राही के प्रत्येक पहलू पर ग़ौर किया गया, परन्तु मुझे जिसने सबसे अधिक प्रभावित किया, वह थी राही की वतनपरस्ती। बार-बार राही के गाँव गंगौली और शहर गाज़ीपुर का ज़िक्र आता था। राही को अपने देश की मिट्टी से बड़ी मुहब्बत थी। वह हिंदुस्तान की प्रत्येक चीज़ का दीवाना था, उससे बेपनाह मुहब्बत करता था और जो इस देश की संस्कृति को, हिन्दुस्तानी मूल्यों को नुकसान पहुँचाए उससे राही बेपनाह नफरत भी करता था। गंगा तो पहले ही अमर थी, राही ने गंगौली और गाज़ीपुर को भी अमर कर दिया। यानी उनकी ज़िदंगी में हिंदुस्तानी संस्कृति रची बसी थी इसलिए उनका लेखन हिंदुस्तानीयत की खुशबू से शराबोर है।

उस सेमिनार में राही के चचेरे भाई जो उस समय जामिया के वाइस चांसलर भी थे यानी सैयद शाहिद मेहदी के अलावा वो लोग भी शामिल हुए जो राही को बहुत करीब से जानते थे। जिनमें कुंवरपाल सिंह, प्रदीप सक्सेना, असग़र वजाहत आदि-आदि का नाम मुझे याद है। इन लोगों द्वारा राही के बारे में सुनते, जानते हुए मुझे राही से एक अजीब सा लगाव हो गया था और उसका असर ये हुआ कि मैं अपनी नियमित कक्षाएं छोड़कर तीन दिनों तक इसी संगोष्ठी में शामिल रहा। कबीर के बारे में, मैं पहले पढ़ चुका था और राही को सुनते हुए बार-बार कबीर को याद कर रहा था। न केवल विषय वस्तु बल्कि राही के अंदाज़े बयाँ को लेकर दोनों के साम्य को देख रहा था, समझ रहा था। वह भी उन लोगों द्वारा जिन्होंने राही की ज़िंदगी को करीब से देखा था। जो उन लोगों से सुना बाद में वही तेवर मैंने राही के लेखन में पाया।

राही का व्यक्तित्व कई मायनों में कबीर से मेल खाता है। विषय वस्तु की दृष्टि से देखें तो कबीर की मुख्य चिंता भी वही थी जो राही की, देश में फैली हिंदू-मुस्लिम सांप्रदायिकता। संप्रदायों के बीच गहरी होती खाई को कबीर ने पाटने की भरपूर कोशिश की और जो इस खाई को गहरा करना चाहते थे कबीर ने उन्हें खूब लताड़ा, 'अरे इन दोउन राह न पाई, हिंदुओं की हिंदुआई देखी, तुरकन की तुरकाई।''

अब राही की बानगी देखिए—

इन शेख-ओ-बरहमन से 'राही' हमें क्या लेना
हम अज़्म'ओ-यकीं वाले,ये वह्म-ओ-गुमां वाले।''

राही का अपनी बात को कहने का तरीका भी कबीर के अंदज़े-बयाँ से मेल खाता है। राही ने कभी किसी की परवाह नहीं की, जिस बात को वे अकेले में कहते हैं, उसे भीड़ के सामने कहने में उन्हें तनिक भी घबराहट या डर नहीं। राही की खुद्दारी कबीर के फकीराना अंदाज़ से मेल खाती है—

कबिरा खड़ा बाज़ार में, लिए लुकाठी हाथ
जो घर फूँके आपना, चले हमारे साथ।

मध्यकालीन संत तो पहले ही अपना घर फूँक चुका था और राही अपना घर फूँकने के लिए हमेशा तैयार रहता था। हर-हर-महादेव और नारा-ए-तकबीर-अल्लाहु-अकबर का नारा लगाने वालों से कबीर के बाद यदि किसी ने टक्कर लेने की हिम्मत की तो वह है राही मासूम रज़ा। यह लेखक सांप्रदायिक शक्तियों के सामने सीना ताने खड़ा रहा, चाहे इसका कोई भी अंजाम हो। राही का किसी बात को कहने का अंदाज़ ही अलग था। वह हर बात डंके की चोट पर कहता है। कबीर तो पहले ही अपना घर फूँक चुके थे और दूसरा कबीर घर फूँकने को हर समय तैयार था—

''मेरा नाम मुसलमानों जैसा है
मुझको कत्ल करो और मेरे घर में आग लगा दो
लेकिन मेरी रग-रग में गंगा का पानी दौड़ रहा है।''

जिस प्रकार कबीर शासक वर्ग और धर्म मठाधीशों के सामने खड़े है उसी प्रकार राही भी उनकी परते उखेड़ते हैं। कबीर की इस ज़मीन को बाद में प्रेमचंद ने पकड़ा था। वे भारतीय समाज में फैले इस रोग को दूर करने की भरपूर कोशिश करते नज़र आते हैं। जिस प्रकार कबीर और प्रेमचंद ने वर्ग, वर्ण, धर्म, जाति या संप्रदाय से ऊपर उठकर इंसानियत की डोर को पकड़ा था उसी प्रकार राही ने भी इसे मज़बूती से थामा। और उनकी ये ज़मीन सिर्फ मानवीयता की ज़मीन थी। वो हिंदुस्तानीयत यानी भारतीय संस्कृति और उसके मूल्यों को बचाने के लिए तैयार की गई ज़मीन थी। राही के यहा सांप्रदायिक शक्तियों का विरोध पूरी शक्ति के साथ दृष्टिगोचर होता है। इसके लिए वे जीवन भर लड़ते रहे। 'सांप्रदायिक शक्तियाँ कहती रहें कि मुसलमान यहाँ के नहीं हैं लेकिन राही अपने आपको गंगौली का मानते हैं, जो उनका गाँव ही नहीं घर भी है, और कोई आदमी अपना घर यानी हिंदुस्तान कैसे छोड़ सकता है?'' हिंदुस्तानीयत राही की पहचान है और जब इस पहचान पर कोई सवाल उठाता है तो राही बेचैन हो जाते हैं। इस कैफियत में राही कई-कई दिनों तक सो नही पाते। उनकी बेचैनी फिर हमें कबीर की याद दिलाती है—''दुखिया दास

कबीर है, जागे अरू रौवे''।

यहाँ मैं शिव कुमार मिश्र कहिन कहता हूँ ''राही की यह बेचैनी कबीर की बेचैनी है। वे जब तक जिए इस बेचैनी को जीते हुए जिए। कबीर की तरह रात-रातभर जागते हुए और रोते हुए जिए। अच्छी तरह खा-पीकर, सुख की नींद सोने वालों की नींद में खलल डालते हुए जिए। कबीर इस नाते कभी माफ नहीं किए गए। अपने समय में अकेले रहे, अभिशप्त रहे, राही का समय बदलता हुआ समय था। उनकी बेचैनी में शिरक्त करने वाले लोग थे, परंतु भीतर से कही राही अकेले भी थे। कबीर की मस्ती और अखक्ड़ता की सात पर्तों के भीतर जैसे दर्द का, मानवीय करूणा का एक समुन्दर उछाल लेता रहता था, ठीक उसी तरह राही की ऊपरी मुस्कुराहट और यारबाज़ी की सात पर्तों के भीतर भी दर्द का वैसा ही सैलाब मानवीय करूणा का ॠसा ही लबालब भरा, अक्षय स्त्रोत उमंगे भरता रहता था। (राही विशेषांक अभिनव कदम, 2001-02)

अलीगढ़ हो चाहे मुंबई, उन्होनें कभी किसी चीज़ को लेकर समझौता नहीं किया। दक्षिणपंथी हिंदू संगठन हो या कट्टरवादी मुस्लिम, राही कभी किसी के सामने नहीं झुका बल्कि वह सदा उनकी पोल खोलता रहा—

''अब मस्जिद अल्लाह का नहीं
मुल्ला का घर है
अब मंदिर में राम नहीं
सिंघल रहते हैं
आडवाणी पूजे जाते हैं।''

तीसरी बात जो राही की न केवल मुझे प्रभावित करती है बल्कि वह राही के साहित्य की मुख्य समस्या है, और ताकत भी। वह है सांप्रदायिकता, राही आजीवन इसका डटकर मुकाबला करते रहे। हिंदू-मुस्लिम खाई को दूर करने की ईमानदार कोशिश राही मासूम रज़ा के साहित्य की ताकत है। कबीर, प्रेमचंद की परंपरा का यह लेखक ज़िंदगी भर संकीर्ण विचारों और सांप्रदायिक शक्तियों का मुंह तोड़ जवाब देता रहा। राही का मानना था कि धर्म और संस्कृति दो अलग-अलग चीज़े है और दोनों ही एक दूसरे को प्रभावित कर सकती है, लेकिन संस्कृति का एक स्वतंत्र व्यक्तित्व होता है उसे धार्मिक बंधनों से नहीं बंधना चाहिए। संस्कृति का दायरा असिमित होता है। भारत की एकता, अखंडता और संस्कृति की रक्षा करना वे अपना फर्ज़ समझते थे। धर्म निरपेक्षता राही साहित्य की नींव है, और उसमें उन्होनें कभी पानी नहीं घुसने दिया। आधा गाँव का यह कथन इसे सिद्ध करता है-

''जंग के मोर्चे पर जब मौत मेरे सामने होती है तो मुझे अल्लाह याद आता है, लेकिन उसके बाद मुझे फौरन काबा नहीं, अपना गाँव गंगौली याद आता है, क्योंकि

वह मेरा घर है, अल्लाह का घर काबा है लेकिन मेरा घर गंगौली है...।'' इस बात को ध्यान में रखकर कमलेश्वर कहते हैं—''मैं नहीं समझता कि इससे बड़ी राष्ट्रीय अस्मिता की कोई घोषणा की जा सकती है, जिसे अकबर के दीने-इलाही में भी नहीं बांधा जा सकता।''

राही के महत्त्व को समझने के लिए मैं एक ओर महान लेखक धर्मवीर भारती को कोड करना चाहता हूँ—''अगर आज भारतेंदु होते तो कहते 'इस (राही) पर कोटिन हिंदू वारिये' दूसरे उर्दू शायरों की धर्म निरपेक्षता मूलत: हिंदू और मुस्लमान को अलग मानती है और उनमें इत्तेहाद चाहती है। राही किसी भी हालत में अपने को अलग नहीं मानते। इस देश के, इस संस्कृति के बेटे होने का हक उनसे कोई नहीं छीन सकता। वे हैं और रहेंगे, तनकर रहेंगे, अपना हक मनवाकर रहेंगे, क्योंकि जो-जो दायित्व इस देश और संस्कृति से जुड़ने का है, उसे पूरा करने में वे अपने मन-वचन-कर्म में किसी से पीछे नहीं रहे हैं।''

राही मासूम रज़ा की मुख्य विशेषता यह है कि वे कमोवेश हर तत्कालीन ज्वलंत मुद्धों के स्वयं भोक्ता रहे हैं, परंतु फिर भी उनका लेखन तटस्थ एवं ईमानदार होने की गवाही देता है। 'आधा गाँव' में पूरे गाँव को वे इसलिए नही लेते क्योंकि वे ईमानदारी से आधे गाँव के बारे में ही जानते हैं, यह अलग बात है कि उस आधा गाँव में पूरा हिन्दुस्तान बसा है। जहां हिंदू-मुसलमान एक दूसरे के सुख-दुख में सहभागी हैं, 'गया अहीर' और 'कोमिला' आदि गंगौली के सैयदों और जुलाहों के साथ लकड़ी भांजते हैं, ताजिया को कंधा देते हैं। यह हिंदू-मुस्लिम एकता लेखक की कल्पना नहीं बल्कि उस समय का यथार्थ है। राही उन्हीं मुद्दों को उठाते है जिनके बारे में वे पूरी जानकारी रखते हैं तथा दूसरे जिसके सामाजिक सरोकार हों। यही कारण है कि 'आधा गाँव' है, न कि पूरा गाँव। 'आधा गाँव' के माध्यम से भारत विभाजन की पीड़ा साफ दिखाई देती है। विभाजन केवल जमीन और आसमान का न था बल्कि उसने दिलों को भी बाँट दिया था। केवल देश, शहर या गाँव ही नहीं बल्कि परिवार, पति-पत्नी तक को अलग कर दिया था—

''और नतीजे में हिंदुस्तां बट गया,
ये ज़मीं बट गई, आसमां बंट गया
शाख-ए-गुल बंट गई, आशियाँ बंट गया
हमने सोचा कि वो ख्वाब ही और था
अब जो देखा तो पंजाब ही और था।''

बँटवारे का दर्द आज तक लोगों के दिलों-दिमाग में हैं। लम्हों की इस खता से सदियाँ सज़ा पा रही हैं। लेखक मानता है कि देश-विभाजन से मुसलमानों को बहुत बड़ा नुकसान हुआ है। शायद उनकी भारतीयता पर शक को इसने और मज़बूत

किया और वाकई ये बड़ा नुकसान है जिससे आज भी भारतीय मुसलमान प्रभावित है। परंतु 'आधा गाँव' में राही दिखाते हैं कि अधिकतर आम लोगों को पाकिस्तान का पता ही न था। युवा वर्ग पाकिस्तान के विरूद्ध था तथा स्त्रियों को इसकी कोई जानकारी नही थी। न ही साधारण लोगों का बँटवारे में कोई हाथ था। आधा गाँव की सितारा का यह प्रश्न "मुल्क क्या होता है?" न जाने कितने प्रश्नों को छोड़ देता है। जब चंद लोगों ने अपनी इगो और स्वार्थ प्रेरित इच्छओं के कराण मुल्क को बाँट दिया जबकि आम लोगों का इससे कोई सरोकार न था। चूंकि 'आधा गाँव' समय की कहानी है इसलिए समय गंगौली में भी बदल रहा है। भारतीय राजनीति में अपराधीकरण की संभावना हमें देश आज़ाद होने के तुरंत बाद दिखाई देने लगती है। फुन्नन और छिकुरिया की हत्या तथा शहीदों की सूची से मुस्लिमों का नाम गायब होना इसके प्रमाण है।

राही का अन्य महत्त्वपूर्ण उपन्यास 'टोपी शुक्ला' हिंदू-मुस्लिम संबंधों की गहन पड़ताल बड़ी प्रगतिशील दृष्टि से करता है। यह बहुत मार्मिक उपन्यास है जिसमें दोनों धर्मों के दकियानूसी लोगों को पोल खोली गई है और दिखाया गया है कि किस प्रकार व्यक्ति चाहे किसी भी धर्म का क्यों न हो, उसके सहज मानवीय संबंध होते हैं। परंतु बढ़ते हुए जातीय संगठन और धार्मिक गठजोड़ से यह ताना-बाना दूषित हो रहा है। टोपी की आत्म हत्या से एक बुनियादी प्रश्न अवश्य खड़ा होता है कि हिंदुओं को इस्लामिक संस्था और मुसलमानों को हिंदू संस्था में काम नही मिलेगा तो हमारी अखंडता, एकता का क्या होगा? हिंदुस्तानियत कैसे बचेगी? विभिन्नताओं वाले इस देश में यह बड़ा प्रश्न है और साथ ही गहरे संकट का सूचक भी।

राही मानते हैं कि हम सत्य को सत्य मानने से कतराते हैं, शायद हम डरपोक हैं इसलिए हम आधुनिक सामाजिक विद्रूपताओं का सामना करने तथा वास्तविकता को स्वीकारने से हमेशा कतराते रहते हैं। अत: हम झूठ को सच और सच को झुठला कर अपने मन को संतुष्ट करना चाहते हैं, क्योंकि हम जीना चाहते हैं। इसलिए हम जीने के लिए 'इफ्फन' की तरह समझौता कर लेते हैं। समाज से टक्कर लेकर टोपी की तरह आत्म हत्या करने से डरते हैं। लेकिन आत्महत्या चूंकि सभ्यता की हार है, इसलिए राही चाहते थे कि टोपी जैसे लोगों को मरने से बचाना होगा और इसके लिए समाज को बदलना पड़ेगा। उसी समाज को बदलने की चिंता राही को हमेशा बैचेन करती रही।

राही उपन्यासों के अतिरिक्त काव्य में भी उसी तेवर के साथ सांप्रदायिकता को चुनौती देते हैं—

'मुझको राहों पर सिपाही अच्छे नहीं लगते

कोई आ जाए यहाँ शेखों ब्राह्मण के सिवा।'

यही तटस्थता उनकी रचनाओं को ताकतवर बनाती है। कविता में व्यंग्य का बहुत महत्त्वपूर्ण स्थान है, परंतु अफसोस इस बात का है कि, राही के इस पहलू की ओर इशारा न तो उर्दू वालों ने किया और न ही हिंदी वालों की दृष्टि इस ओर गई। जबकि वास्तविकता यह है कि राही के अंदाज़ में ही एक व्यंग्य है, जिसकी चोट घनी और गहरी होती है।

''अपने अल्लाह को बाज़ारों में
लोग सिक्के की तरह अब भी चलाते होंगे
चेहरों पे डाले अपनी नमाज़ों का नकाब
अपनी हर जेब में दुश्नाम के पत्थर लेकर
लोग मस्जिद से निकलते होंगे
संग सारो के लिए ढूँढ़ने दीवाना कोई
कौन इस शहर में दीवाना हुआ मेरे बाद।''

उन्होंने कभी अपने विरोधियों की चिंता नहीं की जबकि वे रोज़ विरोधी बनाते थे। राही को सच कहने से कोई नहीं रोक सकता था और ऐसा कहते समय उनका स्वर और भी तीखा हो जाता है। वे ललकार कर कहते हैं कि तुम उस गंगाजल का क्या करोगे जो मेरी नसों में लहू बनकर दौड़ रहा है, वह भगवान महादेव की जटा से निकला है। शिव ने जिस गंगा को अपनी जटाओं में उतारा था, राही ने उसे अपने बदन में उतार लिया। राही का अपनी संस्कृति और देश से प्रेम होने का अहसास कितना तीखा है–

''मेरे लहू से चुल्लू भर कर महादेव के मुँह पर फेंको
और उस जोगी से यह कह दो—
महादेव
अब इस गंगा को वापस ले लो
यह ज़लील तुर्कों के बदन में गाढ़ा गर्म लहू बनकर दौड़ रही है।''

हिंदी–उर्दू का बहनाया पर हमेशा चर्चा चलती रहती है, राही बहुत पहले इस समस्या का हल पेश कर चुके हैं। राही ने हिंदू–उर्दू को कभी अलग स्वीकार नहीं किया। वे मानते हैं कि हिंदू–उर्दू मूलतः एक ही भाषा है, बस उनके लिखने की शैलियाँ अलग हैं। इससे भी आगे बढ़कर राही इस धारणा को तोड़ते है कि उर्दू, सभी भारतीय मुस्लमानों की भाषा, हैं। वे इस विषय पर साफ तौर पर अपनी राय रखते है कि, उर्दू कुलीन और उच्च वर्ग की भाषा थी और इसमें हिंदू भी शामिल है। क्या बंगाल के मुस्लिम उर्दू बोलते है? नहीं, और अगर बात उ.प्र. और अवध क्षेत्र (लखनऊ) की भी की जाय, जिसे उर्दू क्षेत्र माना जाता है तो आप पायेगें कि वहां के

आम लोग अवधी या खड़ी बोली बोलते है। आधा गाँव इसका प्रमाण है, जब फुन्नन मियाँ, वाजिद मियाँ पर व्यंग्य कसते है—

"उर्दू ल्यो, तूँ त लग्यो उर्दू बोले।" और शेरवानी पहनने के बाद हम्माद मियाँ का उर्दू बोलने वाला प्रसंग भी एक प्रकार का तंज़ है। यानी उर्दू सभी भारतीय मुसलमानों की भाषा नहीं थी। उसका संबंध उच्चता और कुलीनता से भी था। इस भाषायी विभेद की राजनीति को भी राही समझ रहे थे कि किस प्रकार उर्दू को सिर्फ मुसलमानों की भाषा प्रचारित किया जा रहा है। राही जानते थे कि धर्म के अलावा जिस उर्दू को सभी मुसलमानों की ज़बान कहकर देश विभाजन के लिए ज़मीन तैयार की गई, पाकिस्तान बनने के बाद भी वहाँ के मुस्लमानों में लगभग 10 प्रतिशत लोगों की जबान उर्दू थी। जबकि भारत के मुस्लिमों में उर्दू भाषी लोग इससे कही अधिक थे। इस भाषायी सांप्रदायिक सोच और राजनैतिक साज़िश को राही एक साथ बेनकाब करते है। राही ने महाभारत के संवाद शुद्ध हिंदी में लिखकर तथा उर्दू प्रतीकों का त्याग करके इसे प्रूफ भी किया हैं। उन्होंने विशुद्ध भारतीय प्रतीकों को काव्य के लिए चुना। राम, कृष्ण, राधा, गंगा, हिमालय, शिव, महादेव, रसिया तथा विदेसिया सब यहीं की मिट्टी से तो जुड़े हैं न कि अरब और ईरान की। यह इसलिए भी महत्त्वपूर्ण है क्योंकि राही उर्दू से हिंदू में आये थे। वे हमेशा इस बात के पक्षधर रहे कि उर्दू को देवनागरी लिपि में लिखने से उसका विकास होगा। राही की कविताओं में उदासी, खामोशी तथा तन्हाई के साथ ही जीजिविषा का भाव भरा पड़ा है। नये बिम्बों व नये प्रतीकों के सफल प्रयोग से कविता धारदार बनती है–

"ये चराग जैसे लम्हे यूँ ही रायगां न जाएं,
कोई ख्वाब देख डालो कोई इंकिलाब लाओ।"

'अठारह सौ सत्तावन' राही का इकलौता महाकाव्य है। उस समय प्रत्येक व्यक्ति अंग्रेज़ी दास्ता की जंज़ीरों को तोड़ देना चाहता था। पुरुषों के साथ महिलाएँ भी सामंती जकड़न व गुलामी से मुक्ति चाहती थी। उस समय यदि क्रांति सफल हो जाती तो आज भारत की तस्वीर दूसरी होती, इसी परिकल्पना को लेखक ने यहाँ बताने की कोशिश की है। इस क्रांतिकथा का वर्णन कवि नई ऊर्जा के साथ करता है। इसकी कथा राष्ट्रीय सवालों से जुड़ी होने के कारण इतिहास से मेल खाती है। 1857 हिंदी व उर्दू दोनों ओर से हाशिये पर रहा है, राही ने पहली बार इस पर लिखने की हिम्मत की। राही ने क्रांतिकथा के माध्यम से दिखाया कि किस प्रकार हिंदू और मुसलमानों ने इस लड़ाई को मिलकर लड़ा था और सबका एक ही मकसद था देश को अंग्रेजों से मुक्ति दिलाना—

"हिन्दू–मुस्लिम ऐके का था अमिट अफसाना

एक सतर उसकी काबा थी, एक सतर उसकी बुतखाना
दो सतरों के बीच में था आजादी का पैमाना
एक जुबां है हिंदू-मुस्लिम दोनों दिलों की धड़कन की
सुनो भाइयों, सुनो भाइयों ''कथा सुनो सत्तावन की।''

क्रांतिकथा की रवानी मुसद्दसे हाली की याद दिलाती है। शब्द जैसे ज़बान पर चढ़ते जाते है और कथा आगे बढ़ती जाती है। राही का लेखन सच्चे अर्थों में हिंदुस्तानी संस्कृति का आईना है। राही की जवीन दृष्टि सीमित नहीं थी, बल्कि राही के सरोकार व्यापक युगद्रष्टा के थे। कबीर और प्रेमचंद की परंपरा का यह लेखक आज के घुटन भरे माहौल में,जब देश की एकता और भाईचारे को बड़े प्रायोजित ढंग से तोड़ा जा रहा है और भी प्रासंगिक हो गया है। सत्ता के अमानवीय तरीकों तथा सांप्रदायिक विभाजनकारी शक्तियों के विरूद्ध खड़ा राही, कबीर की परंपरा को आगे बढ़ाता है।

''सर उठाने का हक आसां नही
सर झुकाने से इंकार तो कीजिए
कैसी जंज़ीरे-दर, कैसी जंज़ीरे-या
लफ्ज़ को तेज़ तलवार तो कीजिए।''

महाभारत में समय सूत्रधार है—''मैं समय हूँ, मेरे बहाव के रास्ते में न किसी दुख की रुकावट है और न सुख की फिर भी कभी-कभी भाग्य रेखाएँ मुझे भी उलझा लेती है।'' आज जब समय बदला गया है, सत्ता बदली है तो उसके बहाव में हमारी साझी विरासत और समंवित संस्कृति को भी बहाने की कोशिश की जा रही है। परंतु राही मासूम रज़ा और राही जैसे लोगों ने सांस्कृतिक सद्‌भाव की नींव को इतना मज़बूत कर दिया है कि नफरत की लहर हिंदुस्तानीयत का कुछ बिगाड़ नहीं पायेगी।

राही की दिलेरी और बेबाकी कमाल है। उनका अंदाज़ पैना व धारदार है। उनका यही पैनापन, तेवर बनकर तीखे अहसास के साथ चुभता चला जाता है। हिंदुस्तान की धरती के प्रति जो श्रद्धा और दीवानगी की हद तक लगाव राही को है उसकी मिसाल ढूंढना मुश्किल है। महाभारत का घर-घर पहुँचाने का जो कारनामा राही के हाथों हुआ है ऐसी समन्वित संस्कृति की मिसाल ढूंढना भी मुश्किल है। इसके द्वारा लाखो-करोड़ो लोग महाभारत के नैतिक, धार्मिक और सांस्कृतिक पक्ष को अच्छे से जान व समझ पायें। बल्कि ये कहने में किसी को कोई आपत्ति नहीं होनी चाहिए कि जिस प्रकार तुलसी ने रामकथा को लोक कथा बना दिया उसी प्रकार राही ने महाभारत की कथा को घर-घर पहुँचा दिया। इसलिए कुछ लोग राही को आधुनिक व्यास भी कहते हैं। वाकई साझी विरासत और हिंदुस्तानीयत की

इससे बड़ी मिसाल मिलना मुश्किल है।

राही के प्रति मेरी दिलचस्पी होने का एक ओर कारण है, और वह है उन्ही की परंपरा के प्रसिद्व रचनाकार असग़र वजाहत। राही को लेकर उनसे अकसर बातचीत होती रहती थी। उनके द्वारा बताई गई बहुत सी बाते थी जो राही के जीवन और उनके साहित्य की परतें खोलने में मेरी सहायक बन रही थी। इसी बीच वजाहत सर ने राही के करीबी दोस्त कुंवर पाल सिंह से भी मिलवाया। 2006 या 2007 की बात होगी जब वो जामिया आए थे। बात निकली तो राही पर जा पहुँची। ऐसा हो भी नहीं सकता था कि कुंवर पाल सिंह हो, साथ में असग़र वजाहत और इस बीच अब्दुल बिस्मिल्लाह आ जाएं और फिर राही पर बात न हो। बस मैं तो चुपचाप बैठा सुनता रहा, गुनता रहा। आखिर में कुंवर पाल सिंह ने कहा कि क्रांति कथा पर कुछ काम कीजिए, और साथ ही कुछ सुझाव भी दिए। किताब बनने में इस घटना का जिक्र करना जरुरी लगा। क्योंकि 2001 में राही पर संगोष्ठी, वजाहत सर का साथ और यह घटना यानी कुंवर पाल सिंह से मुलाकात, के कारण ही शायद पुस्तक बनने की प्रक्रिया आरंभ हुई।

राही के प्रति मेरा लगाव बढ़ता गया और उन्हीं दिनों मैंने 'आधा गाँव' भी पढ़ डाला। कच्चा दिमाग उसे पचा नहीं पाया, परंतु मुझे क्या पता था कि राही के प्रति यह लगाव मुझे एक बार और मौका देगा। दुबारा आधा गाँव पढ़ने के बाद मेरे दिमाग में उथल-पुथल मंच गई और मैंने अन्दर ठान लिया कि राही को अच्छे से पढ़ना है। पढ़ने का यह शौक धीरे-धीरे लिखने में बदलता गया और पुस्तक बनती गई।

पुस्तक के पहले अध्याय में राही बनने की कहानी है अतः इसे मैंने इसी शीर्षक से पुस्तक में भी लिया है। इस अध्याय में मैंने यह जानने और समझने का प्रयास किया है कि मासूम रज़ा, राही कैसे बना? मुंबई में रहकर शिव सेना का खुला विरोध और बाल ठाकरे को पत्र लिखकर सीधे चुनौती देना, राही को सबसे जुदा कर देता है। इमरजैंसी के दौर में भी सरकारी तंत्र से टकराने की हिम्मत, एक ज़िद के कारण महाभारत को लिखना और सब कुछ खोकर भी इश्क़ के दरिया को पार कर जाना तथा बेलोस, बेखोफ डंके की चोट पर खरी-खरी बात कहने की ताकत उनमें कहाँ से आई? जो लेखक सारी ज़िंदगी भारतीय संस्कृति को बचाने की चिंता करता रहा, उसके व्यक्तित्व का निर्माण कैसे और किन परिस्थितियों में हुआ? बचपन की वे कौन सी बातें थीं जो राही को इतना अजब आज़ाद मर्द तथा खुद्दार बनाती हैं। इस अध्याय में उनके जीवन से संबंधित विभिन्न पक्षों को पकड़ने का प्रयास किया है जो उनके व्यक्तित्व एवं साहित्य निर्माण में अपनी भूमिका अदा करते हैं।

दूसरा अध्याय—'राही के उपन्यास और हिंदुस्तानीयत': हिंदुस्तानीयत से

तात्पर्य हिंदुस्तानी समाज एवं संस्कृति के मूल्यों में अटूट विश्वास से है। राही पूरी हिंदुस्तानी कौम की बात करते है। हिंदुस्तानी मूल्यों को बचाए रखने की जद्दोजह ही राही के लेखन का प्राण है। राही के उपन्यासों में यह चिंता स्पष्ट रूप में नज़र आती है। राही न किसी धर्म का पक्ष लेते है न ही किसी संस्कृति को श्रेष्ठ मानते हैं सिवाय हिंदुस्तानी संस्कृति के। राही के उपन्यासों में हिंदुस्तानीयत को बचाए रखने की गंभीर कोशिश है।

तीसरा अध्याय राही की कविता के सरोकारों को लेकर है। राही गद्य लेखक के साथ-साथ एक संवेदनशील, सहृदय कवि भी थे। राही के इस पहलू से हिंदी जगत कम ही परिचित हैं। उसका कारण शायद यह भी है कि उन्होंने काव्य रचना उर्दू में की, जिन्हें बाद में हिंदी में प्रकाशित किया गया। राही के काव्य संसार में तरह-तरह के हिंदुस्तानी रंग हैं। उदासी, खामोशी, तन्हाई के साथ प्रेम, तथा विरह की टीस तथा क्रांति स्वर एक साथ दिखाई देता है। राही का दृष्टिकोण निराशावादी नहीं बल्कि आशा की किरण साथ लिए हुए है। हिंदुस्तान की सरजमीं तथा संस्कृति से लगाव के साथ देशभक्ति के भाव से उनके काव्य की निर्मिति होती है। हिंदी से लगभग नदारद 1857 पर महाकाव्य लिखकर राही ने सच्चे अर्थों में हम पर अहसान किया है। इस क्रांति के नायक सिर्फ खास लोग ही नहीं बल्कि आम लोगों की भागेदारी से ही यह क्रांति महान बनी, इस बात का अहसास हमें क्रांतिकथा पढ़ने से होता है। उसी को आधुनिक संदर्भों में देखने का प्रयास है। इस महाकाव्य पर काम करके मुझे संतोष का अनुभव हुआ।

चौथे अध्याय के संदर्भ में एक अहम बात है, वो यह कि मैनें तो राही को देखा नहीं है, सिर्फ उनका साहित्य पढ़कर जैसा लगा, लिख दिया। परंतु लिखते समय लगातार एक कसक बनी रही कि काश मैंने राही को देखा होता, उनसे मिला होता तो क्या खूब होता। इसी कसक से मुझे एक आइडिया आया कि क्यों न मैं उन लोगों से मिलू जिन्होंने राही को करीब से देखा है। मिलना शुरू हुआ तो कई लोग मिल गए, परंतु अब समस्या ये कि मैं इन लोगों से राही के बारे कुछ पूछकर या जानकर लिखू, तो वो तो मैं कर चुका हूँ। फिर उससे छनकर जो बात आयेगी उस बात मैं वो बात कहाँ जो उन्होंने स्वयं राही के बारे में लिखा हो। इस समस्या का हल फिर असग़र वजाहत सर ने किया। उन्होंने राही पर एक संस्मरण लिखा है तथा एक साक्षात्कार भी राही केंद्रित लिया था, जिसमें उन्होंने राही के चचेरे भाई, उर्दू, फारसी के विद्वान सैयद शाहिद मेहदी से बातचीत की है। सर की सहमति ने मेरा काम आसान कर दिया। अतः इस पुस्तक में एक नया प्रयोग किया गया है कि, इसमें असग़र वजाहत द्वारा लिखा, राही संस्मरण, उनके द्वारा किया गया, राही केंद्रित साक्षात्कार तथा स्वयं राही द्वारा लिखा एक सांप्रदायिकता संबंधी लेख को भी

शामिल किया हैं। मुझे उम्मीद है कि इस तीनों को (संस्मरण, साक्षात्कार और लेख) शामिल करने से राही को समझने में आसानी होगी और ये राही के साथ न्याय भी होगा। इसका उद्देश्य यह है कि ये लोग राही को करीब से जानते समझते थे अतः उनका नजरिया आपके सामने आयेगा और राही को समझने के सूत्र खुल सकेंगे। इससे यकीनन पुस्तक की अहमियत बढ़ गई है।

राही की परंपरा के पिता-तुल्य लेखक प्रो. असग़र वजाहत सर का शुक्रिया करना उनके सहयोग को कम करना होगा। वे हमेशा पुस्तक की प्रगति के बारे में पूछते रहे तथा समय-समय पर अपने अहम मशवरे तथा सहयोग देते रहे। राही की रचनाओं को गहराईयों से परखने वाले आलोचक कुंवर पाल सिंह जी को हृदय से सलाम, जिन्होंने कम ही सही पर अपना महत्त्वपूर्ण समय मुझे दिया था। आज जब यह पुस्तक सामने आ रही है, तो वह इस दुनिया से जा चुके, यकीनन उन्हें खुशी होती। बस उनका शुक्रिया करना औपचारिकता से परे कुछ नहीं। मैं प्रोफेसर महेन्द्रपाल शर्मा और डॉ. विवेक दूबे का भी आभारी हूँ जिनकी सलाह हमेशा मुझे काम आई। इस समय मुझे अपने ताया अब्बा, माँ और बड़े भाई मोमिन भैया की बहुत याद आ रही है, जो मेरे काम ये दिलचस्पी रखते थे। वो लोग भी इस दुनिया से विदा ले चुके है, बस उन्हें याद करके आंखे नम ही कर सकता हूँ। अब्बा की दुवाएँ और सहयोग हमेशा मेरे साथ है, भाई-बहनों का स्नेह और दोस्तों की प्रेरणा हमेशा मुझे उत्साहित करती रहती है। सबका तहेदिल से शुक्रगुजार हूँ। यमन का शुक्रिया क्यों किया जाय, वो तो हर चीज़ में मेरे साथ है।

—डॉ. हैदर अली

अनुक्रमणिका

प्रथम अध्याय

मासूम रज़ा के राही बनने की कहानी

प्रगतिशील, जनवादी परंपरा के सशक्त हस्ताक्षर, हिंदी के महान कथाकार और उर्दू के शायर राही मासूम रज़ा का संबंध ग़ाज़ीपुर (उ.प्र.) के गंगौली गाँव के सुसंस्कृत एवं संपन्न परिवार से था। उनका जन्म 1 सितम्बर 1927 को हुआ। एक साहित्यकार के लिए यह आवश्यक है कि वह अपने परिवेश, समाज और संस्कृति को समझने की क्षमता रखता हो। रचनाकार के साहित्य में ही उसके व्यक्तिगत जीवन एवं अनुभवों को मूर्त रूप में देखा जा सकता है, उससे अलग करके नहीं, क्योंकि लेखक के विचार एवं भाव स्वयं के जीवन से ही बनते हैं। साहित्य सृजन में लेखक की सफलता युगानुरूप वातावरण एवं परिस्थितियों के चित्रण पर संभव है। अत: लेखक या कवि ने किन परिस्थितियों, परिवेश एवं विचारों से प्रेरित होकर साहित्य सृजन किया है, यह जानने के लिए लेखक के वास्तविक जीवन को जानना अति आवश्यक है वरना निहितार्थ उद्देश्य अधूरा रह जायेगा। रचनाकार दूरद्रष्टा होता है तथा उसकी दृष्टि सूक्ष्म होती है। उसका चिंतन जितना गहरा, यथार्थ और मानवमूल्यों की प्रगति एवं उन्नति का प्रेरक होता है, उतना ही लोकप्रिय और प्रासंगिक भी।

राही के पूर्वज मूलत: आज़मगढ़ के थे। उनके दादा ठेकमा बिजौली जो आज़मगढ़ का एक गाँव है, वहाँ से गाज़ीपुर अपनी ससुराल में बस गये थे। उनके साले राजा मुनीर हसन गंगौली के राजा थे। इस प्रकार राही का परिवार गंगौली का वासी बन गया था। धीरे-धीरे परिवार में गंगौली का रंग रचता बसता गया। राही गंगा के महत्त्व को समझता है वह ग़ाज़ीपुर को अपने सीने से लगाए हुए हैं, और गंगा उसकी माँ है। ''मैं सैयद रज़ा आब्दी, वल्द सैयद बसीर हसन आब्दी बहुत परेशान हूँ कि मैं कहाँ का रहने वाला हूँ। आज़मगढ़ का, या ग़ाज़ीपुर का? मेरा घर ग़ाज़ीपुर के एक गाँव गंगौली में है या आज़मगढ़ के एक गाँव ठेकमा बिजौली में जिसे आज तक मैंने देखा भी नहीं है। यह मान लेने के बाद भी मेरे दादा मीर अली मुहम्मद साहब, बिजौली जिला आज़मगढ़ के थे, बिजौली सुनकर मुझे गुदगुदी नहीं होती। आज़मगढ़ मेरे लिए हिंदुस्तान के हज़ारों शहरों में से एक शहर है, और

बिजौली केवल एक गाँव। रहे होंगे मेरे दादा वहाँ के। मैं तो गंगौली का हूँ मैं गंगौली ही को जानता हूँ।... ग़ाज़ीपुर का हूँ और यह मानता हूँ कि मेरे दादा आज़मगढ़ से आए थे। ग़ाज़ीपुर मेरे लिए बस एक शहर या गंगौली बस मेरे लिए एक गाँव नहीं है। वह मेरा शहर और मेरा गाँव है। मैं केवल ग़ाज़ीपुर का हूँ। मैं गंगौली का हूँ। गंगौली मेरे अब्बा का ननिहाल है। मुमकिन है कि अब्बा की वफादारी बिजौली और गंगौली के बीच तकसीम हो, लेकिन मेरी वफादारी तकसीम नहीं है।... मैं गया अहीर, हरिया बढ़ई और कोमिला चमार का हूँ। मेरे दादा आए रहे होंगे आज़मगढ़ से क्योंकि सभी के दादा परदादा कहीं न कहीं से आते ही रहे होंगे।''[1]

राही आगे लिखते हैं—''जनसंघ का कहना है कि मुसलमान यहाँ के नहीं हैं। मेरी क्या मजाल कि मैं उसे झुठलाऊँ। मगर यह कहना ही पड़ता है कि मैं ग़ाज़ीपुर का हूँ गंगौली से मेरा संबंध अटूट है। वह एक गाँव ही नहीं है मेरा घर भी है। 'घर' यह शब्द दुनिया की हर बोली और भाषा में है, और भाषा में यह उसका सबसे खूबसूरत शब्द है। इसीलिए मैं उस बात को फिर दुहराता हूँ। मैं गंगौली का हूँ क्योंकि वह मेरा घर भी है। क्योंकि यह शब्द कितना मज़बूत है... और कोई तलवार इतनी तेज़ नहीं हो सकती कि इस क्योंकि को काट दे। और जब तक कि यह क्योंकि ज़िंदा है, मैं सैयद मासूम रज़ा आब्दी ग़ाज़ीपुर का ही रहूँगा।''[2]

राही किसी को ये हक नहीं देते कि वह उससे कहें कि राही तुम गंगौली के नहीं हो। इसीलिए गंगौली को छोड़कर कहीं चले जाओ। ''क्यों चला जाऊँ साहब मैं? मैं तो नहीं जाता।'' कहने का तात्पर्य है कि राही को अपने शहर व गाँव से इस हद तक लगाव था कि उसका नाम बार-बार उनकी कलम की नोक पर आता रहा।

राही के दर्द का अनुमान इसी बात से लगाया जा सकता है कि उन्हें बार-बार कहना पड़ा कि मैं गंगौली का हूँ, गंगौली मेरा घर है तथा गंगा मेरी माँ है। जो आदमी यहाँ की मिट्टी में इतना रचा-बसा हो, जिसके पोर-पोर में हिंदुस्तानीयत भरी हो, जिसका जिस्म, तन-मन गंगा के पानी में डूबा हो। जो इस धरती के हर्ष-उल्लास, दुख-नास का साक्षी और भुक्तभोगी हो, उसे अपनी देशभक्ति का परिचय और देश भक्ति का सबूत बार-बार देना पड़े, उस इंसान के दुख की कल्पना ही की जा सकती है।

राही का यह दुख उनकी रचनाओं में हमेशा बना रहा है। राही के दुख की शुरुआत उनके बचपन से ही हो गई थी, जब राही की चंचलता, शरारत और खुशियों का स्थान सूनेपन ने ले लिया था। जब राही की शिक्षा ठीक से आरंभ भी नहीं हो पायी थी तभी एक घटना ने उन्हें तोड़कर रख दिया या यूँ कहें कि उनके साहित्यिक जीवन का आरंभ भी यहीं से हुआ। राही बचपन में लंगड़ाकर चलते थे, लोग उसे

शरारत समझते थे, परंतु जब उन्हें ज्ञात हुआ कि राही को बोन टी.बी, है, तो पूरे घर में मातम सा छा गया। स्वयं राही इस घटना से अत्यंत दुखी और मायूस रहने लगे। इस घटना ने उन्हें गहराई तक प्रभावित किया और एक ऐसा सूनापन उनके जीवन में आ गया। जिसने जीवन के अंत तक उनका साथ नहीं छोड़ा। शायद यही कारण था कि उनको ईद ने नहीं, मुहर्रम ने अधिक प्रभावित किया। 'आधा गाँव' की कहानी में बार-बार मुहर्रम का आ जाना, यह योजना के तहत नहीं बल्कि ये ग़म उनके जीवन में भी व्याप्त था। मुहर्रम हंसी-खुशी का त्यौहार नहीं है ग़म व मातम का बलिदान और कुर्बानी का त्यौहार है। इसमें नोहे व मर्सिये कहे जाते हैं, अवसाद और विषाद के स्वर गूँजते हैं। राही स्वयं परेशानियों से हमेशा घिरे रहे और उसकी पूरी झलक उनके साहित्य में दिखाई पड़ती है।

राही बचपन में सूनेपन का शिकार थे, राही के सूनेपन को दूर करने के लिए पूरा घर लगा रहता था परन्तु राही का मन मायूस और उदास ही रहता, वे हमेशा बुझे-बुझे से रहने लगे। इस उदासी को कम करने के लिए उन्होंने किताबों से दोस्ती कर ली और धीरे-धीरे राही पुस्तकों का गंभीर अध्ययन करने लगे। माँ का इनके ऊपर बड़ा स्नेह था। राही को भी अपनी माँ से बहुत प्रेम था, वे कहा करते थे—"मेरी तीन माँ हैं एक नफीसा बेगम, जिन्होंने मुझे जन्म दिया, दूसरी गंगा जिसकी गोद में मैं बड़ा हुआ, तीसरी अलीगढ़ यूनीवर्सिटी।" राही को इन तीनों से विशेष लगाव था। हड्डी की टी.बी. उस समय बहुत खतरनाक बीमारी मानी जाती थी। यह हादसा राही की ज़िंदगी की पहली घटना थी जिसने राही की दुनिया को बदल दिया।

जो बच्चा चंचल और शरारती था वह बिस्तर पर शांत पड़ा दूसरे लोगों को देखता रहता था। उस समय टी.बी. के मरीज़ का जीवन अनिश्चित होता था, अत: घर के सभी लोग उदास रहते थे और इस बात का पूरा ध्यान रखते थे कि राही को किसी भी बात की कमी महसूस न हो, जो भी वह चाहे वही हो, और शायद इसी कारण उनका स्वभाव कुछ ज़िद्दी सा हो गया था। जिसका प्रभाव उनके स्वभाव में बाद तक देखा जा सकता था। राही की हरेक ज़िद को पूरा किया जाता था। उनके बचपन के दो मित्र थे लालू और लड्डुन दोनों ही राही के अत्यंत करीब थे। लालू राही के खास दोस्तों में से था, जो उनकी व्यक्तिगत बातों का भी राज़दार था। अधिकतर ये दोनों लोग राही के सारे क्रियाकलापों में साथ होते थे।

"कल्लू कक्का एक ओर नाम है जिनका मासूम के जीवन और साहित्यिक जीवन में महत्त्वपूर्ण स्थान है, जिसका प्रभाव उनके व्यक्तित्व पर भी पड़ा। उनकी उम्र 45 या 46 वर्ष की थी। वह हवेली के सबसे पुराने नौकर थे, परंतु उनकी हैसियत एक पारिवारिक सदस्य की थी। कल्लू कक्का मासूम को 'तिलस्में होशरुबा' की कहानी सुनाते थे और राही बड़ी उत्सुकता से हुँकारें भर-भरकर सुनते थे।"[3]

उस समय ये बात शायद ही कोई सोचता कि राही मासूम रज़ा आगे चलकर 'तिलस्मे-होशरुबा-तहज़ीबी अनासर' पर ही शोध करेंगे। इसीलिए कल्लू कक्का ऐसे चरित्र है जिसका प्रभाव उनके जीवन पर पड़े बिना नहीं रह सका। राही का इलाज चलता रहा और धीरे-धीरे उन्हें बोन टी.बी. से मुक्ति मिली। लेकिन उनकी एक टाँग में लंग हो गया था, इसी कारण वह लंगड़ाकर चलते थे। डॉक्टर का कहना था कि उन्हें आराम करना चाहिए और उनका इलाज बराबर चलता रहना चाहिए। राही के पिता अपने बेटे के भविष्य को लेकर हमेशा चिंतित रहते थे। "लगातार बीमार रहने के कारण पढ़ाई भी ठीक से नहीं हो पा रही थी। उन्हें प्राइवेट परीक्षाओं में बैठाया जा रहा था। जब राही अलीगढ़ मुस्लिम विश्वविद्यालय पहुँचे तब तक उन्होंने औपचारिक रूप से किसी भी स्कूल में शिक्षा प्राप्त नहीं की थी।"[4]

जिस राही का बचपन सूनेपन का शिकार था अब उसे किताबों से प्यार हो गया। कई वर्ष की बीमारी झेलने के बाद वह पढ़ाई में पूरी तरह जुट गये और साथ-साथ उन्हें ग़ाज़ीपुर में कोऑपरेटिव-स्टोर खुलवा दिया था, लेकिन राही का मन काम में नहीं लगा। शायद उनके घर वाले मन न लगने की बात को समझ नहीं पाए इसीलिए उनकी शादी करवाने का फैसला किया। हालांकि राही के मन की छटपटाहट कुछ और ही थी, शादी करना नहीं।

"राही मासूम रज़ा के परिवार वालों ने राही का अट्ठारह वर्ष की आयु में फैज़ाबाद की महरबानो के साथ विवाह कर दिया। राही के साथ इनका किसी तरह का कोई साम्य नहीं था। राही की इनसे कभी नहीं पटी और तीन साल बाद दोनों परिवारों ने परस्पर सहमति से तलाक दिलवा दिया।"[5]

दरअसल राही और महरबानो के पारिवारिक परिवेश में भी बड़ी भिन्नत थी। वे जिस वातावरण से आयी थी उसका और उनकी ससुराल का वातावरण बिल्कुल भिन्न था। भिन्न वातावरण होने के कारण मेहरबानो को अनेक मुश्किलों का सामना करना पड़ा। उनेक प्रयत्नों के बाद भी राही को उनमें कोई दिलचस्पी नहीं थी।

राही स्वच्छंद प्रवृत्ति वाले आदमी थे, परंतु बचपन में हुई घटना और फिर शादी और तलाक आदि के कारण उनकी मानसिक स्थिति में बदलाव आ गया था। जीवन की इन दुखद घटनाओं के अतिरिक्त उनके अंदर बचपन से ही विरोधी प्रवृत्तियों का स्वर रहा। यह प्रभाव उनके साहित्य में स्थान-स्थान पर लक्षित हुआ है। राही के जीवन में उथल-पुथल तो हमेशा रही परन्तु शादी के बाद जीवन में परिवर्तन का एक नया दौर प्रारंभ हो गया। आने वाले जीवन की भूमिका के रूप में साहित्य ने अपनी जड़ों के लिए ज़मीन तैयार कर ली थी। साहित्य का बीज तो बोया ही जा चुका था, शादी के बाद जो स्थितियाँ उत्पन्न हुई उसके बाद उनकी वैचारिक दृढ़ता बढ़ती ही गई।

राही बचपन से ही विरोधी प्रवृत्ति वाले थे और लगातार यह बढ़ता ही गया। इसे ओर बल तब मिला जब वह अपने बड़े भाई मूनिस रज़ा के संपर्क में आए। राही का यह स्वभाव भाई का सहारा पाकर प्रगतिशील होता गया और समाज के दुख-दर्द को स्वर प्रदान करता हुआ साहित्य के माध्यम से मुखरित हुआ।

राही मात्र 15 वर्ष की उम्र में साम्यवादी आंदोलन में भाग लेने के लिए ग़ाज़ीपुर से भागकर लखनऊ गये थे। लगभग उसी समय की बात है जब राही ने पहला अखिल भारतीय मुशायरा 'मऊ' में पढ़ा। 'हिंदुस्तान की सरज़मी' इस नज़्म की ख्याति के साथ-साथ राही की ख्याति भी फैलने लगी। राही की गिनती प्रगतिशील शायरों में की जाने लगी। इसके साथ राही राजनैतिक गतिविधियों और सांस्कृतिक आंदोलनों में भाग लेने लगे। राही बचपन से ही बहुत जिज्ञासु प्रवृत्ति के थे। उनमें श्रेष्ठता और उच्चता का भाव नहीं था। इसीलिए उन्हें निम्न जाति के बच्चों के साथ खेलने में कोई दिक्कत नहीं थी, बल्कि मनमौजी राही को इसमें आनंद आता था। उनके परिवार वाले इसका विरोध करते थे। परन्तु राही पर इसका कोई विशेष असर नहीं होता था। उन्होंने अपनी व्यक्तिगत कठिनाइयों और रोगों पर कैसे विजय पाई, वह अपने आप में एक उदाहरण है।

"उन्होंने जानलेवा बीमारी के बीच घर में रखी सारी किताबें पढ़ डाली। ग़ाज़ीपुर के पुस्तकालय में जो भी पुस्तकें उपलब्ध थी, वह भी मंगाई जाने लगी। राही उस समय केवल उर्दू भाषा जानते थे। उनका दिल बहलाने के लिए कक्का रखे गए।"[6] राही ने स्वयं स्वीकार किया है कि कल्लू कक्का न होते तो मुझे कहानी की सही पकड़ कभी न आती। मैं उनका सदैव आभारी रहूँगा। ये वही कल्लू कक्का जो बचपन में राही को 'तिलस्मे-होशरुबा' की कहानी सुनाया करते थे। इसी विषय पर बाद में राही ने शोध कार्य किया। "एक महत्त्वपूर्ण बात यह है कि राही ने जो महाभारत लिखा उसके संस्कारों के पीछे राही द्वारा बचपन में बढ़ा महाभारत का उर्दू अनुवाद था जो राही ने कई बार पढ़ा था।"[7]

तात्पर्य है कि राही के प्रगतिशील व्यक्तित्व को बनाने में उनके सामाजिक परिवेश का बड़ा हाथ रहा। हाँ बचपन में राही बहुत धार्मिक थे। पढ़ाई के साथ-साथ राही की धार्मिक शिक्षा भी जारी रही। धार्मिक क्रियाकलापों में वे बढ़-चढ़कर हिस्सा लेते थे, लेकिन जब राही ने ग़ाज़ीपुर और गंगौली में भूखे और अभावग्रस्त लोगों को देखा, किसानो-मज़दूरों की दशा देखी तो उनका मन भावुक और द्रवित हो उठा। उनकी बहुत सारी मान्यताएँ टूटने लगीं। वह बेचैन रहने लगे। उनकी एक ही जिज्ञासा थी, वे जानना चाहते थे कि इस ग़रीबी का कारण क्या है? अल्लाह सबको रोटी देता है, उसकी नज़र में सब बराबर हैं, फिर गरीब क्यों भूखें मरते है और अमीर लोग क्यों ऐश करते हैं? "मौलवी साहब ऐसे धर्म से क्या फायदा जो

गरीबों को रोटी न दिला सके।'' ये मूल-प्रश्न उनके दिलो-दिमाग पर छा गए और यहाँ से राही के जीवन में बड़ा परिवर्तन हुआ। राही का मन अलग राह पकड़ने को बैचेन था। वह गरीब-मज़दूरों के बीच काम करने लगे। उनके दुख के साझीदार बने और धीरे-धीरे उनकी पहचान एक विद्रोही शायर की हो गई।

राही के विद्रोही व्यक्तित्व को समझने के लिए एक घटना बहुत महत्त्वपूर्ण है। यह वो समय था जब राही अध्ययन के अतिरिक्त राजनैतिक एवं सांस्कृतिक गतिविधियों में बढ़-चढ़कर हिस्सा लेने लगे थे। उन दिनों राही पढ़ाई के साथ कम्युनिस्ट पार्टी के कामों में भी दिलचस्पी लेते थे। लखनऊ में अन्य प्रगतिशील लेखकों से उनका संपर्क था। इस संपर्क के कारण उनके विचार दृढ़ हो गये और उनका झुकाव साम्यवादी विचारधार की ओर हो चुका था। राही का पारिवारिक-परिवेश राजनीति से भी प्रभावित था। उनके पिता पक्के कांग्रेसी थे। एक ही घर में दो पार्टियाँ थीं। एक बशीर हसन आब्दी जो कांग्रेसी थे, दूसरी पार्टी बड़े भाई मूनिस रज़ा की थी, जो प्रगतिशील विचारधारा से जुड़े थे। राही का बड़े भाई के विचारों से प्रभावित होना स्वाभाविक था। उन्हें लगा कि प्रगतिशील चिंतन के द्वारा ही समाज में एक आम आदमी तक पहुँचा जा सकता है, यही रास्ता है जहाँ गरीब-मज़दूरों के दुख को पास से जाकर समझा और अनुभव किया जा सकता है। उसी समय कम्युनिस्ट पार्टी ने तय किया कि ग़ाज़ीपुर नगर पालिका के अध्यक्ष पद के लिए कामरेड पब्बर राम को खड़ा किया जाए। पब्बर राम भूमिहीन मज़दूर थे। राही व बड़े भाई मुनिस दोनों पब्बर राम के लिए कार्य करने लगे। तभी कांग्रेस ने राही के पिता बशीर हसन आब्दी को अपना उम्मीदवार घोषित कर दिया। दोनों भाईयों के सामने अजीब सी स्थिति खड़ी हो गई, एक बड़ा धार्मिक संकट उनके सामने था। राही अपने पिता को बहुत प्यार और सम्मान करते थे, परंतु यहाँ विचारधारा का मामला था जहाँ राही समझौता कर ही नहीं सकता था। दोनों ने मिलकर पिता को समझाया परंतु उनकी भी आन की बात थी और वैसे भी वो पुराने कांग्रेसी थे। राही मासूम रज़ा ने कहा कि हमारी भी मजबूरी है और हम पब्बर राम को आपके सामने चुनाव लड़वायेंगे, हो सकता है आप चुनाव हार जाए। राही घर से सामान उठाकर पार्टी दफ्तर में चले गए और कामरेड पब्बर को जिताने में जुट गए। जब चुनाव परिणाम घोषित हुए तो सब स्तब्ध रह गए कि एक भूमिहीन मज़दूर ने जिले के सबसे प्रसिद्ध वकील को पराजित कर दिया। ''राही अपने पिता की बहुत इज़्ज़त करते थे। बाप-बेटों में बहुत मुहब्बत भी सिद्धांतों के आगे हार गई।''[8] राही को उस समय कितना दुख हुआ होगा इसका अंदाज़ा लगाया जा सकता है। राही बने ही कुछ इस तरह की मिट्टी से थे, जहाँ सिद्धांत ही सर्वोपरि था और सारे रिश्ते-नाते उसके सामने छोटे पड़ जाते थे। राही अपने-आप को जमींदारी ठसक और सांमती मानसिकता से पहले ही मुक्त कर चुके थे। जात-पात में भी उनकी कोई दिलचस्पी नहीं थी। पब्बर राम की

जीत से उनका हौसला बढ़ गया और उन्होंने साम्यवाद को ओर भी मज़बूती से पकड़ लिया।

राही का बचपन विशिष्ट सामाजिक परंपराओं और धार्मिक वातावरण में व्यतीत हुआ था, जहाँ उन्हें सिखाया गया था कि किसको आदाब करना चाहिए और किसको सलाम, साथ-साथ ये कि धर्म कितनी महत्त्वपूर्ण चीज़ है। परंतु मासूम रज़ा ने जैसे बचपन में ही फैसला कर लिया था कि उन्हें इन रुढ़ियों को तोड़कर नई राहों का राही बनना है। वे बचपन में रोज़े रखते थे, नमाज़ भी पढ़ते थे तथा कुरान-शरीफ की शिक्षा भी वो प्राप्त कर चुके थे, लेकिन कुछ प्रश्न उनके दिमाग में हमेशा घूमते रहते थे, जिनका उत्तर न मौलवियों के पास था उन उनके पास स्वयं। "एक दिन उन्होंने, जब वह रोज़े से थे मौलवी (वसी मुहम्मद) से गुस्से में कहा कि मौलवी साहब अब तो जो रोज़े रखे सो रख लिए अब नहीं रखेंगे। मौलाना चौंक उठे और उन्होंने राही से पूछा क्यों? मासूम ने उत्तर दिया कि अल्लाह जब सबको रोटी देता है तो ग़रीब लोग भूखे क्यों मरते हैं? मौलाना ने कहा "तो क्या ऐसा करके तुम सब में रोटी तक्सीम कर सकोगे? मासूम ने छोटा सा उत्तर दिया "काहे नहीं..." उस दिन से धर्म के प्रति उनका लगाव कम होने लगा।"[9]

विद्रोही प्रवृत्ति तथा ज़िद्दी होने के कारण राही जल्दी से किसी बात को नहीं मानते थे और न ही उससे प्रभावित होते थे, यही कारण था कि वे अपने पक्ष को स्पष्टता से रखते थे। धर्म और रोज़ी-रोटी की समझ उन्हें बचपन से ही होने लगी थी। धर्म के विषय में उनके मन में हज़ारों प्रश्न उठते थे। वह हर उस धार्मिक परंपरा और मान्यता को तोड़ देना चाहते थे, जो मानवता से दूर हो। वे न्याय और मनुष्यता को अधिक महत्त्व देते थे। शायद इसीलिए इमाम हुसैन उनकी आस्था के प्रतीक रहे हैं मुहर्रम नहीं। वे धर्म के नाम पर बनाई गई रुढ़ियों और मान्यताओं का विरोध करते थे। शिया मुसलमान होते हुए भी मुहर्रम में होने वाली बनावटी बातें उन्हें बिल्कुल पसंद नहीं थी। पूरा 'आधा गाँव' इस बात का गवाह है कि वे इन रुढ़ियों को जड़ से खत्म करना चाहते थे। 'आधा गाँव' स्वयं उनकी ज़िंदगी का दस्तावेज़ है। शायर शैलेश जैदी के दिल से निकली आवाज़ राही के व्यक्तित्व की उच्चता को कुछ इस तरह बयाँ करती है—

"तुम्हारा 'आधा गाँव' खुद
तुम्हारी अपनी ज़िंदगी का इक समूचा बाब था
तहों में इल्तिफात का गुलाब था
हुरुफकी चमन की धड़कनें थी खुशबुओं का इज़्तिराव था
तुम्हारा जिस्म भी था भीष्म की तरह छिदा हुआ
तुम्हारा अज़्म था—

अज़ीम मकसद-ए-हयात से बंधा हुआ।''[10]

उनके जीवन में संघर्ष और प्रतिद्वंद्विदता की भावना बचपन से ही विद्यमान थी और यही भावना उनके साहित्य में हमेशा रही—''गंगौली, जहाँ सैयद सैयद में अंतर था, जैसे उत्तर पट्टी और दक्खिन पट्टी के सैयद। वहाँ जुलाहों और चमारों की सैयदों के साथ क्या बराबरी की जा सकती है। सैयदों के बच्चों का जुलाहों के बच्चों के साथ खेलना एक अपराध था।''[11] लेकिन मासूम ने बचपन में ही इस दीवार को तोड़ दिया था। निम्न जाति के बच्चों के साथ कबड्डी व अन्य खेल खेलकर राही ने इस परंपरा को क्रांतिकारी ढंग से तोड़ा था। माँ की मृत्यु से मासूम को बहुत गहरा सदमा पहुँचा था, लेकिन गाँव वालों का कहना है कि घर में माँ की लाश पड़ी थी और मासूम क्रिकेट खेल रहे थे। जब उन्हें पता चला तो घर आये। सबने उन्हें मनहूस कहा और उनकी मनहूसियत की दुहाई दी। परन्तु मासूम रज़ा ने जो उत्तर दिया-वह समाज में व्याप्त अंधविश्वास और रुढ़ियों पर प्रहार था। ''अगर हमारे बैट-बल्ला खेलने से मरी हैं, तो आज से हम ना खैलिबै, नाहीं तो हमारी अम्मा को उठाकर पूछो कि वह काहे मर गयी?''[12]

माँ की मृत्यु उनके लिए किसी सदमे से कम न थी, इसका उन्हें बहुत दुख पहुचा। ये दुख उनके लेखन में परिलक्षित होता रहा। स्पष्टता न केवल उनके साहित्य में परिलक्षित होती है वरन् स्पष्टवादिता उनके स्वभाव की विशिष्टता बन गयी थी, जो उनके द्वारा रचित साहित्य की मूल निधि है। उन्होंने जो महसूस किया था। जो उनका अनुभव किया उसी को साहित्य में पिरोया, जिससे उनके मन का आक्रोश और छटपटाहट कम हुई। राही मासूम रज़ा के घर में पुस्तकों का जखीरा था, पढ़ने-लिखने का माहौल था। राजनैतिक सूझ-बूझ थी अरबी-फारसी, उर्दू, अंग्रेज़ी, हिंदी आदि का संगम था। यानी उन्हें सांस्कृतिक परिवेश विरासत में प्राप्त हुआ। इन सबका प्रभाव उनके व्यक्तित्व पर पड़ा। देश और समाज में होने वाली राजनैतिक एवं सामजिक गतिविधियों पर उनकी नज़र रहती थी। जब ये किशोरावस्था में थे उस समय देश बड़े नाजुक दौर से गुज़र रहा था। अंग्रेज़ और भारतीयों में आये दिन भिडंत या तनातनी होती थी, इसी उत्साह में इन्होंने अपने साथियों के साथ मिलकर एक अंग्रेज़ की खूब पिटाई की थी। वह अंग्रेज़ गार्ड था और भारतीयों को खूब गाली दिया करता था।

''राही ने ऐसी पिटाई की कि वह गाँधी बाबा की जय बोलने लगा। उस समय भारत असहयोग आंदोलन ज़ोरों पर था। उस समय अंग्रेज़ अधिकारी ऐसी वारदातों को बहुत गंभीरता से लेते थे और दोषी भारतीयों को सीधे गोली मार देते थे। वह तो अच्छा था कि ग़ाज़ीपुर का एक पुलिस इंस्पेक्टर इनके पिता का दोस्त था। उसने इन्हें ग़ाज़ीपुर छोड़ने की सलाह दी। इनको लखनऊ भेज दिया गया काफी

दिनों बाद ये लौटकर ग़ाज़ीपुर आये।''[13]

यह घटना राही की किशोर अवस्था की है। राही के अन्दर ही में कुछ ऐसा था कि वह अन्याय नहीं सह सकते हैं और अगर बात भारतीयता की है तो फिर ये कुछ भी करने को तैयार थे। राही ने कभी नहीं सोचा कि मुझे इससे क्या खतरा हो सकता है। सही मायने में जो खतरे बुद्धिजीवीयों को उठाने चाहिए वो सब राही ने उठाये। कबीर के बाद बेबाक टिप्पणियों और खरी-खरी कहने के लिए राही का नाम हमेशा लिया जायेगा।

जिन दिनों बंगाल में अकाल और भीषण सूखा पड़ा था सूखे के प्रकोप से हज़ारों लोग मारे गये, कितने ही लोग बेघर हो गये। इस भीषण दुर्घटना ने राही के कच्चे मन पर गहरा असर डाला। बंगाल के भूखे लोगों का दुख देखकर राही को बड़ी बेचैनी होती थी। उन्हीं दिनों इन्होंने अकाल पर कविताएँ लिखी। उनके मन में रचनाशीलता की शुरुआत हो चुकी थी उसी दौर में संयोग यह हुआ कि इनके चाचा शायरी करते थे, पर वे उसे राग से मंच पर कह नहीं पाते थे। राही की आवाज़ बहुत सुरीली थी। अत: इन्होंने चाचा की गज़ल पढ़नी शुरू की। चाचा की वाहवाही के साथ कवियों व शायरों की जमात में राही की पहचान बनने लगी। इससे राही को शेर पढ़ने का तरीका व महफिलों का अदब आ गया।

बीमारी, मुख्य रूप से टी.बी. की वजह से राही नियमित रूप से पढ़ाई नहीं कर पाये। उनकी कक्षा के लोग उनसे आगे निकल गये। लेकिन राही हिम्मत हारने वालों में से नहीं थे। वे बीमारी की हालात में भी पढ़ाई में लगे रहते और प्राइवेट दसवीं पास की। दसवीं के बाद उन्हें यू.पी. यूनियन बैंक में खजांची की नौकरी मिल गई, नौकरी करते हुए पढ़ाई चालू रखी। थोड़े दिनों दोनों काम साथ-साथ चलते रहे। इस समय राही पढ़ाई व नौकरी दोनों से खुश थे। लेकिन जैसे दुख और राही का चोली-दामन का साथ था। एक बार फिर राही टी.बी. की चपेट में आ गये। बोन टी.बी. ने पहले ही इनका एक पैर खराब कर दिया था। अब की फैफड़े की टी.बी. हो गई। इस बार का आक्रमण तेज़ व खतरनाक था। इनका स्वास्थ्य बिल्कुल बिगड़ने लगा। इस बीमारी के कारण नौकरी छूट गई। चार साल के लगातार इलाज के बाद राही बीमारी से मुक्त हो पाये। राही की मुसीबत भरी ज़िंदगी से इनके पिता व परिवार के लोग हर समय चिंतित रहते थे। इसीलिए उन्हें कपड़े का बिजनेस करा दिया गया। एक साल बाद उन्होंने पिता को जवाब दे दिया और पढ़ाई की इच्छा ज़ाहिर की। एक बार फिर राही की पढ़ाई शुरू हुई। लेकिन दुर्भाग्य से टी.बी. का तीसरा हमला हुआ अब की बार इलाज के लिए उन्हें कश्मीर भेजा गया। तीन वर्ष तक दवा होती रही। राही धुन के पक्के थे। उन्होंने निश्चय कर लिया कि बीमारी चाहे मेरा कितना ही समय बिगाड़ ले मैं अपनी पढ़ाई पूरी करके रहूँगा। राही बिस्तर पर

पड़े-पड़े कोर्स की किताबें पढ़ते रहते। अस्पताल से छुट्टी के बाद उन्होंने इण्टर की परीक्षा के साथ-साथ अदीबे-कामिल की भी परीक्षा दे डाली। इससे फायदा ये हुआ कि सीधे बी.ए. में एडमिशन मिल गया। सो देखते-देखते उन्होंने बी.ए. पास कर लिया। ग्रेजुएट बनने के बाद राही का हौसला और भी बढ़ गया। उन्होंने पूरे जोश-खरोश के साथ अलीगढ़ मुस्लिम यूनिवर्सिटी में एम.ए. (उर्दू) में दाखिला ले लिया और यहाँ से उनकी ज़िंदगी का एक और अहम दौर शुरू हुआ।

राही ने दिल लगाकर पढ़ाई की और उर्दू साहित्य में प्रथम श्रेणी प्राप्त की। इसी हौसले से लगे हाथ उन्होंने ''तिलस्म-ए-होशरुबा में तहजीबी अनासिर'' पर शोध करना प्रारंभ कर दिया। राही जो ठान लेते थे, वो करके ही दम लेते थे और वही उन्होंने किया। राही के सबसे अलग होने के पीछे उनकी इगोस्टिक मानसिकता थी जो उन पर हमेशा हावी रही। अत: उन्होंने जल्दी ही पीएच.डी. भी कर डाली। बीमारी ने उनका बहुत समय बिगाड़ा लेकिन वह उन्हें अपने रास्ते से ना हटा सकी। यद्यपि उन्होंने अलीगढ़ यूनीवर्सिटी में अपने भाई से बहुत बाद में पढ़ना शुरू किया था फिर भी राही का नाम अधिक प्रसिद्ध व जाना-पहचाना जाने लगा। छात्र यूनियन में भी रुचि लेते थे इसीलिए जल्दी 'उर्दू-हिंदी' विभागों में चर्चित हो गये।

राही ने शायरी बचपन से ही शुरू कर दी थी। ''उनकी चची जैबुनिसा बताती हैं कि जब मुहर्रम में राही घर आया करते थे तो बहुत खुश रहते थे। सब रिश्ते के बहन-भाई इकट्ठा होते थे। नौंहे की धुने तैयार की जाती थी, जिसमें मासूम सबके लीडर रहा करते थे। सबसे पहले उन्होंने जो नौहा लिखा है वो है

''बच्चे को लिये गोद में क्या माँग रहे हैं
नाना की रिसालत का सिला माँग रहे हैं।

X X X

''ये बज्में गमै शै हैं अश्कों की घटा छाये,
दिल धड़के तो यूँ धड़के मातम की सदा आये।''[14]

राही की बुनियाद धार्मिक आस्थाओं, मान्यताओं और परंपराओं से भरी हुई थी, जो अत्यंत मार्मिक रूप में सामने आयी हैं। वह बुनियादी तौर पर मुहर्रम की देन है। जिसका प्रभाव उनकी शायरी और उनके साहित्यिक जीवन पर पड़े बिना नहीं रहा। सन् 1948 में राही मासूम रज़ा 'राही' उपनाम से उर्दू में शायरी करने लगे थे। इसी समय डॉ. अजमल-अजमली से संपर्क हुआ और फिर इनके अनेक मित्र बन गये। डॉ. एजाज़ जैसे विद्वान भी राही की शायरी के कायल थे और इसका ज़िक्र वो व्याख्यानों में करते रहे हैं। उस समय के नामचीन लेखकों से राही का संपर्क लगातार बढ़ता गया। उनके दोस्तों में अब्बार हुसैनी, श्री जमाल रिज़वी, मुजाविर हुसैन, खामोश गाजीपुरी, वामिक जौनपुरी, मुस्तफा ज़ैदी, तेग़ इलाहाबादी, उपेन्द्रनाथ

अश्क, सहर फतेहपुरी, फिराक गोरखपुरी आदि प्रमुख थे। उनकी साहित्यिक गतिविधियों का क्षेत्र विस्तृत होने लगा। अधिकतर ये सभी लेखक प्रगतिशील विचारधारा से ताल्लुक रखते थे। बाद में इन्होंने डॉ. एजाज़ अहमद की सरपरस्ती में 'नकहत' क्लब की स्थापना की। इस बात को हिंदी दुनिया के लोग कम ही जानते है कि हिंदी का मशहूर उपन्यास आधा गाँव पहले उर्दू में आ चुका था और इसका किसी ने नोटिस नहीं लिया था।

"इसी ज़माने में रुमानी दुनिया में उनका पहला उपन्यास 'मुहब्बत के सिवा' सईद प्रकाशन से प्रकाशित हुआ, जिसको प्रसिद्धि नहीं प्राप्त हुई, लेकिन उस समय कोई भी नहीं जानता था कि यही उपन्यास आगे चलकर फिर से नागरी लिपि में 'आधा गाँव' के रूप में लिखा जाएगा। इस आँचलिक उपन्यास ने राही के साहित्यिक जीवन में ख्याति के साथ-साथ एक हलचल पैदा कर दी और उनके हौंसले को और बुलंद भी कर दिया, जब उर्दू उपन्यासकार राही मासूम रज़ा ने हिंदी साहित्य में विशिष्ट स्थान प्राप्त कर लिया।"[15]

'मुहब्बत के सिवा' की ना कामयाबी के कारण राही मासूम रज़ा को उर्दू उपन्यासों में अपना नाम राही न रखकर शाहिद अख्तर और अफाक हैदर रखना पड़ा। इन्हीं नामों से इन्होंने कई उपन्यास लिखे। परंतु उन्हें उपन्यासकार के रूप में ख्याति हिंदी में ही मिली। सन् 1978 में 'आधा गाँव' की तरह 'आरजू की बस्ती' भी हिंदी में 'कटरा बी आर्जू' के नाम से प्रकाशित हुआ था।

राही सन् 1950 से 1958 तक इलाहाबाद में रहे। उन दिनों इलाहाबाद साहित्यकारों का मुख्य गढ़ था, बराबर साहित्यिक गोष्ठियाँ होती रहती थीं। राही साम्यवादी विचारधारा से प्रभावित थे ही, इसीलिए इलाहाबाद में प्रगतिशील लेखक संघ से जुड़ना स्वाभाविक था। 'परिमल' नाम की एक साहित्यिक संस्था थी, जिसमें हिंदी व उर्दू लेखक समान रूप से भाग लेते थे। इनमें गाँधीवादी और साम्यवादी विचारधारा दोनों तरह के लोग लिखते थे। इस संस्था के संपर्क में आने से राही की प्रतिभा में ओर भी निखार आया। इसके अलावा 'फसाना' नाम का एक साहित्यिक क्लब था, जिसका दृष्टिकोण पूर्णतया यथार्थवादी था। ये एक उर्दू पत्रिका इसी नाम से निकालते थे। एक महत्त्वपूर्ण पत्रिका और निकलती थी 'कारवाँ' जिसके संपादक एजाज़ हुसैन थे। राही इन सभी पत्रिकाओं में नियमित रूप से लिखते रहते थे। राही की शायरी में हिंदुस्तानीयत शुरू से ही रही—

"हिंदोस्ता की मुकद्दस ज़मीं,
जैसे मेले में तन्हा हो एक नाज़नी"

परन्तु यहाँ तक शाहिद अख्तर ही सक्रिय रहा, राही नहीं। सभी संस्थाओं से राही लगातार जुड़े रहे और साहित्य सृजन करते रहे। राही की एक खास बात थी कि

वे विचारधारा के लिए समझौता नहीं करते थे और जो उन्हें सही लगता था उसे बिना किसी डर के बेबाक कहते थे। दो टूक कहना और बात में तीखापन राही की पहचान बन गया था।

एजाज़ हुसैन की देख–रेख में निकलने वाली 'कारवाँ' उच्चस्तरीय साहित्यिक पत्रिका थी। राही की नज़्मों को इसी से ख्याति प्राप्त हुई। उन्हीं दिनों डॉ. अजमल-अजमली की एक नज़्म 'कॉफी हाऊस की वापसी' प्रकाशित हुई, जिसमें युवकों से आहवान किया गया था कि 'शासन छीनने के लिए हिंसा अगर ज़रूरी है, तो हिंसा से पीछे नहीं हटना चाहिए। राही को उनका ये अंदाज़ अच्छा नहीं लगा। उनका विचार था कि 'हिंसा' से समस्या का समाधान नहीं हो सकता और इसी कारण दोनों की बहुत बहस हो गयी। इस बहस से राही चर्चा के केंद्र में आ गए। साहित्यकारों में यह धारणा पैदा हो गयी कि राही में स्पष्टवादिता और जवाब देने की प्रवृति, हौसला और हिम्मत है। इस प्रकार उनकी प्रतिभा को सही दिशा मिल गई। उनके यही तीखे तेवर आगे चलकर उनकी प्रसिद्धि का कारण बने और यह उनका गुण माना जाने लगा। उनकी साफगोई और कहने का अंदाज़ अन्य लोगों को प्रभावित करता था। सब समझते थे राही के यहाँ किसी प्रकार का समझौता नहीं होता। इस मामले में राही अपने घनिष्ठ मित्रों को भी नहीं छोड़ते थे। पुराने मित्र अजमल-अजमली की कविता के विरोध में राही ने कोई कसर नहीं छोड़ी, परंतु उनके दोस्ताना संबंध उसी तरह कायम रहे। उनके व्यवहार में कोई परिवर्तन नहीं आया। यह राही की अपनी विशेषता थी।

देश विभाजन का दर्द राही को हमेशा सालता रहा, यह दौर उनके जीवन का महत्त्वपूर्ण समय था, और राही तथा अन्य युवा कलाकारों पर इसका व्यापक प्रभाव पड़ा। सभी युवा साहित्यकारों की धारणा थी कि विभाजन नहीं होना चाहिए था। जिसका राही को दिली सदमा था, जो उनके उपन्यासों से सर्वत्र दिखाई पड़ता है। उनका मानना था कि बंटवारे से देश को बहुत नुकसान हुआ है। देश की आर्थिक स्थिति को बहुत क्षति पहुँची है। शासन की बागडोर अयोग्य सत्ता लोभी व्यक्तियों के हाथ में आ गई है। समय बीतने के बाद इस बात में किसी को संदेह नहीं रहा। विभाजन के बाद जो सांप्रदायिकता का विष देश भर में फैल चुका था, उसको देखकर राही का मन पीड़ित हो उठा और जब उन्होंने कलम उठायी तो जैसे वह आग जो उनके मन में भड़क रही थी कविताओं, उपन्यासों व अन्य लेखों में प्रज्जवलित हो उठी।

"आज़ादी के बाद हिंदी–उर्दू झगड़ा सांप्रदायिकता से कम नहीं था। सन् पचास के बाद भाषायी खलबली मची हुई थी। इस झगड़े को समझने के लिए कम्युनिस्ट पार्टी ने एक कमीशन नियुक्त किया। इस कमीशन में कृश्न चंदर, सरदार

जाफरी जैसे प्रतिष्ठित साहित्यकारों के साथ राही मासूम रज़ा का नाम भी था।''[16] वास्तव में यह बड़ी बात थी जब इनके पास बी.ए., एम.ए. की डिग्री भी नहीं थी। केवल अच्छी शायरी के बल पर उनका नाम पढ़े-लिखे लोगों में जाना-जाने लगा था। इस कमीशन का काम हिंदी-उर्दू की स्थिति का पता लगाना था कि क्या उर्दू, हिंदू की ही एक शैली है या ये दोनों किसी तीसरी भाषा की शैलियाँ हैं।

आज़ादी के बाद ये समस्या और भी जटिल हो गई, ऊपर से बँटवारे के कारण स्थिति काफी बिगड़ गई थी। इस मामले को राजनैतिक हवा भी दी गई। राही ने इस मामले को हल करने का पूरा प्रयास किया। उन्हें अपने मंसूबे पर पूरा भरोसा था। उन्होंने शोध करके यह निष्कर्ष निकाला कि उर्दू को यदि ज़िदा रहना है तो उसे देवनागरी लिपि अपनानी होगी। उर्दू का भविष्य देवनागरी से जुड़ा है ऐसा राही हमेशा मानते रहे। इस निर्णय पर ज़ाहिर है उन्हें बड़ा विरोध सहना पड़ा था, लेकिन राही अपने निर्णय पर डटे रहे। हालांकि भाषा की अपनी लिपि और शैली होती, जिसके कारण उसकी पूरी संस्कृति परिलक्षित होती है, और लिपि बदलने से उसमें अवरोध तो होगा, परंतु उर्दू-हिंदी का मामला थोड़ा अलग है। लिपि के अलावा इस में अधिकतर समांताए है फिर भी ये आज तक विवाद का विषय है।

राही की जो विशेषताएँ हम देखते हैं वह, वैसे ही नहीं हैं, न ही वह बनावटी हैं। ये विशेषताएँ खासकर सांप्रदायिकता का विरोध और देश-प्रेम उनके खून में रच बस गई थी। उनके पिता प्रगतिशील सोच के आदमी थे। यही कारण है कि उन्होंने अपनी संतानों के लिए अच्छी से अच्छी शिक्षा की व्यवस्था की जिससे उनका नज़रिया स्वच्छ और पक्षपात रहित बने। इनके पिता सभी धर्मों का ज्ञान रखते थे तथा अनेक प्रकार की पुस्तकें इनके पास थीं और राही का बचपन से इनसे वास्ता रहा।

एम.ए. में प्रवेश लेने से पहले ही उनके कई काव्य संग्रह उर्दू में प्रकाशित हो चुके थे जैसे 'रक्सेमय', 'मौजे सबा', 'नया साल' और अजनबी शहर के अजनबी रास्ते' इत्यादि। इस प्रकार अलीगढ़ पहुँचने से पहले ही राही की एक शायर तौर पर पहचान बन चुकी थी और ऊपर से अलीगढ़ का साहित्यिक वातावरण उन्हें खूब भाया। जल्दी ही वह अपनी पहचान बनाने में कामयाब रहे। उनके व्यक्तित्व में पाये जाने वाली पृथकता उन्हें सबसे अलग कर देती थी। शायद वो अलग रहना भी चाहते थे। जिस समय 'राही' अलीगढ़ में थे, वह काल साहित्यिक गतिविधियों के लिए महत्त्वपूर्ण रहा हैं।

अलीगढ़ आने से पहले उनका एक निश्चित दृष्टिकोण था और साहित्यिक रूप से पहचान बना चुके थे। श्री जज़्बी, शहरयार, खलीलुल रहमान आज़मी, रशीद अहमद सिद्दीकी, रिज़वान हुसैन, मुजीबुर्रहमान ये सब अपने आपको प्रतिष्ठित करने में लगे हुए थे। राही भी इन्हीं प्रगतिशील लोगों में शामिल हो गए। राही केवल

सैद्धांतिक रूप में प्रगतिशील नहीं थे बल्कि प्रयोग रूप में राही सच्चे प्रगतिशील थे। नये तेवर, नये सवाल, नया लहजा नया अंदाज़ उनकी शैली की विशेषता बन गई थी। राही ने इगोइस्ट होते हुए भी अपने ऊपर अहम हावी नहीं होने दिया और विचारों की सीमाओं में कैद नहीं हुए, न ही भाषा के बंधन को स्वीकार किया। उन्होंने जो भी कहा डंके की चोट पर कहा। जहाँ उर्दू साहित्यकार हिंदी की बढ़ती माँग से डर रहे थे वहीं राही हिंदी के महत्त्व को समझकर इसके लिए अपने आपको तैयार कर रहे थे। राही और दूसरे साहित्यकारों के बीच यह बड़ा अंतर था, जिससे भी राही सबसे अलग नज़र आते हैं। वे उर्दू और हिंदी को दो अलग भाषा नहीं मानते बल्कि देवनागरी के माध्यम से दोनों की ऐतिहासिक एकता को स्थापित करने की पुरज़ोर हिमायत करते हैं। इसके कारण राही को बहुत विरोध सहना पड़ा था।

राही मासूम रज़ा का मानना था कि मज़हब और संस्कृति दो अलग-अलग चीज़ें हैं और दोनों ही एक दूसरे को प्रभावित कर सकती है लेकिन संस्कृति का एक स्वतंत्र व्यक्तित्व होता है उसको धार्मिक बंधनों से नहीं बांधना चाहिए। संस्कृति का दायरा सीमित नहीं होता। अतः धर्मनिरपेक्षता राही की साहित्यिक इमारत की बुनियाद है।

> ''नागफनी के इस जंगल में,
> जैसे हर सिंगार की कोंपल।''

उनका कहना था हर-सिंगारों का स्थान नागफनी ले रही है। सबसे छोटा अल्पमत हिंदुस्तानियों का है। भारत की एकता, अखंडता और संस्कृति की रक्षा करना वे आवश्यक समझते थे। यही छटपटाहट उनके साहित्य में व्यक्त हुई है। 'आधा गाँव' का वह कथन ''जंग के मोर्चे पर जब मौत मेरे सामने होती है तो मुझे अल्लाह याद आता है, लेकिन उसके फौरन बाद मुझे काबा नहीं, अपना गाँव गंगौली याद आता है क्योंकि वह मेरा घर है, अल्लाह का घर काबा है लेकिन मेरा घर गंगौली है...।'' इस तथ्य को ध्यान में रखकर कमलेश्वर कहते हैं—

''मैं नहीं समझता कि इससे बड़ी राष्ट्रीय अस्मिता की कोई घोषणा की जा सकती है। यह साहित्य की घोषणा है, जिसे अकबर के दीने-इलाही में भी नहीं बांधा जा सकता क्योंकि यह घोषणा एक बीसवीं सदी के उस साहित्यकार की है जो आज़ाद भारत के संविधान की आत्मा को आत्मसात करके भारत के नये समन्वित इतिहास को लिखना चाहता था। यह राही का सपना नहीं बल्कि हकीकत है जो कि हिंदुत्ववादी गुजरात के नरसंहार के बाद आज भारत जहा़ शर्मिंदगी के साथ खड़ा है, को रेखांकित करके धर्मों के सह-अस्तित्ववाद का दर्शन रच रहा था। अमेरिकी विचारक हटिंगटन की तरह वह सभ्यताओं (इस्लामी और ईसाई) का संघर्ष नहीं बल्कि धर्मों को कट्टरवाद से मुक्त करके उनके सह-अस्तित्व की भावना को

स्थापित कर रहा था। यही भारतीय यथार्थ की पहली ज़रुरत और शर्त थी। राही ने इस ज़रुरत को मात्र पहचाना ही नहीं, बल्कि स्थापित भी किया...। राही भरपूर लोकतंत्रवादी था। इसीलिए उसने साहित्य को साहित्यवादियों से मुक्त करने की मुहिम भी चलाई और एक बिलकुल नया विचार बुद्धिजीवियों के सामने रखा।''[17]

राही के व्यक्तित्व उनकी धर्मनिरपेक्षता तथा देश के प्रति उनके नज़रिये को देखकर ही धर्मवीर भारती कहते हैं—''अगर भारतेंदु आज होते तो कहते, 'इस पर कोटिन हिंदू वारिये'। दूसरे उर्दू शायरों की धर्म निरपेक्षता मूलत: हिंदू और मुसलमान को अलग मानती है और उनमें इत्तेहाद चाहती है। राही किसी हालात में अपने को अलग नहीं मानते। इस देश के इस संस्कृति के बेटे होने का हक उनसे कोई नहीं छीन सकता। वे हैं और रहेंगे तनकर रहेंगे, अपना हक मनवाकर रहेंगे, क्योंकि जो-जो दायित्व इस देश और संस्कृति से जुड़ने का है, उसे पूरा करने में वे अपने मन-वचन-कर्म में किसी से पीछे नहीं रहे हैं।''[18]

राही ने जब स्वयं को कभी अलग नहीं समझा, तो भाषा को अलग समझने का तो प्रश्न ही नहीं उठता। राही के अनुसार उर्दू और हिंदी दो भाषाएँ नहीं है और उर्दू की आत्मा भी सच्चे मानो में भारतीय ही होनी चाहिए। वह हिंदू को एक धर्म नहीं मानते बल्कि उसे एक संस्कृति मानते हैं और संस्कृति किसी धर्म की नहीं होती। उस पर हिंदू, मुस्लिम, ईसाई व अन्य जातियों का समान अधिक का होता है। वास्तव में उन्होंने जो कुछ कहा या लिखा उसे भारतीय संस्कृति से पृथक नहीं किया बल्कि उसमें डूबकर, उसे आत्मसात किया। उन्होंने कभी विरोधियों से हार नहीं मानी और उनका डटकर मुकाबला किया। कबीर के बाद घर फुंकवाने की हिम्मत राही के पास थी—

''मेरा नाम मुसलमानों जैसा है, मुझको कत्ल करो और मेरे घर में आग लगा दो। लेकिन मेरी रग-रग में गंगा का पानी दौड़ रहा है मेरे लहू से चुल्लू भरकर महादेव के मुँह पर फेंको और उस जोगी से यह कह दो। महादेव। अब इस गंगा को वापस ले लो। यह ज़लील तुर्कों के बदन में गाढ़ा गर्म लहू बन-बनकर दौड़ रही है।''[19]

राही जब कहते हैं तो पूरी बेबाकी और दिलेरी से। उनकी वस्तुन्मुखता कितनी पैनी और धारदार है। यही पैनापन राही का तेवर बनकर तीखे अहसास के साथ भीतर तक चीरता चला जाता है। इसका प्रमाण 'गंगा और महादेव' कविता है। यह कविता पूरे तौर पर सांप्रदायिकता को चुनौती देती है। अपने देश धरती के प्रति राही का जो प्रेम है, लगाव है उसके लिए शब्द ढूँढ़ना बड़ा मुश्किल है, उसके शब्दों में व्यक्त नहीं किया जा सकता। राही को न जाने कितने विरोध सहने पड़े, न जाने कितनी मुश्किलों का सामना करना पड़ा, परंतु राही विरोधियों से घबराने वाले नहीं

थे बल्कि जैसे उनका विरोध बढ़ता था, वो और भी ताकतवर हो जाते थे। राही ऊँचे खानदान से ताल्लुक रखते थे, चाहते तो सारी ज़िंदगी आराम से गुज़ार सकते थे, परंतु राही ने काँटों भरा रास्ता चुना और न कभी इसकी परवाह की। उन्हें किसी चीज़ का मलाल न था, न तलाक का न घर छोड़ने का और न ही विरोधियों का तभी तो राही को पढ़ते बार-बार कबीर की याद आती है। कबीर ने आँखों देखी पर विश्वास किया, उसी दर्द और बेचैनी को जनता के सामने रखा। हरेक बात को स्वयं अनुभव करके कहा। उनकी कथनी और करनी में अंतर नहीं था। यह बात राही में पूरे तौर पर मिलती है—

"राही ने हमारे सामने जो सबसे बड़ी चीज़ रचना के लिए रखी, रचना की स्वायत्तता की रखी-चाहे वह 'आधा गाँव' या 'टोपी शुक्ला' में हो, चाहे 'हिम्मत जौनपुरी' या 'कटरा बी आरजू' में हो या उनके अन्य उपन्यासों और कविताओं में हो, लेकिन एक चीज़ जो राही की सबसे बड़ी ताकत है वह यह है कि राही ने कभी... किराये के मकान तो राही ने बहुत लिए, बंबई में भी वे किराए के मकान में रहते थे, लेकिन किराये के अनुभव उन्होंने कभी नहीं लिए। उनके अनुभव अपनी ज़मीन, अपने दौर अपने समय से ही निकल कर आते थे।"[20]

अतीत का ज्ञान, वर्तमान की समझ और भविष्य की चिंता का समन्वित रूप है राही। राही का पूरा साहित्य इस कसौटी पर खरा उतरता है। उनमें नए क्षितिजों को पार देखने की अपार क्षमता थी। लगातार कुछ नया करने की ललक थी। इससे एक ओर उनकी लोकप्रियता बढ़ी तो उनसे ईर्ष्या करने वालों में भी इज़ाफा हुआ।

राही ने 1963 में अपना शोध पूरा किया। उसके तुरंत बाद उन्हें उर्दू विभाग में अस्थायी प्राध्यापक की नौकरी मिल गई। उनकी साहित्यिक समझ बहुत गहरी थी इसीलिए ये एक लोकप्रिय अध्यापक सिद्ध हुए और हमेशा चर्चा में बने रहे। उन्होंने उर्दू में एक हिंदी का प्रश्न पत्र रखने की माँग की उसे मान लिया गया और ये पाठ्यक्रम काफी लोकप्रिय हुआ। उस समय उसका विरोध भी हुआ परंतु आज लगभग हरेक यूनिवर्सिटी में ऐसा होता है। अलीगढ़ में उनके विरोधी तो संख्या में पहले ही बहुत थे, परंतु नैय्यर जहाँ केस ने जैसे तूफान ला दिया।

"1965 में राही के विरोधियों को एक महत्त्वपूर्ण हथियार मिल गया। नैय्यर जहाँ से विवाह क्या किया अलीगढ़ में तूफान आ गया। पहले तो सभी ने राही को समझाने की कोशिश की कि नैय्यर जहाँ से शादी मत करो वरना हानि होगी। आप अस्थायी अध्यापक हैं, नौकरी जा सकती है। राही ने कहा जान भी चली जाए तो भी कोई बात नहीं नौकरी तो छोटी बात है। राही बेहद संवेदनशील स्वाभिमानी, ज़िद्दी और आन-बान के व्यक्ति थे। वह अपने स्वाभिमान के लिए कुछ भी कर सकते थे। जो लोग राही के पास बैठते थे मुँह चुराने लगे। उन दिनों प्रो. आले अहमद सुरुर उर्दू

विभाग के अध्यक्ष थे। उनकी अध्यक्षता में चयन समिति आयोजित की गई। सर्व-सम्मति से चयन समिति ने निर्णय दिया राही को साहित्य की समझ नहीं है इसीलिए उनकी नियुक्ति नहीं की जा सकती। विश्वविद्यालय के इतिहास पर ये सबसे बड़ा मज़ाक था।''[21]

इसके बाद अलीगढ़ में राही को न्याय न मिल सका, पूरी कोशिश करने के बाद भी उन्हें बेहद प्रिय जगह को छोड़ना पड़ा। इस समय तक 'आधा गाँव' छप चुका था। अत: राही को पैसा तो नहीं लेकिन ख्याति मिलनी तो शुरू हो गई थी। परंतु राही को उस शहर से बेगाना होना पड़ा जिसकी कसक उन्हें आखिर तक रही-

''आओ कुछ देर। उसी शहरे तमन्ना की कहें और सुनें।

जिसका दीवाना हूँ, मैं आज तलक।

वो मेरी तिश्नालाबी की जन्नत। मेरे शेरों का परी खाना भी है, मेरा सनमखाना भी है।''

राही किस आत्मीयता से यहाँ के लोगों को याद करते हैं। राही को अलीगढ़ ने जो जख्म दिये होंगे, उसका कुछ अन्दाज़ा उनकी इस नज़्म से होता है-

''मैं तो पत्थर था मुझे फेंक दिया, ठीक किया
आज उस शहर में शीशे के मकान कैसे हैं?
परन्तु जीवन भर अलीगढ़ के आबाद होने की हुआ करते रहे-
''सबके तश्ना लबी याद रहे
नए रिन्द आए
मेरा मयकदा आबाद रहे
नई आंखो की ज़मीन पर उग आएं नए ख्वाब
यूँ ही खिलते रहें चेहरों के गुलाब।''[22]

आखिरकार नौकरी छूटने के बाद राही को अलीगढ़ छोड़ना पड़ा। कई जगह नौकरी के लिए बुलाया गया, परंतु यूनीवर्सिटी में पढ़ाने के बाद राही का दिल कहीं और नौकरी को तैयार न हुआ। पढ़ाने का काम उन्हें बहुत प्रिय था। इसीलिए ऑल इंडिया रेडियो में बार-बार बुलाने के बावजूद वे नहीं गये। वे किसी भी कीमत पर बंधना नहीं चाहते थे। बंधन में रहकर सरकारी कल-पुर्जा वे बन ही नहीं सकते थे। अंत में मुंबई का रुख किया। 1966 के आरंभ में राही वहाँ गए थे। वहाँ भी उनके अनुभव बहुत कटु रहे। परंतु कृष्णचन्दर, कमलेश्वर, धर्मवीर भारती जैसे कुछ लोगों ने काफी मदद की। राही बड़े खुद्दार व्यक्ति थे जिसके कारण मुसीबतें हमेशा उनके साथ रहीं परंतु उसका बड़े जीवट व संघर्षशीलता के साथ सामना किया। कई साल संघर्ष करने के बाद उनकी फ़िल्में सफल होने लगी। उनकी गिनती संवाद लेखकों में होने लगी। 'पत्थर और पायल' से उन्हें ख्याति मिली तथा 'मैं तुलसी तेरे ऑगन

की' ने उन्हें सफल पटकथा लेखकों में शुमार कर दिया।

राही जब बम्बई आये तो बिल्कुल अकेले थे। उनके साथ केवल उनकी प्रतिभा और ज्ञान था। वे भावुक व्यक्ति थे, अतः जनता की भावनाओं को समझते थे, इसीलिए फ़िल्म जगत से जुड़ गये। वैसे भी राही फ़िल्म लेखन को घटिया काम नहीं मानते थे, बल्कि उसे 'सेमी क्रियेटिव' कहते थे। अतः फ़िल्मी जीवन के साथ-साथ उनकी साहित्यिक यात्रा भी चलती रही। इन्हीं दिनों उनके उपन्यास टोपी शुक्ला (1968), हिम्मत जौनपुरी (1969), और ओस की बूंद (1970) प्रकाशित हुए। इनकी मुख्य समस्या भी सांप्रदायिकता, सामाजिक विघटन, राजनैतिक गठजोड़ तथा जातिवाद है। ये उपन्यास आकार में अपेक्षाकृत छोटे हैं, परंतु प्रभाव की दृष्टि से महत्त्वपूर्ण हैं। उस समय तो ये चर्चा के केंद्र में नहीं थे, परंतु जैसे-जैसे देश में बाबरी व गुजरात जैसे कांड हुए और सांप्रदायिकता फैलाने वाली शक्तियों ने देश की सांस्कृतिक एकता को खतरा पैदा किया, तो इनकी प्रासंगिकता बढ़ गई। ग़ाज़ीपुर से लखनऊ, लखनऊ से अलीगढ़ और अलीगढ़ से मुंबई उनकी यात्रा का चौथा तथा अंतिम पड़ाव था। "1972 में राही की रोज़ी-रोटी की समस्या हल हो गई। उनकी फ़िल्में चलने लगीं। 1974 में वे सफल संवाद और पटकथा लेखक के रूप में विख्यात हो गए, लेकिन राही ने अपना रचना-कर्म नहीं छोड़ा। राही कहते थे "फ़िल्म तो मेरी रोज़ी-रोटी है और साहित्य मेरा ओढ़ना-बिछौना है। मैं साहित्य-सृजन के बिना जीवन की कल्पना नहीं कर सकता हूँ।"[23]

यह बिल्कुल अद्भुत बात है कि फ़िल्म और टेलीविजन की व्यावसायिकता से राही ने साहित्य को बिल्कुल मुक्त रखा। अपने व्यस्तम जीवन में से राही साहित्य के लिए समय निकाल लेते थे। फ़िल्मों के साथ-साथ उपन्यास भी लिखे, इसके अतिरिक्त पत्र-पत्रिकाओं में निरंतर सामाजिक, राजनैतिक विषयों पर कलम चलती रही और साहित्यिक बहसों में भी अपनी उपस्थिति दर्ज कराते रहे। फ़िल्म और समाज का रिश्ता, फ़िल्म और साहित्य का संबंध कैसा हो; आदि विषयों पर तमाम पत्र-पत्रिकाओं में लगातार लिखते रहते थे। राही की मृत्यु के बाद इन सारे लेखों को उनके दोस्त कुंवर पाल सिंह ने तीन पुस्तकों में प्रकाशित करवाया। जिनके नाम हैं 'खुदा हाफिज कहने का मोड़ (1999) लगता है बेकार गए हम (1999) तथा सिनेमा और संस्कृति (2000)। ये लेख पाठकों में काफी लोकप्रिय हैं। इनमें राही मासूम रज़ा ने सांप्रदायिकता, भ्रष्ट राजनीति, धर्म का व्यापार, राष्ट्रीय मुद्दों तथा साहित्यिक एवं सामाजिक विषयों पर बेबाक टिप्पणियाँ की हैं।

राही बड़े निडर व्यक्ति थे अतः राही ने किसी को नहीं बख्शा चाहे वह बाल ठकरे हो या कोई कटरपंथी मुस्लिम या कोई भी धर्म का ठेकेदार हो, उन्होंने सबकी खबर ली। कबीर के बाद ऐसी तीखी-टिप्पणियाँ करने वाले कम ही दिखाई पड़ते

हैं। उन्होंने तत्कालीन तथाकथित बुद्धिजीवियों के सामने प्रत्यक्षता मिसाल रखी कि अभिव्यक्ति के खतरे उठाओ यह जनता का हक है तुम्हारे ऊपर, अब बुजदिली से काम नहीं चलेगा। जनता आपकी सार्थक भूमिका देखना चाहती है।

राही को समझने के लिए कुछ प्रसंगों का वर्णन करना ज़रूरी है। इमरजैंसी की भयावहता से कौन परिचित नहीं। वह एक दुखद सपना था जिसकी मार देश के सभी वर्गों पर पड़ीं। उस समय अधिकांश लेखक व बुद्धिजीवी अफसरों के सामने भीगी-बिल्ली बने हुए थे। सरकारी तंत्र का खौप हर क्षेत्र में व्याप्त था। उसी समय का जिंक्र करते हुए कुंवर पाल सिंह लिखते है—

"उस समय के सूचना एवं प्रसारण मंत्री श्री विद्याचरण शुक्ल और उनके सहयोगी थे ओम मेहता। फ़िल्म वालों और पत्रकारों दोनों को रास्ते पर लाने का दायित्व इन लोगों को सौंपा गया था। एक दिन मंत्री महोदय ने फ़िल्मी लेखकों की बैठक बुलाई और सत्ता के प्रति उनके दायित्व समझाए। राही बहुत देर तक सुनते रहे। जब उनके बर्दाश्त से बाहर हुआ तो वे बैठक से वाकआउट कर गए। सारे लोग स्तब्ध रह गए। किसी की समझ में कुछ न आया। सभी हतप्रभ थे और समझ रहे थे कि राही अब तो जेल जाएंगे। राही भी यही सोचते थे। उन्होंने अपने मित्रों से कहा कि मेरी बीवी-बच्चों का ख्याल रखना। राही ने लिखा है, मैं उस रात सो नहीं सका और रात भर पुलिस की प्रतीक्षा करता रहा।"[24]

दूसरा प्रसंग महाभारत के लेखन को लेकर है, जो बहुत मायने रखता है। राही को जब बी.आर. चोपड़ा ने महाभारत की पटकथा का आमंत्रण दिया तो पहले तो उन्होंने मना कर दिया। वे उसे लिखने को तैयार नहीं थे, परंतु फिर एक ज़िद हो गयी। वही ज़िद जो राही को अलग बनाती है, हुआ ये किसी हिंदू सांसद ने इस पर आपत्ति की कि बी.आर. चोपड़ा को एक मुसलमान ही मिला है महाभारत की पटकथा के लिए। मसलन कोई हिंदू नहीं जो ये काम करे वगैरह-वगैरह, बस फिर क्या था? बी.आर. चोपड़ा राही की नब्ज़ को जानते थे। उन्होंने इस आपत्ति पत्र को राही को दिखाया। बस राही ने पटकथा लिखने का फैसला कर लिया। लाखों-करोड़ो लोग राही की पटकथा द्वारा ही महाभारत की कथा और उसके नैतिक व धार्मिक पक्ष को जान व समझ पायें। बल्कि मुझे यह कहने में कोई गुरेज़ नहीं कि जिस प्रकार तुलसी ने रामकथा को जनकथा बना दिया उस प्रकार राही ने महाभारत को घर-घर तक पहुँचा दिया। इसीलिए कुछ लोग राही को आधुनिक व्यास भी कहते हैं। समन्वित संस्कृति और हिंदुस्तानीयत की इससे बड़ी मिसाल क्या हो सकती है। महाभारत जैसी पौराणिक कथा को संस्कृतनिष्ठ हिंदी में बड़ी सहजता से लिखकर राही ने बता दिया था कि उनके लिए हिंदी-उर्दू में कोई विभेद नहीं। अत: वे हिंदी के लेखक भी थे और उर्दू के भी, उसी तरह जैसे प्रेमचंद। महाभारत के

संवादों पर गौर करने से एक बात और मेरे सामने आती है कि पितामह भीष्म का चरित्र जिस प्रकार आत्म सम्मान, त्याग और खुद्दारी का प्रतीक बन गया था। क्या उसका संबंध स्वयं राही के जीवन से मेल नहीं खाता है? शायद इसीलिए भीष्म का चरित्र महाभारत के केंद्र में है। राही गंगा को अपनी माँ मानते है, और भीष्म उन्हीं के पुत्र है लिखते समय यह बात हमेशा उनके जहन में रही होगी। ऐसा लगता है कि चरित्र साम्य के कारण ही भीष्म का चरित्र महाभारत में सबसे प्रभावशाली बन पाया। राही सचमुच बड़े कदावर तथा खुद्दार लेखक और इंसान थे और ज़िंदगी के आखिरी समय तक खुद्दारी उनके साथ रही।

राही ने न केवल अभिव्यक्ति के खतरे उठाए बल्कि प्रत्यक्ष रूप में भी वे किसी से नहीं डरे। उन्होंने कभी भी स्वयं को किसी व्यवस्था के अधीन नहीं किया। कभी भी ऐसी बात के आगे सर नहीं झुकाया, जिसे उनका दिल न माने। कबीर की ही तरह राही मासूम रज़ा भी अपने भीतर वही दर्द समेटे हुए दिनों-दिन परेशान रहे, रातों जागे। ऊपर से शांत नजर आने वाले राही अन्दर से हमेशा बेचैन रहे। महाभारत लिखते समय राही मानसिक रूप से बहुत परेशान व चिंतित रहते थे। चिंता जायज़ थी क्योंकि इससे करोड़ो लोगों की आस्था जुड़ी हुई थी। विशेषकर गीता-प्रसंग को लेकर वे लगातार गहन अध्यनरत् रहते तथा अन्य लोगों से भी सुझाव लेते थे। यही कारण है कि महाभारत 84 में लिखना शुरू किया और 88 में वह सामने आ सका। जब महाभारत लोगों के सामने आया तो सभी राही का लोहा चुके थे। यहाँ मैं एक बात की ओर आपका ध्यान आकर्षित कराना चाहता हूँ कि महाभारत के संवादों के द्वारा राही ने हिंदी में एक अलग प्रकार की शैली को जन्म दिया। वह शैली उर्दू में तो पहले से थी परंतु हिंदी में नहीं। राही ने भाई जान, खालूजान, अब्बाजान की तर्ज़ पर पिताश्री, मामाश्री, भ्राताश्री के रूप में उर्दू शैली को महाभारत में बड़े सलीके से पिरो दिया। संभवत हिंदी में इससे पहले इस तरह का प्रयोग किसी ने नहीं किया था। राही से एक बार किसी ने पूछा कि महाभारत में आपकी सबसे बड़ी देन क्या है। राही ने जवाब दिया कि "एक तो महाभारत में भी हिंदुस्तानी और उर्दू का इस्तेमाल बड़े फ्लो के साथ कर दिया तथा दूसरे जो कि महाभारत का सूत्रधार बना और वह था 'समय' समय का चुनाव सिर्फ मेरा था। समय महाभारत के पात्रों से कम चर्चित नहीं था"। समय द्वारा बोले जाने वाले संवाद लोगों की ज़बान पर चढ़ गए थे-

मैं समय हूँ, मेरे बहाव के रास्ते में न किसी दुख की रुकावट है और न सुख की, फिर भी कभी-कभी भाग्य रेखाएँ मुझे भी उलझा लेती है।"

जितना नाम, शोहरत, पैसा उनको महाभारत से मिला, उतना किसी फ़िल्म और सीरियल से नहीं। मिलता भी क्यों न? महाभारत को घर-घर तक पहुँचाने का कार्य राही ने वैसे ही किया जिस प्रकार रामकथा को तुलसी ने। मुझे याद है उन दिनों

जब रविवार की सुबह महाभारत आता था, गाँवों में सन्नाटा छा जाता, गलियाँ सुनसान, दूर तक कोई नज़र नहीं आता था। लोग उत्सुकता वश पांच-दस मिनट पहले ही टी.वी. के सामने बैठ जाते थे। रामायण व महाभारत के बाद फिर शायद ही कभी ऐसा हुआ हो। उनके अन्य चर्चित धारावाहिकों में 'बहादुर शाह ज़फर' और 'नीम का पेड़' भी काफी प्रसिद्ध हैं। इसके अलावा पंजाब केन्द्रित नाटक 'चुन्नी' भी राही ने लिखा था।

राही की ज़िंदगी को बदलने वाला अन्य चर्चित प्रसंग है नैय्यर जहाँ से इश्क और विवाह करना। जो किसी असरदार घर की बहू, तथा कई बच्चों की माँ भी थी। राही की निडरता और खुद्दारी ऐसी थी कि वे विरोधी लहरों को पार करने की क्षमता रखती है। एक अस्थायी नौकरी के बल पर इतना बड़ा मुकाबला नहीं हो सकता था। वह तो राही की निडरता और स्वाभिमान था जो पूरे तंत्र से टकरा रहा था। राही ने किसी चीज़ की परवाह नहीं की, नौकरी के साथ अपनी सबसे प्रिय जगह अलीगढ़ को भी छोड़ना पड़ा। लगभग 40 वर्ष की अवस्था में इतना बड़ा रिस्क लिया और मुंबई जैसे बेमुरब्बत शहर से सामना किया।

राही प्रधानमंत्री को खुला पत्र लिखकर उसी के तंत्र की बखियाँ उधेड़ सकते है। आडवाणी के कृष्णातवार पर व्यंग्य कर उन्हें पकिस्तानी कह सकते है, तथा मुंबई में रहकर शिव सेना को उसी की शैली में जवाब दे सकते है। सैयद शहाबुद्धीन को कठ मुल्लावाद का प्रतीक घोषित करते है। ये सब सिर्फ राही ही कर सकते थे कोई और नहीं।

टी.वी. सीरियल, फ़िल्मी लेखन के साथ-साथ उनका साहित्यिक लेखन भी चलता रहा। दिल एक सादा कागज़ (1973), सीन पिचहत्तर (1977), कटरा बी आर्ज़ू (1978) तथा असंतोष के दिन (1986) राही का अन्तिम प्रकाशित उपन्यास है। उसके बाद राही ने 1988 में 'मास्टर ब्रजमोहन की कर्मभूमि' नामक उपन्यास लिखना शुरू किया था। यह उपन्यास कथा व शिल्प की दृष्टि से अलग प्रकार का होता। इसमें वर्तमान से लेकर तीन-पीढ़ियों की कहानी की योजना थी। परंतु 15 मार्च 1992 को मृत्यु के कारण यह पूरा न हो सका। इस उपन्यास की भूमिका के रूप में 'नीम का पेड़' धारावाहिक बना था जिसे 2003 में राजकमल ने इसी नाम से प्रकाशित किया।

साहित्यिक गलियारों में अकसर यह चर्चा रहती थी कि 'आधा गाँव' के बाद वो बात कहाँ? ऐसी बात नहीं है। 'आधा गाँव' के अलावा 'टोपी शुक्ला', 'दिल एक सादा कागज़' व कटरा बी आर्ज़ू साहित्यिक दृष्टि से महत्त्वपूर्ण उपन्यास हैं। वैसे भी वे मुंबई फ़िल्म लिखने आये थे साहित्य नहीं। अत: जो साहित्य उन्होंने अलीगढ़ में दिया मुंबई में नहीं दे पाए, क्योंकि वहाँ वे साहित्य नहीं फ़िल्म लिख रहे थे।

लेकिन ग़ौर कीजिए कि जो उन्होंने मुंबई आकर दिया वह अलीगढ़ रहकर दे पाते। क्या अलीगढ़ रहकर महाभारत लिख पाते। वैसे राही को स्वयं इसका मलाल था। उन्हें फ़िल्मों में काम करने का शौक नहीं था। इस विषय में उनकी पत्नी नैयर जहाँ का कहना है—"उन्हें फ़िल्म में काम करने का शौक नहीं था। मजबूरी थी। लिखना जानते थे। हालात ऐसे थे करते क्या? फ़िल्म लाइन पकड़ ली। यह सारी बातें 'मास्टर बृज मोहन की आत्मकथा' में लिखी भी थी। फ़िल्मों में पैसा है, शोहरत है, लेकिन सुकून नहीं है। वहाँ साहित्य पर काम का हर्जा होता है।"[25]

राही ने फ़िल्मी लेखन में भी समझौते की एक हद बना रखी थी। फ़िल्म डायरेक्टरों से समझौते के बारे में उनका विचार है कि—"यह तो है कि क्रियेटिव राइटिंग का भला-बुरा सिर्फ मेरा है और मैं जो चाहूँ लिखने के लिए आज़ाद हूँ। लेकिन फ़िल्मों में भी समझौते की हद मैंने बना रखी है। मुझमें चुनने और छोड़ने की बड़ी हिम्मत है। बहुत सी फ़िल्में मैंने छोड़ी हैं। जो बात पूरी तरह मेरी धारणा और मेरे मन के खिलाफ होती हैं उनके साथ मैं समझौता नहीं करता। मैं अपने भीतर के राही मासूम रज़ा को क्यों घुटने टेकने और गुम होने पर मजबूर करूँ।"[26]

फ़िल्मी जगत में आने के बाद उन पर आरोप लगते रहे कि साहित्य को उन्होंने हाशिये पर छोड़ दिया है किंतु यह बात सर्वथा सत्य नहीं है। वे इस आरोप का खंडन करते हुए कहते है—"हाशिये पर कहाँ रखा? राजकमल ने मेरी किताब 'ओस की बूंद' छापी कि नहीं छापी? उर्दू में तीस बरस बाद मेरी कोई नई किताब आ रही हैं सो लिख तो अब भी लेता हूँ। हाँ, बहुत लिखना या कम लिखना किसी भी विधा से जुड़ने या टूटने का प्रमाण-पत्र तो होता नहीं।"[27] राही को क्या पता था कि कुछ दिनों बाद उनका इस दुनिया से ही रिश्ता टूट जायेगा। संभवत यह उनका आख़िरी साक्षात्कार था, उनकी मृत्यु से 14 दिन पहले 1 मार्च 1992 को धर्मयुग में छपा था।

राही की महत्त्वपूर्ण फ़िल्में थीं-'मैं तुलसी तेरे आँगन की' 'लम्हें', 'प्रेम कहानी एवं तवायफ', जिनको कई पुरस्कार भी मिलें। इसके अलावा 'दर्द का रिश्ता', 'गोल-माल', 'अंधा-कानून', 'निकाह', 'जुदाई', 'माँग भरो सजना', 'मिली' एवं 'बेमिसाल' जैसी प्रसिद्ध फ़िल्मों के संवाद तथा पटकथा उन्होंने लिखी। अंधा कानून व निकाह आदि फ़िल्मों के डायलॉग लोगों की जबान पर चढ़ गए थे।

फ़िल्म एवं हिंदी साहित्य के साथ-साथ राही का उर्दू प्रेम कभी समाप्त नहीं हुआ। वे लगातार उर्दू में कविताएँ लिखते रहे। उर्दू कविताएँ संख्या में कम होते हुए भी महत्त्वपूर्ण हैं जिनमें आम-आदमी का दुख-दर्द है। ये लंबी नहीं हैं, संक्षिप्त है लेकिन व्यंग्य के तीखे तेवर इन कविताओं की अपनी शैली हैं। 'अजनबी शहर

अजनबी रास्ते' (1966) के बहुत दिनों बाद 1995 में (गरीबे शहर) उनकी मृत्यु के बाद प्रकाशित हुआ। राही की मृत्यु के बाद उनके साथी और पूरे दोस्त कुंवर पाल सिंह ने उनके तीन काव्य संग्रह देवनागरी में छपवाये जो बहुत लोकप्रिय और चर्चित हुए। इनमें क्रांतिकथा (1999), शीशे के मकां वाले (2001) तथा गरीबे शहर (2001)। वह हिंदी और उर्दू दोनों में लगातार लिखते रहे। प्रो. कुंवर पाल सिंह कहते हैं ''वह अकेले रचनाकार हैं जिन्होंने हिंदी में कोई कविता नहीं लिखी और उर्दू में कोई उपन्यास नहीं लिखा।''[28] इस चीज़ को लेकर वे असहज महसूस करते थे। वे हिंदी व उर्दू कविता के मिजाज़ को भिन्न मानते थे। चालीस वर्ष तक उर्दू में कविता लिखने वाले के लिए हिंदी कविता के साथ न्याय होना मुश्किल था। राही कुछ इसी तरह ही मानते होंगे। लेखक की कई श्रेणियाँ होती हैं जो केवल लिखने के लिए लिखते हैं, दूसरे सरकारी पिट्ठू तथा तीसरे वे जो अपनी बात मनवाने के लिए लिखते हैं। राही बिल्कुल अलग तरह के लेखक हैं। वे अपनी बात को बिना डर, बिना किसी लाग-लपेट के कहते हैं। ऐसी खरी-खोटी कहते है कि अनायास ही कबीर की याद आ जाती। इसी कारण उन्हें बागी और बोल्ड लेखक कहा जाता है और मज़ेदार बात है कि राही इससे सहमत भी हैं—

''जो बागी और बोल्ड न हुआ वो लेखक क्या हुआ? लेखक का सीधा मतलब है जिसकी कलम न तो बिकी हो, न बंधक हो। जो जी में आये कहे, जो जी में आये लिखे। तो मैं तो लेखक हूँ इसीलिए बागी कहा जाता हूँ। तो एतराज नहीं करता।''[29]

राही न तो कायर थे और न ही कलम बेचने वालों में—

''रोशनाई के लिए अपने को बेचा किए हम
तकि सिर्फ इसीलिए कुछ लिखने से बाकी न रहे
कि कलम खुश्क थे और लिखने से मजबूर थे हम।''

राही ने अपने को कभी मजबूर नहीं बनने दिया चाहे अलीगढ़ हो या मुंबई वे हक की बात डंके की चोट पर कहते रहे—''बम्बई से सारे गैर मराठी भाषी निकाल दिये जायें तो इस निकालने का मतलब क्या है? मतलब यह है कि बम्बई को कोलियों की बस्ती बनाकर छोड़ दिया जाए। इसकी सड़के, इसके कारखाने, इसका कारोबार इसका इतिहास मराठी भाषी है। क्या बाल ठाकरे महोदय को यह सौदा मंजूर होगा? मुझे यह सौदा मंजूर नहीं क्योंकि बम्बई भी मेरी माँ के अनेक नामों में से एक नाम है। जो मैं इसे आई नहीं कहता माँ कहता हूँ, तो क्या कुछ और कहने से रिश्ता बदल जाता है।''[30]

कबीर, रहीम, रसखान, प्रेमचंद, यशपाल तथा मुक्तिबोध की जनवादी परंपरा के राही मासूम रज़ा का जीवन एक साहित्यकार या फ़िल्मी लेखक के रूप में ही नहीं

बीता, बल्कि भारतीय राजनीति की गहराईयों को नापने का भी काम राही ने किया। यह लेखक प्रत्येक दृष्टि से पूर्ण भारतीय था, जो कभी किसी के सामने झुका नहीं। अपनी बात को पूरी सच्चाई और तटस्थता के साथ डंके की चोट पर कहता रहा। यह कबीर जैसी हिम्मत कम ही लेखकों में देखने को मिलती है। बड़ा और महान लेखक वही होता है जो अपने समय के यथार्थ को समझता है तथा भविष्य में आने वाली समस्याओं को भाँप लेता है। इस दृष्टि से राही आज भी उतने ही प्रासंगिक है, जितने वे अपने समय में थे। इस समय जो मुद्दे भारतीय समाज व देश में समस्या बने हुए हैं, चाहे तथा-कथित देशभक्ति हो या सांमप्रदायिकता, राजनैतिक भ्रष्टाचार हो या अवसर वादिता, हिंदी-उर्दू का मुद्दा, मराठी या गैर मराठी यानी क्षेत्रवाद का मुद्दा, फ़िल्मी दुनिया में पतनशील मानवीय मूल्यों का ह्रास का मुद्दा तथा धर्म और संस्कृति के अंतर्संबंध का मुद्दा और सबसे बढ़कर हिंदुस्तानी साझी विरासत को बचाने का मुद्दा आदि-आदि सभी विषयों पर राही अपनी बात बड़ी बेबाकी से पहले ही रख चुके थे। राही की समझ और व्यापक दूरदृष्टि की एक मिसाल ओर देना चाहता हूँ। आज दोबारा बाबरी मस्जिद और राम जन्मभूमि मुद्दे को आपसी बातचीत से हल करने की बात चल निकली। कई धर्माधिकारी लोग सामने आकर हल निकालना चाहते है। दोनों पक्षों के लोग कोई ऐसा समाधान निकलना चाहते है जिसमें किसी को कोई आपत्ति न हो। जबकि राही मासूम रज़ा उसी समय इसका हल पेश कर चुके थे—'श्री राम और अल्लाह मियाँ दोनों ही से अपील करता हूँ कि वापसी डाक से विश्व हिंदू परिषद और सैयद शहाबुद्धीन एंड कम्पनी को तार द्वारा सूचना दे कि उनके पास मंदिर-मस्जिद ज़रुरत से ज़्यादा है इसीलिए जहाँ श्रीराम जन्मभूमि और बाबरी मस्जिद है वहाँ इस मंदिर और मस्जिद को गिरवाकर बच्चों के लिए पार्क बना दिया जाएं, क्योंकि फूलों के बीच खेलते हुए बच्चों से ज़्यादा खूबसूरत कोई दृश्य हो ही नहीं सकता।' यह बात राही ने बाबरी विध्वंस से पहले ही कह दी थी। उनकी मृत्यु वाले साल यानी दिसम्बर 1992 को मस्जिद गिरा दी गई थी। राही की राय आज भी कितनी महत्त्वपूर्ण है और हिंदुस्तानीयत के लिए बहुत मायने रखती है। अतः राही मासूम रज़ा आज और भी अधिक प्रासंगिक हो गए है।

सन्दर्भ ग्रंथ

1. राही मासूम रज़ा, 'आधा गाँव', पृ. 302
2. वही पृ. 303
3. रेहाना रिज़वी, राही मासूम रज़ा का रचना संसार, पृ. 6
4. वही, पृ. 6
5. डॉ, कुंवरपाल सिंह, राही मासूम रज़ा, पृ. 12
6. वही, पृ. 11
7. वही, पृ. 11
8. वही, पृ. 12
9. रेहाना रिज़वी, राही और उनका रचना संसार, पृ. 8
10. शैलेश ज़ैदी, राही मासू रज़ा की याद में, अभिनव कदम, राही विशेषांक, पृ. 70
11. डॉ. रेहाना रिज़वी, राही मासूम रज़ा रचना संसार, पृ. 9
12. वही, पृ. 9
13. डॉ. जिलेदार सिंह, राही मासूम रज़ा: एक अध्ययन, पृ. 24
14. डॉ. रेहाना रिज़वी, राही मासूम रज़ा का रचना संसार, पृ. 10
15. वही, पृ. 11
16. डॉ. जिलेदार सिंह, राही मासूम रज़ा-एक अध्ययन, पृ. 27
17. कमलेश्वर, अभिनव कदम, राही विशेषांक, पृ. 36
18. डॉ. रेहाना रिज़वी, राही मासूम रज़ा का रचना संसार, पृ. 20
19. वही, पृ. 27
20. कमलेश्वर, अभिनव कदम, राही विशेषांक, पृ. 226
21. डॉ. कुंवर पाल सिंह, राही और उनका रचना संसार, पृ. 27
22. डॉ. कुंवर पाल सिंह, राही मासूम रज़ा, पृ. 14
23. डॉ. कुंवर पाल सिंह, राही और उनका रचना संसार, पृ. 28
24. डॉ. कुंवर पाल सिंह, राही मासूम रज़ा, पृ. 14
25. रेहाना रिज़वी, राही मासूम रज़ा का रचना संसार, पृ. 25
26. साप्ताहिक हिंदुस्तान, अप्रैल 1992, पृ. 49
27. धर्मयुग, 1 मार्च 1992, पृ. 49
28. कुंवरपाल सिंह, राही और उनका रचना संसार, पृ. 30
29. धर्मयुग, 1 मार्च 1992, पृ. 50
30. धर्मयुग, 25 जनवरी 1987, पृ. 9

द्वितीय अध्याय

राही के उपन्यास और हिंदुस्तानीयत

उपन्यास में जीवन के जितने विविध रूपों का निरूपण और चित्रांकन होता है उतना साहित्य की अन्य विधाओं में नहीं। उपन्यासकार अपने देखे, परखे समाज से घटनाओं और चरित्रों का चयन करता है, जिसमें वह सांस लेता है, मानसिक रूप से विचरण करता है, उसी की अभिव्यक्ति उपन्यास में होती है। "आज के जीवन की वास्तविकता को, उसके जटिल बहुस्तरीय संबंध-प्रसंगों को, इतिहास की प्रक्रिया में मनुष्य की नियति के सार्थक समग्र अध्ययन को भाषा देने वाले साहित्य रूपों में उपन्यास एक प्रमुख और अधिक लोकप्रिय विधा है।"[1]

उपन्यासकार सामाजिक प्राणी होता है। समाज से कटकर किसी भी उपन्यास या कला की कल्पना मुश्किल है। सम-सामयिक, राजनैतिक-सांस्कृतिक मूल्य बोध, धार्मिक आस्था तथा सामाजिक परिवेश आदि उपन्यासकार के बाह्य और आंतरिक जगत को एक ऐसा स्वरूप प्रदान करते हैं, जिसकी अभिव्यक्ति रचनाओं में होती है। जिन परिस्थितियों में जीना मरना है, उसके प्रति लेखक उपेक्षा का भाव नहीं रख सकता। अर्थात् बिना समाज से जुड़े, राजनैतिक परिस्थितियों को जाने बगैर उपन्यास रचना नहीं हो सकती। राही के उपन्यास पढ़ते हुए लगता है कि वे स्वयं उसमें उपस्थित हैं। उनके उपन्यासों का परिवेश उनका नितांत अपना है। वे समय के रूप में स्वयं अपने विचारों को स्थान-स्थान पर देते चलते हैं। इसीलिए मुनष्य की यथार्थ-प्रकृति की वास्तविक्ता का पता चलता है। यथार्थवादी उपन्यासकार कल्पना का सहारा कम लेता है बल्कि स्वयं देखा हुआ जीवन दिखाने का प्रयत्न करता है।

मनुष्य और समाज सिक्के के दो पहलू की तरह हैं, एक के बगैर दूसरे की कल्पना नहीं की जा सकती। मनुष्य समाज की एक इकाई है, अतः जब कोई उपन्यासकार किसी व्यक्तित्व का व्याख्या विश्लेषण करता है, तो सामाजिक जीवन विस्मृत नहीं कर पाता क्योंकि व्यक्ति के निर्माण में सामाजिक-परिवारिक परिवेश, राजनैतिक व आर्थिक स्थितियाँ से उसके चरित्र निर्माण में सहायक होती हैं या उसे प्रभावित करती हैं।

हिंदी उपन्यास ने विकास की दृष्टि से कई मोड़ लिए तथा सामाजिक दबाव एवं विभिन्न विचारधारा इसे प्रभावित करती रही। प्रारंभिक उपन्यासों में सुधारवादी दृष्टिकोण अपनाया गया अर्थात् आदर्शवाद स्थापित करना उनका प्रमुख लक्ष्य था। तब उपन्यास का मुख्य लक्ष्य व्यक्ति को सुन्दरतम रूप प्रदान करना तथा वैयक्तिक अवगुणों को समाप्त करना था। इसके उपरांत हिंदी उपन्यास के विकास ने एक नया मोड़ लिया, जिसमें जासूसी एवं तिलस्मी उपन्यासों की सृष्टि हुई। ऐसे उपन्यास जिसमें कौतुहल, जिज्ञासा, चमत्कार, ऐयारी-मक्कारी आदि विषय होते थे। उनका प्रमुख उद्देश्य मनोरंजन था। इसी के साथ-साथ ऐतिहासिक उपन्यास भी लिखे गये, जिसमें ऐतिहासिक घटनाओं की अपेक्षा कल्पना की प्रधानता थी। तदुपरांत हिंदी उपन्यास के विकास क्रम को उपन्यासकार प्रेमचंद ने नया मोड़ दिया। उन्होंने हिंदी उपन्यास कला को शिखर पर पहुँचा दिया। उपन्यास को सस्ते मनोरंजन से निकालकर मानवीय धरातल पर प्रतिष्ठित कर दिया। प्रेमचंद तथा उनके बाद के कथाकारों ने उपन्यास को जन साधारण से जोड़ दिया, जहाँ विषय जनता को ध्यान में रखकर लिये गये। सामाजिक चिंता उनका मुख्य क्षेत्र था। व्यक्ति और समाज को केंद्र में रखकर सोचा गया। राही मासूम रज़ा ऐसे उपन्यासकारों में प्रमुख स्थान रखते हैं। उन्होंने प्रेमचंद की परंपरा को आगे बढ़ाया। एक स्थान पर प्रेमचंद कहते हैं-

''साहित्यकार का काम केवल पाठकों का मन बहलाव नहीं है, यह तो भांडो मदारियों विदूषकों और मसखरों का काम है। साहित्यकार का पद इससे कहीं ऊँचा है। वह हमारा पथ-प्रदर्शक होता है। वह हमारे मनुष्यत्व को जगाता है, हम में सद्भावों का संचार करता है, हमारी सृष्टि को फैलाता है-कम से कम यही उसका उद्देश्य होना चाहिए।''[2]

प्रेमचंद की ही भांति राही भी उपन्यासों द्वारा जन-मनोरंजन की अपेक्षा मानव मन का परिष्कार और परिमार्जन करना चाहते थे। राही ने मानव के सामाजिक जीवन को उपन्यासों का विषय बनाया, जो जीवन के विविध पहलुओं को उजागर करता है। सामाजिक, राजनैतिक तथा आर्थिक समस्याएँ कथानक का आधार बनी हैं। अपने उपन्यासों की थीम के विषय में राही ने अपने विचार प्रकट करते हुए कहा-

''थीम तो अभी मेरे पास एक ही है, जो कुछ 'आधा गाँव' में शुरू किया था, उसी को आगे बढ़ाया है। 'टोपी शुक्ला' में भी यही बात है। 'हिम्मत जौनपुरी' में भी, ये प्लाट के नावेल नहीं थे, यही कह लीजिए कि अब वो बात इस नये नॉवेल में खत्म की है। जिसका नाम है ओस की बूंद। यानी हिंदू-मुसलमान का ताल्लुक आपके इस नॉवेल में भी थीम बनकर आया है...'' आगे बात पर ज़ोर देते हुए स्पष्ट करते हैं—''बिल्कुल इन पर लिखने की जितनी ज़रुरत आज है उतनी पहले कभी नहीं थी।''[3]

राही के विचार आज के माहौल में और भी अधिक प्रासंगिक बन गए हैं। देश में फैला धार्मिक उन्माद का ज़हर, जातिवाद का बोलबाला, घिनौनी और तुच्छ राजनीति की पराकाष्ठा तथा मीडिया का गिरता स्तर आदि सभी बातें विकराल रूप में सामने खड़ी है, बल्कि ये अपना रूप बदलकर और भी भयावह हो गई है। हिंदू-मुसिलम रिश्तों की पहचान क्या हो? क्या आज भी इसे इग्नोर किया जा सकता है? धर्म और संस्कृति का अंतसबंध क्या हो, क्या इस पर बहस नहीं होनी चाहिए। राही की बेचैनी अपने देश और समाज को बचाने की है। राही हिंदी के उन महान लेखकों में से हैं जिन्होंने सांप्रदायिकता की समस्या और संदर्भों को गहराई तथा पूरी सच्चाई के साथ अपने साहित्य में चित्रित किया है। आधा गाँव, टोपी शुक्ला, हिम्मत जौनपुरी या फिर कटरा बी आरज़ू सभी उपन्यासों में ये दर्द देखा जा सकता है। राही के उपन्यास जो प्रश्न हमारे सामने रखते हैं वो आज भी हमारे सामने खड़े हैं, बल्कि पहले से अधिक जटिल तथा घातक नज़र आ रहे हैं। आज भी कितने टोपी हैं जिन्हें नौकरी मिलती है? कितने इफ़्फ़न हैं जिनका प्रमोशन होता है? और क्या सांप्रदायिक समस्या समाप्त हो गई? पहले तो संतों को सीकरी से काम नहीं था, परन्तु अब तो वो सत्ता के शीर्ष पर आ गए है। दुनिया को माया-माया का प्रवचन देते-देते स्वयं इसी माया में डूब गए। आखिर राही को अपने हिंदुस्तानी होने की गवाही बार-बार क्यों देनी पड़ी जो आज तक दी जा रही हैं। आज तो कथाकथित देशभक्ति और देशद्रोही का मुद्दा मुख्य बना हुआ है। ऐसे बहुत से प्रश्नों को राही ने बहुत शिद्दत से महसूस किया। इस देश की मिट्टी से, इसके रोये-रोये से राही को प्रेम है, इसका उदाहरण 'आधा गाँव' और उनकी पूरी ज़िंदगी है। राही अपनी ज़िंदगी में कितने भी यायावर और फक्कड़ रहे परंतु वे गंगौली को कभी नहीं भूले। ग़ाज़ीपुर उन्हें हमेशा याद रहा। राही की धर्मनिरपेक्षता और भारतीयता किताबी या जुनूनी नहीं है। उन्होंने सच्चे अर्थों में अपने देश से मुहब्बत की है। खेत-खलिहानों और माटी की महक सूंघी है। माँ के आंचल में सोया है, गंगा की गोद में खेला है और उसी में समा जाना चाहते हैं। कुरान और रामायण साथ-साथ पढ़ी है। एक साथ अज़ाने और प्रार्थनाएँ सुनी हैं, होली, दीवाली, दशहरे मनाए हैं। कहने का तात्पर्य है कि हिंदुस्तानी समाज को व्यवहारिक रूप में अपने में उतारा है। उनकी भारतीयता सच्ची है। इसका एक उदाहरण 'वसीयत' नामक कविता में दिखाई पड़ता है—

> "वसीयत क्या करूँ—
> किससे करूँ आखिर
> इस आखिर का दुख धीरे-धीरे बढ़ने लगता है—
> न जाने मौत किस आलम में आएगी
> वतन में—

या वतन से दूर आएगी

और आगे चलकर देश प्रेम की उत्कट भावना अनुभूत की जा सकती है—

"मुझे ले जा के ग़ाज़ीपुर में गंगा की गोदी
में सुला देना
वह मेरी माँ है
वह मेरे बदन का ज़हर पी लेगी
हज़ारों बार खो चुकी है वह
मुझे खोकर वह फिर इस बार जी लेगी
वह मेरी माँ है।"[4]

राही का भारतीय प्रेम उनके साहित्य में पूरी शिद्दत के साथ चित्रित है। उनकी नसों में दौड़ने वाला खून भारतीय है, तभी तो वे सांप्रदायिक लोगों को टक्कर देने की हिम्मत रखते हैं। वे हिंदू-मुसलमान खून में कोई फर्क नहीं करते और उसे व्यवहारिक तौर में अपनाते हैं। यानी वो मुसलमान होने से पहले भारतीय हैं। लेकिन उन्हें दुख है कि उन्हें अपने भारतीय होने की गवाही बार-बार क्यों देनी पड़ती है। उन्हें दुख है कि वर्षों से हिंदू-मुसलमान साथ रहे हैं परंतु आज तक क्यों सांप्रदायिकता का ज़हर हमारे देश में है। देश आज़ाद होने के बाद समस्या और भी बढ़ गई। पाकिस्तान बनने से हालात बद से बदतर हो गये। हमारे देश के नेताओं ने तत्कालिक लाभ के लिए इसे और भुनाया। उन्हें इस बात की परवाह ही कहाँ कि आने वाले दिनों में यह देश के लिए कितनी नुकसानदेह है। राही ने इस बात को परख लिया था और वे इसे लेकर चिंतित रहते थे तथा आजीवन इससे लड़ते रहे।

"आश्चर्य की बात यह है कि भारत का साहित्यकार इस समस्या से अब तक कतराता रहा है। प्रेमचंद के बाद शायद ही किसी हिंदू उपन्यासकार ने इस समस्या को उसके सही परिप्रेक्ष्य में ग्रहण किया। दरअसल तो हिंदू साहित्यकार इस बिच्छू को छूना ही नहीं चाहता। कहीं वह डंक न मार दे। पर कोई यह नहीं सोचता कि इस बिच्छू का डंक दिनों-दिन बड़ा होता जा रहा है और उसमें ज़हर की मात्रा बढ़ती जा रही है।"[5]

राही ने इस डंक को तोड़ा है, न केवल तोड़ा बल्कि इसे सच्चे अहसास के साथ अपनी लेखनी में हथियार भी बनाया। "राही मासूम रज़ा की खासियत यह है कि उन्होंने इस समस्या को केवल चिंतन की राह से नहीं, अनुभव और संवेदना की राह से भी देखा है। मुझे लगता है इस समस्या को जितने सही ढंग से और तटस्थ रूप से एक मुसलमान लेखक चित्रित कर सकता है उतने सही ढंग से हिंदू लेखक नहीं कर सकता। राही को इस चित्रण में सफलता इस कारण तो मिली ही है कि वे अपने प्रति ईमानदार हैं, और उनकी दृष्टि साफ है। इसका एक कारण यह भी है कि

वे मुसलमान हैं। वे हिंदू-मुस्लिम संबंध की स्थिति के भोक्ता रहे हैं, जो संभवतः भारत में हिंदू लेखक के लिए संभव नहीं है। राही की खूबी यह है कि वे स्थिति के भोक्ता होने के साथ-साथ उसके तटस्थ विश्लेषक भी हैं।''[6]

राही ने पूरी तटस्थता और ईमानदारी के साथ इस समस्या को अपने साहित्य में दिखाया है। राही का दृष्टिकोण मनुष्य को धर्म, जाति, संप्रदाय तथा वर्ग में बंटने की स्वीकृति नहीं देता। उन्होंने सारा जीवन मानवीयता की स्थापना करने के प्रयास में गुजारा। आज समाज में चारों ओर जो सांप्रदायिक ज़हर, क्षेत्रवाद या जातिवाद फैला हुआ है, राही ने हमेशा उसका विरोध किया और वो भी पूरी ताकत के साथ। राही का भारतीय प्रेम, अपनी संस्कृति के प्रति समर्पण, उनके साहित्य में सर्वत्र विद्यमान है। राही का विरोध उन सभी के लिए है जो राजनैतिक स्वार्थ के लिए धर्म के नाम पर देश को बांट रहे हैं। संप्रदाय या भाषा के नाम पर क्षेत्रवाद फैला रहे हैं। राही की आत्मा अपने चारों तरफ फैली ऐसी ही विद्रूपताओं से त्रस्त और बेचैन हो उठती है। राही का इन विद्रूपताओं से विरोध कभी-कभी आक्रोश भी बन जाता है। राही ने अपने उपन्यासों में तत्कालीन समस्याओं को न केवल महसूस किया है बल्कि उसे पूरी ईमानदारी के साथ चित्रित भी किया है।

आधा गाँव में बसी पूरी हिंदुस्तानीयत

हिंदी कथा साहित्य में जब कुछ महत्त्वपूर्ण उपन्यासों का वर्णन हो, आधा गाँव (1966) की याद न आये ऐसा नहीं हो सकता। यह ऐसा बहुआयमी उपन्यास है, जिसे कई कोणों से पढ़ा और विश्लेषित किया जा सकता है। जब भी पढ़ो कुछ नया अर्थ सामने आता है और उन मूल प्रश्नों को हमारे सम्मुख खड़ा करता है जिनसे हमारा देश और समाज आज भी जूझ रहा है। आधा गाँव का मूल प्रतिपाद्य क्या है? उपन्यासकार कहना क्या चाहता है? इसका जवाब लेखक स्वयं देता है—

''यह कहानी न कुछ लोगों की है और न कुछ परिवारों की, यह उस गाँव की कहानी भी नहीं है जिसमें इस कहानी के भले-बुरे पात्र अपने को पूर्ण बनाने का प्रयत्न कर रहे हैं। यह कहानी न धार्मिक है न राजनैतिक। क्योंकि समय न धार्मिक होता है न राजनैतिक...और यह कहानी है समय की ही। यह गंगौली में गुज़रने वाले समय की कहानी है।''[7]

लेखक के वक्तव्य से एक बात साफ ज़ाहिर है कि यह उस गाँव की कहानी है जिससे वह स्वयं जुड़ा है, यानी उपन्यास में आने वाली घटनाएँ, समस्याएँ या अन्य चीज़ें, लेखक ने स्वयं उसको देखा, परखा और भोगा। जिससे चित्रण में यथार्थता आ गयी है। दूसरे ये बात गौर करने वाली है कि यह कहानी धार्मिक और राजनैतिक तो नहीं है पर समय की है जिसमें अन्य चीज़ें अनायास आ जाती हैं।

आधा गाँव समय की कथा है। इसमें ग़ाज़ीपुर के एक गाँव गंगौली के उत्तर पट्टी और दक्षिण पट्टी के रूप में विभाजित शिया मुसलमानों के जीवन के उतार-चढ़ावों का विस्तृत चित्रण है, मूल में तो आधा गाँव ही है, परंतु उपन्यास पढ़ने के बाद मालूम पड़ता है कि आधे गाँव में भी कुछ परिवार ही केंद्र में हैं और लेखक स्वयं उसका हिस्सा है। राही मासूम रज़ा ने आधा गाँव ही क्यों चुना है? पूरा क्यों नहीं? इसका स्पष्टीकरण भी लेखक स्वयं देता है—

"इस वक्त इस आधे गाँव की कहानी बड़े नाज़ुक मोड़ पर है। मैं जानता था कि इस कहानी में यह मोड़ आयेगा, । इसीलिए मैंने पूरे गाँव को नहीं बल्कि केवल गाँव के उस टुकड़े को चुना, जिसे मैं अच्छी तरह जानता हूँ। कथाकार के लिए यह ज़रुरी है कि वह उन लोगों को अच्छी तरह जानता हो जिनकी वह कहानी सुना रहा है। मैं इन तमाम लोगों को जानता हूँ।"[८]

यही कारण है कि इस उपन्यास में शियाओं के जीवन के विभिन्न पक्षों का विश्वसनीय चित्रण हो सका है। गंगौली के ये शिया मुसलमान छोटे-बड़े ज़मींदार हैं, परंतु उनकी जीवन पद्धति विशिष्ट और बनावटी है। उनके जीवन का केन्द्र मुहर्रम है। मुहर्रम ही अन्य चीज़ों के अलावा आर्थिक स्थिति के उत्थान-पतन को भी दर्शाता है। ज़मींदारी के रहते, मुहर्रम की जो शान थी, उसको मनाने का जो उत्साह जोश या तरीका था, वह उसके न रहने पर वैसा नहीं रहा। यानी यहाँ लेखक यह संकेत देता है कि आर्थिक स्थिति किस प्रकार धर्म और रीति रिवाज़ो को प्रभावित करती है, इसकी व्यंजना पूरे उपन्यास में दिखाई पड़ती है। मुहर्रम में ज़मींदारी के गुरुर को देखा जा सकता हैं। उस के ज़रिये वहाँ के लोगों के जीवन और समाज की सारी मानसिकता तथा गतिविधियों को देखा जा सकता है। यह एक ओर गंगौली के रुतबे की शानदार परंपरा और मियाँ लोगों के ठाट-बाट को प्रदर्शित करता है तो दूसरी ओर उनके जीवन में आई विद्रूपता, बनावटीपन तथा खोखलेपन को उभारता है। दोनों पट्टी वालों की ईर्ष्या और आपसी द्वन्द्व, रिश्तों की टकराहट मुहर्रम में खुलकर सामने आती है। यहाँ तक बनावटीपन था कि लोग एक दूसरे को दिखाने के लिए रोने और बेहोश हो जाने का अभ्यास करते थे। औरतें ईमाम हुसैन का नाम आते ही चीख-चीख कर रोने लगती थी। लोग ताज़िये के जूलूस में फौजदारी और खून-खराबा तक कर बैठते थे। एक दूसरे की नाक नीची करने की भरपूर कोशिशें की जाती थीं। पूरे साल की जितनी भी बातें होती सभी का राज़ मुहर्रम में खुलता था। इसीलिए उपन्यास का नायक मुहर्रम है। जितने भी पात्र सामने आते हैं, सभी के केन्द्र में वही है। सभी चरित्रों के विचार अलग-अलग हैं। उनकी बहुत सारी समस्याएँ हैं, घरेलू समस्याएँ जैसे-कुंवारी लड़कियों को वर न मिलना, खरी हड्डी खोजना, तरह-तरह की अफवाहें, रखैल रखना तथा अधिकतर लोगों के अनैतिक संबंध आदि

अनेक समस्याएँ हैं, जो मुहर्रम के द्वारा सामने आती हैं–

"नाहीं भैया, तू खास हजरत अली की औलाद हो। फुन्नन मियाँ ने कहा, 'बिगड़ काहे रहयों? फिद्दू से कामिला का बिआह हरगिज मत करि हो। बाकी जब ऊ बरकतवा के साथ खुदान-खास्ता भाग जाए, तब कह दीहो गाँव-भर से कि बरकतवा तो खरा सैयद है।" राही आगे लिखते हैं—"ऐसा नहीं था कि सैदानियों के हिस्से में कहानियाँ ही न आयी हों। फला मिया की बीवी अपने भतीजे से फंसी है। फला को उनके देवर ने रख छोड़ा है लेकिन इसमें शक नहीं कि इन कहानियों में भी हड्डी का ख्याल रखा जाता था। यानी यह कभी नहीं हो सकता था कि फलां की बीवीं फलां राकी या जुलाहे से फंसी हुई है।[9]

परंतु यह पाबंदी केवल औरतों के लिए थी। आदमी अनैतिक संबंध बनाने में जात-पात का ख्याल बिल्कुल नहीं करते थे। हाँ अन्य मामलों में उनकी सैयदी बड़ी बात थी। मिगदाद सैयद हैं परंतु वह सैफुनियां नाइन से प्रेम करता है। सैफुनियां की माँ मेहरुनियां से हम्माद मियाँ, सुलेमान मियाँ, वज़ीर व अब्बू मियाँ सभी फंसे हैं। सुलेमान मियाँ तो मजलिस छोड़कर मेहरुनियां की बाँहों में पड़े रहते हैं। राही ने मुहर्रम के माध्यम से दिखाया है कि मुस्लिम समाज में भी वर्गीय चेतना है। यानी यहाँ भी जात की समस्या लगभग हिंदू समाज जैसी ही, यहाँ हड्डी की शुद्धता का बड़ा ख्याल रखा जाता है। उपन्यास में गंगौली के सैयदों की तपी-तपायी ज़मींदारी का वर्णन है। इसके यहाँ ज़मींदारों के सभी चोंचले या जिन्हें ऐब कहे मौजूद है। गंगौली के राकी जुलाहे इतने धनवान हैं कि वे सैयदों के घर खरीद सकते हैं लेकिन वे सैयदों के बराबर बैठ नहीं सकते, रिश्ता करना तो बहुत दूर की बात है। मियाँ लोग अपने हाथ से कोई काम नहीं करते। मुहर्रम के ताजिये भी ये जुलाहों आदि से सजवाते हैं। सैदानियां ताजिये के जुलूस के पीछे नहीं चलतीं। क्योंकि वो शान के खिलाफ है। ये बड़ी अजीब बात है कि जिस हुसैन के नाम पर वो जान न्यौछावर करने को तैयार है, उनके ताजियों के साथ सैयदों के औरते नहीं जाती बल्कि गाँव की नीची जातियों की औरते गाते हुए चलती हैं। यें ज़मीदार या सैयद होने का दर्प है, जो धर्म को भी पीछे कर देता है। सभी लोगों को अपनी ज़मीदारी का नशा है तथा अपनी झूठी शान पर गर्व करते हैं। सैयद घरानों में न तो स्त्री को पूरे अधिकार है और न ही उन्हें आत्म-सम्मान मिलता है। ऊपर से इन्हें डर लगा रहता है कि कब कोई किसी दूसरी स्त्री से न फंस जाये।

सैयदों के घरों में काम करने वाले मजदूरों की स्थिति तो और भी खराब है। उनसे पीढ़ी-दर-पीढ़ी बेगार कराया जाता है या उनके पास कोई और काम नहीं अत: वे चुपचाप करते जा रहे हैं। गया अहीर, कोमिला चमार तथा झिंगुरिया इसके उदाहरण हैं। लेखक मुहर्रम के माध्यम से परिवर्तन के संकेत देता है कि समय कैसे

बदल रहा है। जो सैयद मिंबर के सामने बैठकर मातम करते थे वे एक-एक करके मर रहे हैं। पीछे बैठने वाले आगे बैठने लगे हैं और नये बच्चों ने मिबंर के पीछे बैठना शुरू कर दिया है। यह परिवर्तन कई स्तरों पर है। इसमें सबसे मुख्य आर्थिक परिवर्तन है। अब मुहर्रम में वो उत्साह और जोश कहाँ जो पहले था। अब ताजिये भी ऐसे नहीं सजते जैसे पहले, यानी धीरे-धीरे गंगौली का काफी कुछ बदल गया है।

लेखक ने युद्ध के परिणामों की ओर भी ध्यान आकृष्ट कराया है। लेखक बिना मतलब की लड़ाई को बेकार मानता है, क्योंकि इसी समय जर्मनी के खिलाफ लड़ाई चल रही होती है। गंगौली के नौजवान लड़ाई में मारे जा रहे हैं और कुंवारी लड़कियाँ बढ़ती जा रही हैं। जंग में सिपाही अपने दुश्मन को न मारने की इच्छा रखते हुए भी मार देता है क्योंकि मौका चूकते ही वह उसे मार देगा। जंग का मतलब बने-बनाये सामाजिक ढांचे का टूटना है। लूट, बलात्कार सभी तो होता है जंग में। तभी तो तन्नू सोचता है कि यदि वह लड़ाई में मार दिया होता तो मरहूम अब्बा की वसीयत का क्या होता? क्या सल्लो की शादी नहीं होती?

अब आती है हमारे देश की सबसे बड़ी त्रासदी, देश विभाजन और यही लेखक का सबसे बड़ा दर्द है। पाकिस्तान निर्माण के साथ ही गंगौली निवासियों के दिलों में दरार पड़ जाती है। जाने-पहचाने चेहरे अजनबी हो जाते हैं। लेखक बार-बार यह प्रश्न सामने खड़ा करता है, कि भारतीय मुसलमानों के लिए एक नये मुल्क की अचानक ज़रूरत क्यों पड़ी? क्या नमाज़ के लिए? नौकरी के लिए या अस्मिता को बचाने के लिए, जो भी रहे धीरे-धीरे गंगौली खाली होती जा रही है। जिसे देखो पाकिस्तान जा रहा है। वह मानते हैं कि भारत में रहकर उनकी सुरक्षा और विकास नहीं हो सकता। जिन्होंने पाकिस्तान के पक्ष में वोट दिया था, वे यह सोचकर हैरान हैं कि पाकिस्तान का निर्माण तो हिंदू-मुसलमान अलग करने के लिए हुआ था, लेकिन यह तो पति-पत्नी, बाप-बेटे और दोस्त-दोस्त को अलग कर रहा है। गंगौली में जिधर देखो उदासी, तन्हाई और वीरानी छाई है। मियाँ पाकिस्तान में और बीवी हिंदुस्तान में। लोग वहाँ शरणार्थी बनकर रह रहे हैं और यहाँ देश आज़ादी के मुस्लिम शहीदों को जल्दी ही भुला दिया गया है।

विभाजन के बाद हमारे यहाँ एक नयी तरह की सांप्रदायिकता दिखाई पड़ती है। जनसंघ ने तो इस बात का खुलेआम प्रचार किया कि ये देश अब हिंदुओं का है। रही बात काँग्रेस की या अन्य पार्टियों की तो सैद्धांतिक रूप में तो वह धर्मनिरपेक्ष पार्टियाँ हैं, परंतु इनकी यह सोच व्यवहारिक दृष्टि से धर्म निरपेक्षता पर खरी नहीं उतरी। फुन्नन मियाँ का बड़ा बेटा अंग्रेज़ों की तरफ से जर्मनों से लड़ता हुआ मारा गया था, परंतु शहीदों की सूची में उसका नाम नहीं था—

"जब बालमुंकद वर्मा सन् 1942 के शहीदों की तारीफ कर रहे थे, फुन्नन

मियाँ एक-एक शब्द को न्याज़ के कतरों की तरह चाट रहे थे। लेकिन जब देर हो गई और बालमुंकद वर्मा ने मुमताज का नाम एक बार भी नहीं लिया तो फुन्नन मियाँ को वहशत होने लगी...फुन्नन मियाँ के लिए इस तकरीर को झेलना नामुमकिन हो गया। वह बीच तकरीर में खड़े हो गए: "एक साहब, हियाँ एक ठो हमर हे बेटा मारा गया। अइसा जना रहा कि आपको ओका नाम न बताइस। ओका नाम मुम्ताज रहा।"[10]

यह बात दोनों जगह हुई। पाकिस्तान तो मुस्लिम देश के नाम पर ही बना था। अत: वहाँ यह चीज़ पचाई जा सकती है परंतु भारत जैसे धर्मनिरपेक्ष देश के लिए यह बात कितनी खतरनाक हो सकती है और उसके परिणाम कितने घातक हो सकते हैं? सांप्रदायिक लोग इस बात का ख्याल नहीं करते। लेकिन राही इस को लेकर बड़े दुखी और चिंतित थे। इसी बात को ध्यान में रखते हुए डॉ. कुंवर पाल सिंह लिखते हैं—

"आज भी हमारी सरकारें जो शहीदों की सूची और उनके स्मारक बना रही हैं उनमें मुसलमानों के नाम या तो हाशिये पर हैं अथवा सूची से गायब हैं। यह काम बहुत योजनाबद्ध तरीके से हो रहा है। यही नहीं, साहित्य में भी अमीर खुसरो जैसे सामाजिक संस्कृति के साहित्यकारों को सांप्रदायिक सिद्ध किया जा रहा है। यह सोची-समझी नीति के तहत है। यह कुप्रचार भी किया जा रहा है कि हिंदी के सूफी-संतों ने एकता और प्रेम के सूत्रों का सृजन नहीं किया, बल्कि इस्लाम धर्म का प्रचार-प्रसार उनका उद्देश्य था। महत्त्वपूर्ण सूफी कवि जायसी अब उनके निशाने पर हैं। 'आधा गाँव' राजनैतिक और सांस्कृतिक क्षेत्र में इस संकीर्ण सोच के विरुद्ध हमें आगह करता है। इसीलिए आधा गाँव से सब डरते हैं।"[11]

राही मानते हैं कि पाकिस्तान बनने की खुशी तो चंद लोगों को थी, परंतु उसके बाद जो दु:ख हुआ वह उससे बहुत अधिक था। मुस्लिम लीग के प्रभाव वश या बिना सोचे-समझे लोग पाकिस्तान तो चले गये लेकिन उन्हें वहाँ भी शरणार्थी (मुहाजिर) का दर्जा ही मिला। वे पाकिस्तान में उस वृक्ष की तरह है जिसकी जड़ नहीं है या है भी तो बहुत कमज़ोर। उनके पाकिस्तान बनने के बाद पूरे होने वाले सपने चूर-चूर हो गये। उनकी उम्मीदें पूरी नहीं हुई। वैसे भी राही का मानना था कि धर्म और राष्ट्रीयता का घालमेल बहुत दिनों तक नहीं चल सकता। पाकिस्तान के निर्माण का आधार ही गलत था। उसे बहुत दिनों तक एकता के सूत्र में नहीं बांधा जा सकता था। संस्कृति और भाषा धर्म से ऊपर होते हैं। अत: 1971 में बंग्लादेश का निर्माण इतिहास विरोधी सांप्रदायिक शक्तियों की हार थी। भाषा, धर्म या संस्कृति को लेकर या सरकार के विरुद्ध जो आंदोलन उस समय चल रहे थे, आधा गाँव में उसे देखा जा सकता हैं?

''एक कालजयी रचना इतिहास-विरोधी और जन-विरोधी शक्तियों का रेशा-रेशा अलग कर देती हैं। गोदान के बाद भारतीय समाज में हो रहे परिवर्तनों को आधा गाँव चित्रित ही नहीं करता बल्कि भविष्य में होने वाले परिवर्तनों का संकेत भी देता है। गोदान और झूठा सच के बाद आधा गाँव इसकी अगली कड़ी है।''[12]

अधिकतर लोगों का यह भ्रम शीघ्र ही टूट गया कि पाकिस्तान बनने से समस्या का हल हो जायेगा। परंतु ऐसा नहीं हुआ बल्कि भारतीय मुसलमानों की समस्याएँ और भी बढ़ गई। उन्हें संदेह की दृष्टि से देखा जाने लगा। उत्तरोत्तर यह भावना बढ़ती ही गई। यद्यपि पाकिस्तान बनवाने के जिम्मेदार भद्रजन लोग ही थे। साधारण जनता क्यों चाहेगी कि उसे अपना घर-गाँव, खेल-खलियान छोड़ना पड़े और न ही उनकी राय ली गई थी तथा जिन्होंने स्वार्थ वश चाहा भी कि इससे लाभ होगा उनको भी बेसहारा छोड़ दिया गया—''जिन्ना साहब तो हाथ झाड़कर चले गए कि यहाँ के मुसलमान जाय जहन्नुम में, ई इच्छा रही। पाकिस्तान बने के वास्ते वोट दे यहाँ का मुसलमान अऊर अब पाकिस्तान बने तो जिनवा कहे कि यहाँ के मुसलमान जांय चूल्हे-भाड़ में।''[13]

राही ऐसे लेखक हैं जिन्होंने कई मानवता विरोधी मान्यताओं को अपनी रचनाओं में ही नहीं बल्कि अपनी ज़िंदगी के दौरान तोड़ने की कोशिश की। धार्मिक आडंबर, देश विभाजन, सांप्रदायिकता तथा भारतीय स्वार्थी राजनीति को इन्होंने हमेशा निशाने पर रखा। राही मानते थे कि आने वाले दिनों में हिंदू-मुस्लिम कटुता समाप्त हो जायेगी। वह इसका ज़िम्मेदार राजनेताओं एवं धार्मिक ठेकेदारों को मानते हैं। गणेश शंकर विद्यार्थी अपने निबंध धर्म की आड़ में कुछ इस तरह की बाते पहले ही लिख चुके थे। मुस्लिम ज़मींदार कांग्रेस को वोट इसीलिए नहीं देते कि वह उनकी ज़मींदारी हड़प लेगी। इस कारण वे मुस्लिम लीग का हाथ मज़बूत करते हैं। परंतु गंगौली के मुस्लिम, मुस्लिम लीग के माध्यम से पाकिस्तान बनने का विरोध भी करते हैं। क्योंकि उन्हें पाकिस्तान की कोई ज़रूरत नहीं। गंगौली के लोग मानते हैं कि नफरत की कोई भी वस्तु हितकारी नहीं हो सकती—

''नफरत और खौफ की बुनियाद पर बनने वाली कोई भी चीज़ मुबारक नहीं हो सकती। पाकिस्तान बन जाने के बाद भी गंगौली यहीं हिंदुस्तान में रहेगा और गंगौली फिर गंगौली है। तब अगर गयवा अहीर, लखना चमार और छीकुरिया भर ने आपसे पूछा कि उन्होंने तो आपसे कभी दुश्मनी नहीं की थी, फिर आपने पाकिस्तान को वोट क्यों दिया, तो आप क्या जवाब देंगे।''[14] लेखक बहुत सारे प्रश्नों से जूझ रहा है—''इस नफरत का अंजाम क्या होगा? क्या सचमुच हिंदुस्तानी मुसलमान इस ज़मीन का नहीं है? मगर, दिलदार नगर और गहमर के राजपूत मुसलमान तो इसी मिट्टी के बने हुए हैं। फिर वे मुस्लिम लीग को वोट क्यों दे रहे

हैं? वे क्यों एक वतन की ज़रुरत महसूस कर रहे हैं। राम की खड़ाऊँओं को कदमें-रसूल बनाकर चूमने वाले मुसलमान पाकिस्तान क्यों बना रहे हैं? और क्या वे सचमुच पाकिस्तान बनाना चाहते हैं? क्या वे तमाम लोग जो मुस्लिम लीग को वोट देंगे, यह जानते हैं कि पाकिस्तान कैसा होगा और क्या होगा?''[15]

तात्पर्य है कि लेखक इस अलगाव को सिरे से खारिज कर उसका तीखा विरोध करता है। लेखक इस अलगाव से व्यक्तिगत रूप में दुखी है और उसकी व्यक्तिगत पीड़ा बार-बार उनके साहित्य में दिखाई पड़ती है। वैसे भी मनुष्य सुविधा और स्वार्थ के नाम पर देश के टुकड़े करके कभी खुश नहीं रह सकता। हुआ भी वही, दशकों गुज़रने के बाद भी विभाजन से उत्पन्न समस्याएँ आज तक बनी हुई है।

पाकिस्तान बनाने वाले भारतीय मुस्लिम जो पाकिस्तान गये हैं उनकी हालत कैसी है? बहुत अच्छी नहीं हैं, सभी निम्न स्तर के कार्य उन्हीं के बाँटे आये। यहाँ तक कि उनके रिश्तों (वैवाहिक संबंध) तक में बहुत दिक्कतें सामने आई। पाकिस्तान की निम्न से निम्न जातियों ने भी उन्हें हेय की दृष्टि से देखा। इसी कारण आज भी वहाँ के बहुत सारे मुसलमान जिनका संबंध भारत से, रिश्ते और संबंध बनाने के लिए हिंदुस्तान आते हैं और ये एक ऐतिहासिक तथ्य है। यहाँ से गए मुस्लिम राजपूत जो पंजाब (सूज़ाबाद) में रहते है, उन्हें किसी ने आज तक राजपूत नहीं माना। बल्कि उन्हें हेय की दृष्टि से देखा गया। यानी भारतीय मुसलमान बटवारे के बाद अपने परिवेश से कट गया परंतु उनकी यादें और निशानियाँ आज भी यहाँ मौजूद हैं। दोनों ओर के लोगों का लगाव आज भी बरकरार है। असल में सांप्रदायिकता की जड़ में पढ़े-लिखे लोग ही अधिक हैं। साधारण ग्रामीण भारतीय लोगों ने इसे तरजीह नहीं दी। शिक्षित लोगों ने ही साधारण लोगों के दिमाग में ज़हर भरा। गंगौली के साधारण लोग पाकिस्तान के बारे में कुछ खास नहीं जानते लेकिन यूनिवर्सिटी में पढ़े-लिखे लोग पाकिस्तान की तब्लीग करते हैं। अर्थात् बटवारे से पहले हिंदू-मुस्लिम एकता कोई अजूबी चीज़ नहीं थी, यह सामान्य बात थी। परंतु बटवारे के बाद हिंदू-मुस्लिम दोनों धार्मिक संगठन अस्थिरता फैलाने में लग गए और हिंदू मुस्लिम एकता को मिसाल के तौर पर पेश किया जाने लगा, और यही इसकी कमज़ोरी थी। जो चीज़ सामान्य हो, उसे मिसाल नहीं बनाया जा सकता।

राही की भारतीयता ने इन सांप्रदायिक ताकतों का पूरे आक्रोश के साथ सामना किया। उपन्यास की भूमिका में राही लिखते हैं—''जनसंघ का कहना है कि मुसलमान यहाँ के नहीं हैं। मेरी क्या मजाल कि मैं उसे झुठलाऊँ। मगर यह कहना ही पड़ता है कि मैं ग़ाज़ीपुर का हूँ। गंगौली से मेरा अटूट संबंध है।...और मैं किसी को यह हक नहीं देता कि वह मुझसे ये कहे—''राही तुम गंगौली के नहीं हो। इसीलिए गंगौली छोड़कर, मिसाल के तौर पर रायबरेली चले जाओ। क्यों चला

जाऊँ साहब मैं? मैं तो नहीं जाता।''[16] ये केवल सांप्रदायिक लोगों को जवाब देने के लिए नहीं है बल्कि राही जानते थे कि विभाजन की त्रासदी क्या है? बंटवारे का दर्द कितना बड़ा है और इसका प्रभाव सदियों बना रहेगा।

''मगर एक दिन सफिरवा, सग़ीर फातमा समेत पाकिस्तान के लिए चल पड़ा। बछनिया बहुत रोई। रब्बन बी ने सफिरवा को बहुत समझाया कि बाप-दादा की चौखट नहीं छोड़ी जाती। मगर वह नहीं माना। दिल्ली और अमृतसर के बीच रेल कहीं रुकी। बच्छन और सगीर फातमा सरहद के इधर ही रह गयीं। सफिरवा बच्चों की लाशें लेकर सरहद पार कर गया।''[17]

उस समय न जाने कितनी फातमा इधर रह गई और आग में जल गई। माहौल इतना खराब हो चुका था कि जिसे भी मौका मिला उसने एक दूसरे को मारने में कोई कसर न छोड़ी थी। नन्हें बच्चों तक पर भी तरस न किया गया-

''फूफी अम्मी की रिदा छिन गई, उठठो भैया।
जी मेरा डरता है, छाती से लगा लो मुझको
मेरे गौहर न कोई छीने, छुपा लो मुझको।''

मुहर्रम के दिनों में पढ़ा जाने वाला ये नौहा तत्कालीन परिवेश के अनुसार ही आया है। राही ने कथा के केन्द्र में मुहर्रम को यूँ ही नहीं लिया। उसके पीछे उनकी कलात्मक सोच काम कर रही थी। मुहर्रम बलिदान और गमख्वारी का महीना है और बँटवारा हमारे लिए सबसे बड़ा दर्द व ग़म था।

''सुगरा मदीना लुट गया
चिल्लायी जैनब पीट सर
सुगरा मदीना लुट गया...
आगे राही लिखते हैं—''

''मदीना दिल्ली था। मदीना लाहौर था। मदीना हिंदुस्तान था। मदीना पाकिस्तान था और मदीना लुट रहा था।''[18]

राही की सोच बहुत विस्तृत थी। वे जानते थे कि ये बँटवारा आने वाले समय में बहुत नुकसान करता रहेगा। आज हम पाकिस्तान की बात छोड़ भी दे और अपने हिंदुस्तान को ही देखे तो पता चलेगा कि विभाजन की पीड़ा आज भी हमारे दिलो-दिमाग में बसी है और वे प्रश्न जो उस समय थे आज भी हमारे सामने खड़े हुए है। अगर विभाजन न हुआ होता तो शायद आज हम दुनिया के सबसे शक्तिशाली व सम्पन्न देशों में शुमार होते। इक्कीसवी सदी बीत जाने के बाद भी भुखमरी, अशिक्षा और रहने के लिए घर जैसी मूलभूत सुविधाएँ भी पूरी नहीं हो पाई। आपने गौर किया है कि ऐसा क्यों? अगर हमारी सरकार इस पर अच्छे से ध्यान देती, नीयत साफ होती तथा पैसों का सही इस्तेमाल होता तो यह सब समाप्त हो सकता था। परंतु

असुरक्षा का डर, पाकिस्तानी टेंशन तथा सीमा पर अतिशय खर्च तथा कश्मीर जो हमारे लिए नासूर बना हुआ है। इन पर कितना सारा पैसा खर्च हो जाता हैं। ये समस्याएँ, जो सांप्रदायिकता और विभाजन की देन है समाप्त हों तभी तो मूलभूत समस्याओं की ओर ध्यान जाए। आज भी विभाजन की त्रासदी हमारा पीछा नहीं छोड़ रही है। राही जैसे तो इस बात को समझते थे, परन्तु सांप्रदायिक शक्तियों और स्वार्थी राजनेताओं ने इसकी ओर ध्यान देना उचित नहीं समझा। पूरा आधा गाँव इन्हीं सवालों से जूझता है।

राही सांप्रदायिकता को एक रोग मानते हैं, और रोग का कोई धर्म नहीं होता। हिंदू-मुस्लिम सांप्रदायिकता को राही एक ही सिक्के के दो पहलू मानते थे। धर्म और राजनीति तथा धर्म और संस्कृति को मिलाने से एक त्रासद समाज का ही निर्माण होगा। धर्म जब पिछड़ जाता है तो वह समय और समाज को पीछे खींचता है। ढोंग धर्म के दुर्ग की दीवार है। इसी ढोंग और अंधविश्वास के कारण समस्याएँ बनती हैं। राही इन्हीं सवालों से जूझते है और व्यापकता में उसका समाधान ढूँढने की कोशिश करते है।

आधा गाँव में राही एक ओर विशेष रूप से ध्यान आकृष्ट कराते हैं कि इस्लाम में जात-पात और वर्ण-व्यवस्था सैद्धांतिक रूप में तो नहीं है, परंतु व्यवहार में छोटी-बड़ी जातियाँ हैं, उनकी समस्याएँ हिंदू धर्म की तरह ही हैं। सैयद, पठान, शेख आदि लोग जुलाहों, कसाइयों, कुंजड़ों, तेली व नाई आदि को हिंदुओं की छोटी जातियों के समकक्ष ही रखते हैं। उपन्यास का एक पात्र अब्बास अली सैयद है, जो ऊँची जाति की परंपराओं में पले-बढ़े हैं। उसी का सीनियर फारुक सिद्धीकी राकी है। दोनों अलीगढ़ यूनीवर्सिटी में पढ़ते हैं। फारुक किसी संगठन का उपाध्यक्ष भी है लेकिन अब्बास की सैयदी उसे फारुक के घर जाने से रोकती है। ''वह तो अपनी इस गंगौली में फारुक को फारुक भाई भी नहीं कह सकता था। किसी सैयद ज़मींदार का लड़का किसी राकी बच्चे को भाई कैसे कह सकता था।''[19]

इसी प्रकार कमरुद्दीन और सईदा अलीगढ़ में पढ़ते हैं। एक दूसरे से प्रेम करते हैं तथा शादी करना चाहते हैं, लेकिन सईदा सैयद है अतः वह जुलाहे से कैसे शादी कर सकती है। ये बात अलग है कि कमरुद्दीन का परिवार आर्थिक रूप से सईदा के परिवार से अधिक संपन्न है। परंतु ये बात यहाँ मायने नहीं रखती। एक और उदाहरण परसराम का है, जो एम.एल.ए. तथा जाति से जाटव है। दोनों की लड़ाई में पूरा गाँव दो हिस्सों में बंट जाता है। नीची जाति के लोग परसराम के साथ थे तथा सभी ऊँची जातियों ने हम्माद मियाँ का साथ दिया। जात-पात का बंधन इतना अधिक था कि उसमें धर्म भी पीछे छूट जाता है। क्योंकि नीची-जातियों के मुसलमानों ने भी परसराम का तथा हिंदू ठाकुरों ने हम्माद मियाँ का साथ दिया।

"ऊँची जात के लोगों ने हम्माद मियाँ का साथ दिया। तिजारत-पेशा राकियों ने नीची जात के हिंदुओं के साथ परसराम का साथ दिया। अहीर तकसीम हो गये। एक गिरोह फुन्नन मियाँ की सरकर्दगी में परसा राम की तरफ हो गया और दूसरा बारखपुर के ठाकुरों के साथ हम्माद मियाँ की तरफ आ गया।"[20]

राही ने जिस जातिवाद की ओर ध्यान आकृष्ट कराया है, उसका रूप आज और भी घिनौना हो गया है। पूरे उत्तर भारत में जातिवाद का बोलबाला है। राजनेता उसे भुना रहे हैं। हमारा पूरा चुनाव परिणाम ही जातिवाद से प्रभावित है। हम पहले ही मान लेते हैं कि यहाँ हरिजन अधिक और अन्य दलित हैं अत: बसपा की सीट निकलेगी। ऐसे ही यादव व अन्य जातियाँ हैं। यह हमारे लिए व देश के लिए अच्छी बात नहीं है और इसके दुष्परिणाम हम भुगत रहे हैं। भारत में विशेष तौर पर उत्तर भारत में दबंगो का दलित व अन्य ओ.बी.सी. जातियों के प्रति रवैया बीसवीं सदी बीत जाने के बाद ऐसे ही बना हुआ है। उनका उत्पीड़न आज भी हो रहा है। हाँ ये अलग है कि अब ये जातियाँ भी संगठित होने लगी है और उनके शोषण में कमी आई है, परंतु अब इन्हीं के बीच भी जात-पात और ऊँच-नीच की भावना घर कर रही है। यह एक बड़ी विडंबना है।

"राही स्वतंत्रता का सूर्य उगने के अवसर पर ज़मींदारी व्यवस्था, ऊँची जाति के हिंदू-मुसलमान तथा छोटी जाति के हिंदू-मुसलमानों में आए परिवर्तन का सूक्ष्म विश्लेषण करते हैं। उन्हें आर्थिक प्रश्नों और सामाजिक सम्मान की भावना से जोड़ते हैं। राही का विश्वास है कि बड़े लोग इन श्रमजीवी किसानों, मज़दूरों और कारीगरों के साथ जिस तरह का अमानवीय व्यवहार करते हैं, वह अब संभव नहीं है। समानता और स्वाभिमान की भावना ने इन जातियों को एकता के सूत्र में बांध दिया है। धर्म पीछे चला गया है।"[21]

देश आज़ादी के बाद जमींदारियाँ समाप्त हो गई। जनतंत्र की ताकत व्यक्ति को अधिकार दे रही थी। इसका प्रभाव राजनीति और सामाजिक परिवेश तथा आर्थिक स्थितियों पर पड़ना तय था। परंतु ज़मींदार लोग इसे पूरी तरह पहचान नहीं पाये। परसराम चमार जो अब एम.एल.ए. था उसकी बीवी का एक सैयदानी को मुँहतोड़ जवाब देना सब कुछ बयाँ कर देता है—

"कुबरा को इस चमारिन का यूँ पलंग पर बैठना बहुत बुरा लगा। उन्होंने सड़सड़ाया। वह भी कहाँ चुप रहने वाली थी। आखिर वह भी एम.एल.ए. की बीवी थी। उसने भी कुबरा को खरी-खरी सुना दीं। बोली, अभियन तक आप लोगन का दिमाग ठीक नहीं हुआ है"[22]

छोटी जातियों का यूँ बोलना व अपनी रियाया से ऐसी बातें सुनना, उनके आत्मसम्मान को ठेस पहुँचा रहा था। जो लोग उनके सामने आने तक की हिम्मत न

करते थे, आज वो ज़मींदारों से बात मिलाने लगे। शायद यह भी एक कारण था कुलीन लोगों के पाकिस्तान जाने का। जिनके पास अब कोई आर्थिक आधार नहीं रह गया था। पीढ़ियों से जिन्होंने कोई श्रम नहीं किया था, अब वे अपने से नीची जाति के सामने कैसे काम करते? इसीलिए यहाँ से जाना उनकी मज़बूरी बन गई। परसराम के घर दरबार लगे, ये बात ज़मींदार नहीं सह सकते थे। ये इनके लिए मर्मान्तक पीड़ा थी। राही ज़मींदार टूटने से दुखी नहीं थे, वे दुखी थे ज़मींदारों की उस दशा को देखकर जो अब नीची जातियों से भी बदतर हो गयी थी। दुखी थे इस बात से कि नीची जाति के लोगों ने भी बदले की भावना से कार्य किये। दलितों ने अपने ही लोगों के साथ भेदभाव किया। वहाँ भी एक प्रकार की नई सामंती मानसिकता उभर कर सामने आई, तो परिवर्तन किस बात का हुआ? राही ज़मींदारी टूटने को ऐतिहासिक परिवर्तन मानते हैं। वे संकेत देते हैं कि सदियों से सताए गए पीड़ित लोग अब समाज की दिशा तय करेंगे। राही को समय की नब्ज़ पहचानने का अद्भुत सलीका था। अपने समय में होने वाले परिवर्तनों को उन्होंने बखूबी साहित्य में चित्रित किया है और भविष्य के लिए रास्ता भी दिखाया है, इसीलिए वे बड़े रचनाकार है।

वैसे तो 'आधा गाँव' के केन्द्र में शिया सैयदों का सामंती कुलीन तंत्र ही है। लेकिन मुस्लिम ज़मींदारों की कुलीनता के छदम् को जिस अंतरंगता, सूक्ष्मता व नैतिक साहस के साथ राही ने इस उपन्यास में बेपर्दा किया है, वह बेजोड़ है। इस उपन्यास को केवल शिया सैयदों व आंचलिकता तक सीमित करना दुर्भाग्यपूर्ण है। 'आधा गाँव' हिंदी का ऐसा अकेला उपन्यास है जिसमें विभाजन की पीड़ा, सांप्रदायिकता और मुस्लिम अस्मिता और उनके दुख के प्रश्न को बड़ी सूक्ष्मता से पकड़ा है। हाँ यह अलग बात है कि उपन्यास कभी-कभी पाठक को उक्ता देता है क्योंकि उसमें बार-बार मुहर्रम, मातम और मजलिस का वर्णन आता है। पाठक सोचने पर मज़बूर हो जाता है कि मुहर्रम के इतनी बार दोहराने का क्या मतलब है? परंतु मुस्लिम समाज की जो अंतरंगता राही दिखाना चाहते थे, वह मुहर्रम के बगैर नहीं हो सकती थी। उसी के कारण वहाँ के रीति-रिवाज, अंध-विश्वास, जाति-पाति का मामला तथा उस समाज में व्याप्त बुराईयाँ सामने आती हैं। विभाजन व मुस्लिम अस्मिता के प्रश्न को राही हिंदू-मुस्लिम खानों में नहीं बांटते। वे इसके सूत्रों की तलाश भारतीय समाज की सांमती संरचना व मुस्लिम समुदाय की आंतरिक बुनावट में देखते हैं। जिस धर्म की आड़ लेकर पाकिस्तान का निर्माण कराया गया, राही उन्हीं प्रश्नों को तर्क के आधार पर खारिज करते हैं। यह सब करते हुए वे जीवंत पात्रों का अंतरंग संसार रचते हैं। 'आधा गाँव' की परिधि में राजनैतिक, सामाजिक, आर्थिक तथा सांप्रदायिक आदि सभी प्रकार के मुद्दे मुखरता से सामने

आते है। अतः उसे हमें आंचलिकता या मुहर्रम के संदर्भ से परे समझना होगा। 'आधा गाँव' का वातावरण उन तत्कालीन चीज़ों से बना है, जो उस समय के ज्वलंत विषय थे और जिससे आज भी हमारा देश टकरा रहा है। इस प्रकार 'आधा गाँव' पूरे हिंदुस्तान की समीक्षा है। अतः इन समस्याओं का सामना और समाधान केवल हिंदुस्तानीयत को बचाकर किया जा सकता है।

हिंदू मुस्लिम संबंधों की गहन पड़ताल है टोपी शुक्ला

'टोपी शुक्ला' पर कुछ कहने से पहले उसकी संक्षिप्त कथा बताना आवश्यक समझता हूँ। टोपी एक ब्राह्मण परिवार में जन्म लेता है, जो परंपरावादी है। वह कुछ परिस्थितयों के चलते अपने ही परिवार में उपेक्षित है। उसकी मित्रता बचपन में एक मुस्लिम लड़के से हो जाती है, जिसका नाम इफ़्फ़न है। इफ़्फ़न के पिता का ट्रांस्फर होने के कारण वह उससे बिछड़ जाता है। कुछ समय बाद वो दोनों अलीगढ़ यूनीवर्सिटी में मिल जाते है। टोपी पहले कट्टर हिंदूवादी था, परंतु यहाँ आकर वह हिंदू-मुस्लिम एकता का हिमायती बन जाता है। इफ़्फ़न की पत्नी सकीना से उसके दोस्ताना संबंध है, जिसे लोग ग़लत तरीके से देखते है और प्रचारित करते हैं। टोपी को कहीं हिंदू होने के कारण तो कहीं मुस्लिम यूनीवर्सिटी में पढ़ने के कारण नौकरी नहीं मिलती। इसी कारण उसका विवाह भी नहीं हो पाता। अलीगढ़ दंगो के बाद इफ़्फ़न जब उसे छोड़कर चला जाता है तो वह बिल्कुल अकेला पड़ जाता है। ऐसे समाज में वह सांस नहीं ले पाता और आत्महत्या कर लेता है। संक्षेप में यही टोपी शुक्ला की कहानी है, परंतु वे बातें, जो टोपी को आत्महत्या करने पर मजबूर करती है, वह वहाँ के माहौल और भारतीय समाज में फैली सांप्रदायिकता की बनावट समझने के बाद ही पता चलेगा।

टोपी शुक्ला को भी लेखक समय की कहानी कहता है—"यह कहानी भी समय की है। इस कहानी का हीरो भी समय है। समय के सिवा कोई इस लायक नहीं होता कि उसे किसी कहानी का हीरो बनाया जाए।"[23]

'टोपी शुक्ला' (1968) में 'बलभद्र नारायण शुक्ला' यानी 'टोपी शुक्ला' की जीवन कथा वर्णित है। इस उपन्यास का ताना-बाना अलीगढ़ यूनिर्वसिटी को लेकर बुना गया है। सारी कहानी इसी के आप-पास घूमती है। टोपी शुक्ला में हिंदू-मुस्लिम समस्या को प्रगतिशील दृष्टि से उठाया गया है। इस छोटे से उपन्यास में कई मार्मिक प्रसंगों के द्वारा दोनों धर्मों के दकियानूसी नज़रिये की पोल खोली गई है तथा दिखाया गया है कि किसी प्रकार व्यक्ति चाहे किसी भी धर्म का क्यों न हो, उसमें मानवीयता मूल रूप में होती है और वही उनके संबंधों का आधार बनती है। लेखक हिंदू-मुस्लिम के बनते-बिगड़ते रिश्तों को बड़े सूक्ष्म व रोचक ढंग से

व्यंग्यात्मक शैली में चित्रित करता है।

तत्कालीन परिवेश की सामाजिक विषमाताएँ और कुरूपताएँ ही राही की पीड़ा है और इसी पीड़ा को समझने और पहचानने का प्रयत्न 'टोपी शुक्ला' में किया गया है—''आधा गाँव में बेशुमार गालियाँ थीं मौलाना 'टोपी शुक्ला' में एक भी गाली नहीं है। परंतु शायद यह पूरा उपन्यास एक गंदी गाली है और मैं यह गाली डंके की चोट पर बक रहा हूँ। यह उपन्यास अश्लील है—जीवन की तरह।''[24]

उपन्यास में तीन मुख्य पात्र हैं—इफ़्फ़न, बलभद्र नारायण शुक्ला और सकीना। बलभद्र नारायण का ही दूसरा नाम टोपी शुक्ला है। एक प्रकार से रचना का मुख्य पात्र टोपी न तो हिंदू की शिनाख्त है न मुस्लिम की और वही कथा के केंद्र में है। व्यंग्य प्रधान शैली में लिखा गया यह उपन्यास एक ऐसे भारतीय नागरिक का प्रतीक है जो आज के हिंदू-मुस्लिम संबंधों को पूरी गहराई में, सच्चाई के साथ व्याख्यायित करता है। यह एक ऐसे प्रश्न को हमारे सम्मुख रखता है, जो हमें गहरे रूप में सोचने को विवश करता है। हर व्यक्ति बेनाम पैदा होता है लेकिन मरते समय उसकी पहचान किसी नाम से होती है-

''जन्म लेने के लिए आज तक किसी को नाम की ज़रूरत नहीं पड़ी। पैदा तो केवल बच्चे होते हैं, मरते-मरते वह हिंदू, मुसलमान, ईसाई, नास्तिक, हिंदुस्तानी, पाकिस्तानी, गोरे-काले और जाने क्या-क्या हो जाते हैं।''[25]

वास्तव में सामाजिक ढाँचे में आदमी की चाल रुक जाती है। समाज के बंधन कितने ही घिनौने हो व्यक्ति उसके खिलाफ कोई प्रतिक्रिया नहीं कर पाता और अगर करता है तो वह टोपी बनता है। जो इस समाज में जी नहीं सकता और आत्महत्या कर लेता है—''मुझे यह उपन्यास लिखकर कोई खुशी नहीं हुई। क्योंकि आत्महत्या सभ्यता की हार है। परंतु टोपी के सामने कोई रास्ता नहीं था। यह टोपी मैं भी हूँ और मेरे जैसे और बहुत से लोग भी हैं। हम लोगों में और टोपी में केवल एक अन्तर है। हम लोग कहीं न कहीं न किसी अवसर पर 'कम्प्रोमाइज' कर लेते हैं और इसीलिए हम लोग जी भी रहे हैं। टोपी कोई देवता या पैगम्बर नहीं था। किन्तु उसने कम्प्रोमाइज नहीं किया और इसीलिए उसने आत्महत्या कर ली।''[26]

इस कथा के माध्यम से लेखक ने भारतीय समाज में व्यापत जाति-पाति, धर्म व साम्प्रदायिक सोच का पर्दाफाश करता है। उपन्यास का नायक टोपी आज की जटिल जीवन शैली से अनभिज्ञ है। वह सीधा-सादा इंसान है और इसी कारण उपेक्षित है। टोपी मनुष्य को अपने नज़रिये से देखता है और इसी नज़रिये के कारण उसकी ज़िंदगी में अंधेरा है। परिवार और समाज की उपेक्षाओं के कारण उसका पूरा विकास नहीं हो पाता। वह घर छोड़ देता है। उसे अब तक यह मालूम हो चुका है कि एक में एक जोड़ दिया जाए तो दो हो जाता है, अत: वह पिटते हुए कमजोर

लड़के की मदद करता है। यही लड़का आगे चलकर उसका दोस्त बनता है, जिसका नाम इफ़्फ़न हैं। टोपी पहले जनसंघी विचारों वाला था। मुसलमानों का छुआ पानी तक नहीं पीता था। ऐसे ही सैयद मुरतुजा हुसैन हैं जो कट्टर मज़हबी हैं और हिंदुओं का छुआ नहीं खाते। लेखक इन्हीं परस्पर विरोधी तत्वों की कथा उपन्यास में कहता है। जो टोपी बचपन में मुसलमानों से घृणा करता है, अलीगढ़ आने के बाद उसकी ज़िंदगी में बड़ा परिवर्तन होता है। अलीगढ़ के माहौल में वह कम्युनिस्ट हो जाता है। हिंदू-मुस्लिम से ऊपर उठकर वह मनुष्यता के लिए सोचना शुरू कर देता है। उसका सबसे करीबी दोस्त इफ़्फ़न मुसलमान है। इफ़्फ़न की पत्नी सकीना हिंदुओं से नफरत करती है, उसका कारण उसके पिता का हिंदू-मुस्लिम दंगों में मारा जाना है। इसीलिए वह पूरे हिंदू समाज को गुनहगार मानती है। वह यह नहीं समझती कि दंगाई हिंदू-मुसलमान नहीं होते हैं। लेखक टोपी व सकीना के वार्तालाप द्वारा हिंदू-मुस्लिम संबंधों की कटु व्याख्या करता है।

आज़ादी के बाद देश की राजनीति ने हिंदू-मुसलमानों के बीच आई दरार को और भी गहरा कर दिया था। इस दरार को दोनों धर्मों के लोग महसूस कर रहे थे। इसी कारण टोपी की स्कॉलरशिप बंद कर दी जाती है तथा उसे कहीं नौकरी नहीं मिल पाती। टोपी की शिकायत है कि अधिकतर मुसलमान यहाँ का अन्न-जल खाते हुए भी यहाँ के नहीं हैं। वे पाकिस्तान की तरफ देखते रहते हैं। वह देखता है कि यूनिवर्सिटी में पढ़ने वाले छात्र-छात्राएँ उत्तर-पुस्तिकाओं पर ओऊम और बिस्मिल्लाह लिखकर प्रश्नों का उत्तर देते हैं। टोपी की नज़र में यहाँ के हिंदू-मुसलमान दोनों अलग-अलग खानों में बटे हैं। इनके बटने की प्रक्रिया देख टोपी बहुत दुखी है। ट्रेन में बैठे पंडित जी मुसलमान यात्री को अपना खाना छूने तक नहीं देते। वहाँ बैठे यात्री तरह-तरह की बातें करते है—"सारे भारतीय मुसलमान भारतीय कुत्ते होते हैं। दूसरा 'सिर पर चुटिया उगा लेने से कोई भगवान नहीं हो जाता। तीसरा, 'मुसलमानी करवा लेने से आदमी पैगम्बर नहीं हो जाता।' इन फालतू की बातों से टोपी बहुत दुखी है और उसका मानना है कि इन्हीं विचारों के कारण देश टूटता है। टोपी के पिता जब यह सुनते हैं कि टोपी सलीमा नाम की लड़की से प्यार करता है और शादी करना चाहता है तो वे उसे घर से निकाल देते हैं। उधर इफ़्फ़ान राजपूत डिग्री कॉलेज में नौकरी छोड़ देता है। क्योंकि वहाँ के सांप्रदायिक माहौल की घुटन में उसे साँस लेना भी मुश्किल है।

वास्तव में बटवारे के बाद जो माहौल बना व लगातार और भी घिनौना रूप लेता जा रहा है। दोनों संप्रदायों के लोग छोटी-छोटी बातों को भी धर्म के आधार पर तोलते हैं। हिंदुस्तानीयत को इससे खतरा पैदा हो गया है। हमारी गंगा-जमुनी संस्कृति बिखर रही है। टोपी बचपन में जब एक दिन घर पर 'अम्मी' शब्द कह देता

है, तो पूरे घर का माहौल बदल जाता है, जैसे कोई बड़ी बात हो गयी हो–

"मेज पर जितने हाथ थे रुक गए। जितनी आँखे थीं वे टोपी के चेहरे पर थम गई। अम्मी! यह मलेच्छ शब्द इस घर में कैसे आया, अम्मी! परंपराओं की दीवार डोलने लगी। धर्म संकट में पड़ गया।"[27] और इससे भी बढ़कर ज्ञान व शिक्षा देने वाले ईश्वर समान गुरु भी हिंदू-मुसलमान में भेद करने लगे–

"हिंदू मास्टर हमें जी लगाकर नहीं पढ़ाते। हिंदू लड़के हमें परेशान करते हैं। परसों भवानी की मिठाई में मेरा हाथ लग गया तो उसने फेंक दी और बोला, ए मियाँ इ पाकिस्तान ना है।"[28]

टोपी को बता दिया गया था कि तुम हिंदू हो, और मुसलमानों से तुम्हारा कोई मेल नहीं हो सकता परंतु बाद में टोपी 'मौलाना टोपी शुक्ला' बन गया। अत: उसे कहीं हिंदू होने के कारण तो कहीं मुस्लिम यूनीवर्सिटी में पढ़ने के कारण नौकरी नहीं मिलती। टोपी की एक भी इच्छा पूर्ण नहीं होती। बचपन में उसको एक साईकिल तक न मिल सकी। वह चाहता था सकीना उसे राखी बांध दे तो वह उसे छोड़ जम्मू चली गई। वह चाहता था कि उसकी शादी सलीमा से हो जाए सो वह भी न हुआ। उसे नौकरी भी न मिल सकी। इन सभी कारणों के उसका व्यक्तित्व चूर-चूर हो जाता है और इस घिनौने समाज में उसका दम घुटने लगता है। टोपी का समाज इन्हीं लोगों का समाज है, जो टोपी को आत्महत्या करने पर विवश कर देता है।

टोपी शुक्ला में राही एक और महत्त्वपूर्ण समस्या की ओर इशारा करते हैं। वह है इतिहास की सही जानकारी का न होना। वास्तव में देश विभाजन के बाद दोनों जगह इतिहास को बदलने की भरपूर कोशिश हुई। तभी तो इफ़्फ़न इतिहास न पढ़ाने की बात करता है—"मैं हिस्ट्री पढ़ाता हूँ, ऐसा लगता है हिंदुस्तान की किस्मत में हिस्ट्री है ही नहीं। मुझे अंग्रेज़ों की लिखी हुई हिस्ट्री पढ़ाई गई। चंद्रबली को हिंदुओं की बनायी हुई हिस्ट्री पढ़ाई जा रही है। यही हाल पाकिस्तान में होगा। वहाँ इस्लामी छाप होगी तारीख पर। पता नहीं हिंदुस्तानी हिस्ट्री कब लिखी जाएगी।"[29] इसी कारण वह नौकरी छोड़ देता है और बाद में अलीगढ़ यूनीवर्सिटी में नौकरी करने लगता है। सवाल यह है कि आखिर इफ़्फ़न को नौकरी क्यों छोड़नी पड़ी। क्या केवल इसीलिए कि वो गलत हिस्ट्री नहीं पढ़ा सकता था। तो बाद में अलीगढ़ में क्यों पढ़ाता है। असल में राही यह संकेत देते हैं कि मुस्लिमों को हिंदुओं के गढ़ में या वहाँ के सांप्रदायिक माहौल में रहना नामुमकिन हो गया था। राही विश्वविद्यालायों में होने वाली धार्मिक राजनीति की ओर भी ईशारा करते हैं—

"जहाँ तक मुझे याद है, बनारस यूनिवर्सिटी यूनियन की कैबिनेट तक के लिए आज तक कोई मुसलमान लड़का नहीं चुना गया है। मेजर पोस्टों को तो गोली मारो।"[30] दूसरी ओर भी हालात कम खराब नहीं हैं—"हिंदुस्तान-पाकिस्तान में

क्रिकेट मैच हों तो यहाँ के लड़के मस्जिदों में भीड़ लगा लेते हैं दुआ माँगने के लिए।''[31] विभाजन की पीड़ा, उसका दर्द तथा उससे होने वाले संकीर्ण सांप्रदायिक माहौल से राही हमेशा दुखी और चिंतित रहते थे। इसकी पीड़ा हमेशा उनके साथ रही—''नफरत! यह शब्द कैसा अजीब है। नफरत! यह एक अकेला शब्द राष्ट्रीय आंदोलन का फल है। बंगाल, पंजाब और उत्तर प्रदेश के इंकलाबियों की लाशों की कीमत केवल एक शब्द है-नफरत!

नफरत!

शक!

डर!

इन्हीं तीन डोंगियों पर हम नदी पार कर रहे हैं। यही तीन शब्द बोए और काटे जा रहे हैं।[32]

इन शब्दों से हम आज भी कितने छूट पायें है। इसे गहराई से सोचना होगा। क्या हमारे समाज से नफरत समाप्त हो गई? अब किसी प्रकार का डर नहीं, और क्या हिंदू और मुसलमान अब एक दूसरे पर शक नहीं करते?

उपन्यास में राही दिखाते हैं कि किस प्रकार विश्वविद्यालय में राजनीति होती है और अपने चहेतों को, चापलूसों को नौकरी दिलाई जाती है। स्वयं राही इस मार को झेल चुके थे। अत: कहीं न कहीं टोपी के रूप में राही के विचार व्यक्त हो रहे थे—

''जिस देश की यूनीवर्सिटी में यह सोचा जा रहा हो ग़ालिब सुन्नी थे या शिया और रसखान हिंदू थे या मुसलमान, उस देश में पढ़ाने का काम नहीं करुंगा।''[33]

परिवेश और हालात ने टोपी को जिद्दी स्वभाव का बना दिया था। वह नौकरी करके समझौता नहीं करना चाहता था। टोपी जो कुछ भी करता था उसके लिए वह स्वयं जिम्मेदार नहीं था, जिम्मेदार था ज़माना। ज़माने ने टोपी को जीने नहीं दिया और यही इस ज़माने का सत्य है। यहाँ अवसरवादी लोगों का राज है टोपी जैसे मानवतावादी का नहीं। टोपी का चरित्र यथार्थवादी धरातल पर खरा उतरता है। वह हारा नहीं, जब उसकी समस्याओं को समाधान नहीं निकला तो उसने अलीगढ़ छोड़ने की बजाए दुनिया को छोड़ दिया क्योंकि न ही ज़माना उसे बदल सका और न ही वह ज़माने को। उसकी आत्महत्या उसकी हार नहीं थी। इसकी हत्या का ज़िम्मेदार समाज था। उसने समझौता करके जीने से बेहतर मरना समझा। उसकी आत्महत्या इंसानियत की आत्महत्या है हिंदुस्तानीयत की हार है। वैसे टोपी ने अकेले दम पर शान से जीने का उदाहरण प्रस्तुत किया है।

सकीना भी इंसानियत की मिसाल पेश करती है। टोपी अस्पताल में जख्मी पड़ा है किसी को उसकी फिक्र नहीं। यूनिवर्सिटी के मुस्लिम दादाओं ने उसकी

पिटाई की है। वह भी सकीना और टोपी मामले के कारण। अतः वहाँ तनाव भरा माहौल है। किसी की भी हिम्मत उससे मिलने के नहीं होती। ऐसे माहौल में सकीना रोज़ अस्पताल जाती हैं। सारे लोग उसे हैरत की दृष्टि से देखते हैं परंतु वह सिर उठाये आती है। टोपी के पास बैठती है तथा सिर उठाये चली जाती है। सकीना ने बहादुरी और हिम्मत से सारी दुनिया को बता दिया कि वह उसकी परवाह नहीं करती। दरअसल राही ने बता दिया कि इंसानियत से बढ़कर कोई रिश्ता नहीं होता। किसी से डरने की ज़रूरत नहीं। अपने आत्मबल और अपने निर्णय पर विश्वास होना ज़रूरी है। अपने वातावरण के गंदे घटियापन से समझौता करना उसे और घटिया बना देना है।

सांप्रदायिकता का ज़हर जो भारतीय समाज में कोढ़ की तरह फैल रहा है, बड़ा खतरनाक सिद्ध हो रहा है। यदि हम जीवन के सारे फैसले हिंदू-मुस्लिम करके लेने लगेंगे तो बहुत पिछड़ जायेंगे। टोपी इसी सोच और व्यवस्था का शिकार होता है। हालात ऐसे बने कि वह अकेला रह जाता है और आत्महत्या कर लेता है। यह टोपी की हार नहीं थी वास्तव में यह हमारी हार है, समय की हार है हिंदुस्तानीयत की हार है। लेखक टोपी व इफ़्फ़ान की दोस्ती के माध्यम से हिंदू-मुस्लिम साझा संस्कृति की बात करता है। वह स्पष्ट संदेश देता है कि इस साझा संस्कृति को तोड़ने का प्रयास किया गया तो टोपी जैसे न जाने कितने लोग आत्महत्या करने पर मज़बूर हो जायेंगे। उपन्यास के सभी मुख्य पात्र सांप्रदायिकता की इस खींचतानी में किसी न किसी रूप में समझौता कर लेते हैं। परंतु टोपी का सहज विद्रोह उसे समझौता नहीं करने देता और वह विपरीत परिस्थितियों में आत्महत्या कर लेता है। परिस्थितियाँ बहुत कुछ प्रभावित और निर्धारित करती हैं। ये परिस्थितियाँ कैसे बनी हैं? किस प्रकार के तंतुओं से बनी हैं, इसकी ओर लेखक संकेत छोड़ता चलता है—

राही एक ओर महत्त्वपूर्ण समस्या को हमारे सामने रखते हैं। सामान्यतः हिंदू-मुस्लिम एक दूसरे को अच्छा नहीं समझते। उनके लिए दोनों की धारणा होती है— ''मियाँ लोग बहुत बुरे होवें' तथा इफ़्फ़न की अम्मी कहती हैं ''हाँ बेटे ये हिंदू और सिख बड़े कमीने होते हैं''

इस प्रकार की सोच भारत के सांस्कृतिक जीवन में गहरे रूप में पैठी सांप्रदायिकता का एक छोटा सा नमूना है। जो व्यापक स्तर पर फैला हुआ। यही सांप्रदायिक विभाजन हमारे समाज की मुख्य समस्या है। एक-दूसरे को करीब से जाने व समझे बगैर इसका समाधान नहीं हो सकता और इसके लिए टोपी और इफ़्फ़न की तरह एक दूसरे के करीब आना पड़ेगा। इसको हल्के में नहीं लिया जा सकता, हिंदू-मुस्लिम संबंधों के प्रति गैर समझदारी का रवैया भयानक सिद्ध हुआ है। दंगे और सांप्रदायिक विद्वेष फैलाने वाली राजनैतिक शक्तियों के कारण ये और

बढ़ गया है। एक दूसरे से दूर रहकर इसको समझ पाना असंभव है। शायद राही इसीलिए टोपी और इफ़्फ़न को करीब लाते हैं। पास रहकर पता चलता है कि सहज मानवीय संबंध, धर्म व सम्प्रदाय से ऊपर होते हैं और जब इनमें आत्मीयता आती है तो एक-दूसरे के बगैर रहना मुश्किल हो जाता है। टोपी इसका उदाहरण है।

सांप्रदायिकता को सिर्फ मोटे तौर पर जांचने और निदान प्रस्तुत कर देने के हल्के सतहीपन से बचते हुए राही उसको बड़ी सूक्ष्मता से पकड़ते है। वास्तव में राही मासूम रज़ा ने टोपी शुक्ला की जीवनी के साथ-साथ भारतीय समाज में कही अन्दर तक पैठी सांप्रदायिकता की उलझी बुनावट को भी इस उपन्यास में सफलतापूर्वक प्रस्तुत किया है। राही इसे समय की कहानी मानते हैं और कहानी किसी अकेले की नहीं होती, बल्कि सबकी होती है। आज के संदर्भ में इसे समझना बड़ा आवश्यक है। 'टोपी शुक्ला' एक छोटा परंतु महत्त्वपूर्ण उपन्यास है, जो पाठक को न केवल गंभीरता में डुबाता है बल्कि अपने तीखेपन से उसे मर्माहत भी कर देता है।

''लाश!''

यह शब्द कितना घिनौना है...कितनी शर्म की बात है कि हम घर पर मरने वाले और बलवे में मारे जाने वाले में फर्क नहीं कर सकते, जबकि घर पर केवल एक व्यक्ति मरता है और बलवाइयों के हाथों परंपरा मरती है, सभ्यता मरती है, इतिहास मरता है। कबीर के राम की बहुरिया मरती है। जायसी की पद्मावती मरती है। कुतबन की मृगावती मरती, सूर की राधा मरती है। वारिस की हीर मरती है। तुलसी के राम मरते हैं। अनीस के हुसैन मरते हैं। वे आगे लिखते हैं कि ''कोई लाशों के इस अंबार को नहीं देखता। हम लाशें गिनते हैं। सात आदमी मरे। चौदह दुकाने लुटीं। दस घरों में आग लगा दी गई। जैसे कि घर, दुकान और आदमी केवल शब्द हैं जिन्हें शब्द कोशों से निकालकर वातावरण में मंडराने के लिए छोड़ दिया गया हो।''[34]

यानी टोपी शुक्ला हमें लाश शब्द से आगे जाकर सोचने पर न केवल मजबूर करता है, बल्कि बेचैन भी कर देता है। आज जब कुछ ऐसी शक्तियाँ सत्ता में काबिज़ हो चुकी है, जो हमारी साझा-संस्कृति को सीधे चुनौती दे रही है, तब 'टोपी शुक्ला' में ऐसे तंतु खोजे जा सकते है, जो हमारी भारतीयता को बचा सकें। राही मासूम रज़ा ने हिंदू-मुस्लिम संबंधो की समस्या को उसके सही संदर्भो में देखने और उसे हल करने वाले तंतुओं को इस उपन्यास में बड़े सलीके से पिरोया है।

टूटते हिंदुस्तानी मूल्यों की कहानी है हिम्मत जौनपुरी

एक साधारण सा व्यक्ति, (हिम्मत जौनपुरी) जो असाधारण सपने पालता है, उसकी कथा राही इतनी पठनीयता से सुनाते हैं कि वह हमें सोचने के लिए मजबूर कर देती

है। 'हिम्मत जौनपुरी' (1969) उपन्यास का नायक है। जीवन संघर्ष में वह नितांत अकेला है, बिल्कुल निहत्था है। राही पीढ़ी-दर-पीढ़ी बदली मनोवृत्ति व परिस्थितियों को विश्लेषित करते हुए हिम्मत का चरित्र उभारते हैं। लेखक कहानी का सूत्र तीन पीढ़ियाँ पहले से पकड़ता है और उपन्यास भी तीन हिस्सों में विभाजित है।

''पहला हिस्सा-यानी हिम्मत की आत्मा का परिचय और उसके बनवास तक के हालात। दूसरा हिस्सा यानी हिम्मत का बम्बई जाना और आशिक होना जमुना उर्फ जुबैदा पर जो सड़क का कागज़ थी और अपने बदन से लोगों की वासना मापा करती थीं...और काम आ जाना हिम्मत का उसी राह में। तीसरा हिस्सा यानी हिम्मत के टुकड़ों को इकट्ठा करके उसकी लाश का सम्पूर्ण बनाना राही मासूम रज़ा का।''[35]

इस उपन्यास को पढ़ते हुए लगता है कि राही मासूम रज़ा अतीत को भूल नहीं पाते है। तभी वे हिम्मत जौनपुरी के दादा दिलगीर जौनपुरी की और मुड़ते हैं और मानते हैं कि अगर ऐसा न होता तो 'हिम्मत जौनपुरी' न लिखा जाता।

राही दिखाते हैं कि यह खानदान पीढ़ी-दर-पीढ़ी खानदानी परंपरा व रिवाज़ को तोड़कर संबंध बनाते हैं। हिम्मत के दादा शेख शुजाअत अली दिलगीर जौनपुरी ने एक गाँव की लड़की से शादी की थी। वे 'दिलगीर' उपनाम से शायरी करते थे और मरने के पश्चात् दो लड़कों के अलावा एक मसनवी 'मसनवी दरबयाने इश्के रामो-सीता' छोड़ गये थे। पहली पत्नी से कोई संतान नहीं थी अत: उन्होंने बेगम नाम की नौकरानी से निकाह कर घर में रख लियाा। उससे दो बेटे व सात बेटियाँ हुई लेकिन छिहत्तर वर्ष की उम्र में उसे तलाक भी दिया। इसके बाद बेगम सात दिन के बाद मर गई। दिलगीर साहब भी इस ग़म में मर गये। उनके बेटे शेख बरकतुल्लाह 'आरज़ू' दर्ज़ी की बेटी सकीना उर्फ सुक्कन से प्यार करते हैं, जबकि वह उनकी खलैरी बहन है। उन्होंने उससे शादी कर ली इसी कारण उनके पिता ने उन्हें जायदाद से बेदखल कर दिया। यह बात अलग है कि जब उनके पौता होता है तो वे बड़े चाव से उसका नाम शेख सलामत अली नादिर जौनपुरी रखते हैं। लेखक हमें सूचना देता है कि यही नादिर जौनपुरी दरअसल 'हिम्मत जौनपुरी' के बाप थे। अगर नादिर जौनपुरी न होते तो हिम्मत जौनपुरी की कहानी लिखने की आवश्यकता ही नहीं पड़ती। राही मासूम रज़ा लिखते है—

''उनका (यानी हिम्मत जौनपुरी का) बड़ा अरमान था कि वह (अपने दादा दिलगीर जौनपुरी की) दोनों मसनवियों को देवनाग्री में छापे। यही अरमान लेकर वह बम्बई आए थे।''[36]

हिम्मत जौनपुरी का जन्म एक मस्जिद में किराये के घर में होता है क्योंकि नादिर जौनपुरी ने इमाम बांदी से शादी की थी अत: पुस्तैनी मकान को छोड़ना पड़ा। हिम्मत इस मकान में बंबई जाने तक रहा। बम्बई फ़िल्म इंडस्ट्री में वे लीला चिटनेस

नाम की मशहूर एक्ट्रेस पर आशिक हो गये। परन्तु वो सब एकतरफा था। हिम्मत तो कभी लीला चिटनेस की झलक भी न देख पाया। अब उनकी ज़िंदगी में आती है जमुना उर्फ जुबैदा। वह उसका वर्णन कथावाचक से करता है और उसका नाम बदलनै का कारण भी बताता है—

"अरे भाई हिआं का चक्करे अलग है। कहती है मुसलमानी नाम हो तो धंधा अच्छा होता है।" वह आगे बताता है—"हम ओपर आशिक ऊ राजा पर आशिक है। राजा बिल्लो पर आशिक है फिर भी राजा बिल्लो का रकीब नहीं होता 'टार्जन'-इ दादा है। दारु और लड़कियन का धंधा करता हैं"[37]

एक अन्य पात्र बिल्लो, जिसे राजा चाहता है, वह चर्च के पीछे मंदिर की सीढ़ियों पर फूल बेचा करती है। वह भगवान से प्रार्थना में ग्राहक माँगती है। वह कहती है'...ई धंधा करवा रहा है हरामी...।' चाहे बिल्लो हो, जुबैदा हो, राजा हो या हिम्मत, सब अपने आप में बिखरे हुए हैं अन्दर से कहीं टूटे हुए हैं। राजा कहता भी है—"अरे अपन की माँ का नाम तो बंबई है जमुना। यह रोज 30, 40 लाख आदमियों के साथ सोती है। उसे तेरे बाप का नाम भला क्या याद होगा? तेरा बाप तो यही साला भगवान है जो बेशरम तेरे से ई धंधा करवा रहा है।"[38]

ये सभी पात्र इस दुनिया के अलावा बाकी दुनिया से कटे हुए हैं। अपने-आप में अधूरे, उदास और मासूम भी हैं। मुंबई जैसे बेमुरव्वत शहर में रहते-रहते घर व आंगन जैसे शब्दों का सही अर्थ भी भूल जाते हैं। हिम्मत बिल्लो से कहता है—"आँगन ओ को कहते हैं बिल्लो, कि चरपाई बिछाई कर रात को लेट जाओ तो दूर तक आसमाने-आसमान दिखाई दे।" इसके बदले में जो उत्तर मिलता है या जो उन्होंने समझा था, कितना मासूम और दर्द देने वाला है—"अरे तो आंगन-आंगन का बोलता है। फुटपाथ बोल फुटपाथ।"[39]

हिम्मत लीला चिटनेस को पाने का ख्वाब लेकर मुंबई आया था। उसे आशा थी कि नौकरी मिले-न-मिले लीला चिटनेस उसे एक दिन ज़रुर मिल जायेगी, पर वह न मिली। जीवन में आई जुबैदा जो हिम्मत के साथ समा नहीं सकती-

"जमुना घुड़बंदर रोड है हिम्मत, इत्ती बड़ी सड़क तेरे घर में कय्यसे समाएगी भला?...अपन जूठे हैं।...अपन टैक्सी है हिम्मत...जब ले मीटर चल रहा, चल रहा। फिर ठप।"[40]

वह दिलीप कुमार को लेकर धासू सब्जैक्ट वाली फ़िल्म न बना सका। उसे इस बड़े शहर ने कुछ भी नहीं दिया, दिये तो गुमनामी के अंधेरे, फुटपाथ तथा निराशा। उसका वजूद भीड़ में खो गया—"ज़रूरतों के अंधेरे में डूब जाती हैं, न जाने कितनी जमीनें, जो आसमां होतीं।" हिम्मत वापस अपने गाँव भी न जा सका और मुंबई उसके लिए तन्हा हो गयी थी। हिम्मत के पास कोई हिम्मत बाकी न रही।

उसके सारे सपने टूट चुके थे, बिखर गये थे। वह हार जाता है, मायूस हो जाता है। निराशा और सूनेपन के साथ माहिम के चौराहे पर आ जाता है, दो टिकटों के साथ, वह उन्हें बेचना चाहता है—"ग़ाज़ीपुर दो सवारी...ग़ाज़ीपुर दो सवारी...।" जीवन भर हिम्मत संघर्षशील रहा, परंतु अब अकेला रह जाता है, और मर जाता है। उपन्यास हमारे सम्मुख कितने ही प्रश्न छोड़ता है, जिसके उत्तर मिलना बाकी है।

एक बार तो ऐसा लगता है जैसे राही अपने दिल की बात हिम्मत के द्वारा कह रहे हों। सचमुच यह बम्बई बड़ा बेमुरव्वत शहर है। यहां आदमी की आत्मा मर जाती है। अपने शहर की मिट्टी से प्यार करने वाला आदमी वहाँ जाकर खत्म हो जाता है। यह शहर आदमी की सारी आदमीयत समाप्त कर उसे मशीन बना देता है। इसी कारण प्रेमचंद जैसे लोगों को यह रास न आई। राही के साथ भी कुछ ऐसा ही था। बंबई में रहे पर गाज़ीपुर छोड़ने का मलाल उन्हें पूरी ज़िंदगी रहा।

लेखक उपन्यास में वेश्याओं की स्थिति पर भी विचार करता है कि हमारे समाज में वेश्याओं की स्थिति क्या है? इमामबांदी, नासिरीबाई, जमुना तथा बिल्लो आदि स्त्री-पात्र लेखक व पाठक की सहानुभूति प्राप्त करने में सफल हैं। इस कथा के माध्यम से लेखक यह संदेश देता है कि 'इमामबांदी' जैसी शोषित, उपेक्षित स्त्रियों की संतानें आखिर क्या करें? समाज में उनका क्या दर्जा है? आखिर उनके वेश्या बनने में किसका हाथ होता है? ऐसी औरतों का समाज में क्या योगदान है? वे एक बार कोठे पर पहुँच कर फिर से समाज में सामान्य जीवन जी सकती हैं? हमारा समाज उन्हें उसी तरह जीने का हक देता है। 'हिम्मत' भी इसी सामाजिक अस्वीकृति का शिकार है। बहुत सारी परंपराएँ, मान्यताएँ टूट रही हैं, फिर भही यहाँ हड्डी की शुद्धता का भाव कहीं न कहीं छुपा रहता है।

"हिम्मत जौनपुरी में मुस्लिम पारिवारिक जीवन की झाँकी मिलती है। इस्लाम धर्म जिन जातिगत भेदभावों का बहिष्कार करता है इसके अनुयायी उन्हें मात्र सिद्धांत रूप में हो स्वीकारते हैं। वास्तव में मुस्लिम समाज में भी ऊँच-नीच, बहुत व्यापक स्तर पर है। राही ने गाज़ीपुर के मुसलमानों के पारिवारिक जीवन को खुलकर सभी के सम्मुख प्रस्तुत कर दिया है। मुस्लिम सामाजिक असमानता, ऊँची जातियों में हड्डी का प्यार (श्रेष्ठता का भाव) और निम्न जातियों के प्रति हेय दृष्टिकोण आदि बातें 'हिम्मत जौनपुरी' उपन्यास में उभरकर आई हैं।"[41] परंतु उपन्यास का नायक इन सभी बातों को नहीं मानता है। उसे जात-पात में विश्वास नहीं तथा उसकी सहानुभूति सभी शोषित लोगों के साथ है। हिम्मत जौनपुरी तत्कालीन मुस्लिम समाज का आतंरिक विशलेषण तथा टूटते हिंदुस्तानी मूल्यों का वर्णन बड़ी बेबाकी से करता है। साथ ही गाँव और शहर के अंतर को सूक्ष्म ढ़ग से परिभाषित करता हुआ शहर के बनावटी जीवन और अकेलेपन को भी हमारे सामने लाता है।

देश विभाजन से उपजी सांप्रदायिकता का सूक्ष्म विश्लेषण है ओस की बूंद

'ओस की बूँद' (1970) एक छोटा पर बहुचर्चित उपन्यास है, जो हिंदू-मुस्लिम सांप्रदायिकता को यथार्थवादी तरीके से पूरी ईमानदारी से विश्लेषित करता है। हमारे देश में सांप्रदायिक ज़हर की जड़ें बहुत गहरी हैं अतः राजनैतिक लोग अपने स्वार्थ के लिए जब चाहे इसका प्रयोग कर लेते हैं। और रह जाता है एक दर्द, इसी दर्द भरी ज़िंदगी की दास्तान है ओस की बूंद। इस की कथा देश विभाजन से उपजी विभीषिका की कथा है। देश विभाजन से सबको घाटा हुआ और घाटा कम या अधिक तो होता है, परंतु होता तो घाटा ही है। लेखक संकेत देता है कि सांप्रदायिक दंगों में अधिक नुकसान मुसलमानों का हुआ। लेकिन इससे देश कितने पीछे चला गया इस बात से लेखक बहुत चिंतित है।

वज़ीर हसन, हयातुल्ला अंसारी, दीनदयाल, शिवनारायण सिंह, वहशत अंसारी, हाजरा, शहला, शहनाज ये सबके सब विभाजन से उपजी किसी न किसी पीड़ा से त्रस्त हैं। क्योंकि देश का बटवारा केवल ज़मीन का नहीं बल्कि दिलों का भी है। देखते-देखते दोस्त दुश्मन हो जाते हैं। अपने जाने-पहचाने चेहरे पराये हो जाते हैं। यह त्रास्दी हमें रह-रहकर तड़पाती है। पता नहीं कितनी आबदा जीते-जी विधवा हो गई थी और कितनी ही शहला पिता के होते हुए अनाथ। अब इनका भविष्य क्या होगा? क्या इनकी तकदीर में कोई भविष्य नहीं है? राही इसी यथार्थ को अभिव्यक्ति देते हैं। उस समय परिस्थितियाँ कुछ ऐसी बन गई थीं मानों किसी की तकदीर में कोई भविष्य नहीं है।

राही की चिंताएँ एक सच्चे हिंदुस्तानी की चिंताएँ हैं। उनके सभी उपन्यासों में टूटने-बिखरते घर को सहेजने का दर्द मौजूद हैं। उनकी बेचैनी अपनी जड़ों की तलाश को लेकर है और यह तलाश और बेचैनी आँखों देखी है। इसी कारण वह कड़वे यथार्थ से उपजती है, जो उन्हें कबीर की पंक्ति में खड़ा कर देती है। और यही कारण है कि राही के उपन्यासों में पुनरावृत्ति है लेकिन सांस्कृतिक विरासत को बचाने के लिए या फिर जात-पात को लेकर समाज में व्याप्त असमानता को लेकर। राही का समय और परिवेश ऐसा ही था और स्वयं वह भी इन्हीं बातों से दो-चार थे। यही यथार्थ दृष्टि उनके उपन्यासों की विशेषता है।

उपन्यास की कथा गाजीपुर के उन मुस्लिम परिवारों की है जो मुस्लिम लीग के माध्यम के साथ राजनीति में आते हैं। इनमें वजीर हसन और हयातुल्ला अंसारी प्रमुख हैं। इन दोनों का पाकिस्तान निर्माण में बड़ा योगदान है। लेकिन पाकिस्तान बनने के बाद ये अपने-अपने कारणों से हिंदुस्तान में ही रहें। उन्होंने समय की नब्ज़ को पहचान लिया था। वे जानते थे कि सरकार मुसलमानों का वोट लेने के लिए उनका बड़ा फायदा करेगी और उसका फायदा मुस्लिम बुद्धिजीवियों को ही अधिक मिलेगा। अतः ये लोग मुस्लिम लीग छोड़कर गाँधी टोपी पहनने लगे थे।

राही इसी मानसिकता पर करारा व्यंग्य करते है।

—''यह अपना देश अजीब है, यहाँ की राजनीति विचारों से नहीं पहचानी जाती है। अधिकतर लोगों के पास तो कोई विचारधारा होती ही नहीं, सिर्फ टोपियाँ होती हैं और जिसके पास विचाराधारा होती भी है वे टोपियों पर ज्यादा भरोसा करते हैं। मैंने जनसंघी कांग्रेसी, मुस्लिम लीगी कम्युनिस्ट देखे हैं।''[42]

हयातुल्ला कांग्रेस का दामन थाम गाँधी टोपी पहनकर राजनीति के ठेकेदार बन चुके हैं। उनके घर के बोर्ड पर अब 'मौलवी' की जगह 'श्री' लिखा हुआ है। उन्होंने अपने स्कूल का नाम भी बदल दिया है। वह पहले मुस्लिम एँग्लोवर्नाक्यूलर हाईस्कूल था, जो अब 'मुस्लिम ऐंग्लो हिंदुस्तानी हायर सेकेण्ड्री स्कूल' हो गया है। खैर सत्ता परिवर्तन के बाद ये तो होता ही है। चाहे मन से आप सहमत ने हो पर बाहर से दिखाना पड़ता है।

दूसरे पात्र है वज़ीर हसन जो पाकिस्तान बनने के बाद पछता और झल्ला रहे हैं। उनकी झल्लाहट का कारण है उसका इकलौता पुत्र अली बॉकर है जो अपनी पत्नी आबेदा और पुत्री शहला को छोड़कर पाकिस्तान चला गया है। उसकी माँ हाजरा पागल सी हो गई है तथा वह हर समय अल्लाह मियाँ से लड़ती रहती है। वह पाकिस्तान को गाली देती रहती है। पूरे घर में जुदाई का दर्द पसरा रहता है। वज़ीर हसन कट्टर मुस्लिम लीगी होने के बाद भी पाकिस्तान नहीं जाते क्योंकि वह उसे एक गलती मानते हैं। और वह मानते हैं कि दूसरी पार्टियों को इस गलती को रोकना चाहिए था। ऐसा न करके भारत की अन्य राजनैतिक पार्टियाँ उतनी ही ज़िम्मेदार हैं, जितनी मुस्लिम लीग है और ये एक ऐतिहासिक सच्चाई है।

वज़ीर हसन देश के बंटने की चिंता में दुखी है। आबेदा अपने पति की जुदाई से तथा शहला बाप का साया छूट जाने और यतीम हो जाने के दर्द से दुखी है। वज़ीर हसन के मन में पश्चाताप है और वह अपने दोस्त दीनदयाल से सवाल करते हैं-

''मैं तो पाकिस्तान ठीक समझता था दीनदयाल मैंने इसके लिए कोशिश की थी लेकिन तुम तो पाकिस्तान को गलत समझते थे ना? फिर तुमने क्यों बनने दिया पाकिस्तान बताओ?''[43]

यह प्रश्न केवल दीनदयाल के लिए नहीं था बल्कि भारत के उन सभी लोगों से है जो पाकिस्तान बनने को गलत समझते थे। पाकिस्तान बनने से किसे फायदा हुआ। कितने लोगों के घरों में चिराग जलाने वाला कोई न बचा। कितनी औरतें विधवा हुई। कितने बच्चे यतीम हो गये? ''जो पाकिस्तान न बना होता तो मोरी शहला अपने बाप के जीयते जीयत यतीम न हो गई होती।'' और न जाने कितने ऐसे प्रश्न हमारे सम्मुख खड़े हैं और उन सबका कारण वही एक त्रासदी है—विभाजन।

विभाजन के बाद गाज़ीपुर के हिंदू-मुस्लिम एक दूसरे से दूर हटते दिखाई देते

हैं। एक दूसरे से नज़रे चुराने लगते हैं। डर व शक उन्हें घेर लेता है। यहाँ हमारी साझी संस्कृति और परंपरा की नीवं हिलने लगती है। भारत जैसे देश में वज़ीर हसन व दीनदयाल को बाँटकर चैन से नहीं जीया जा सकता। परंतु आज हमारे देश में इसकी भरपूर कोशिश हो रही है। धर्म के नाम पर लोगों का खून बहाया जा रहा है नफरत पैदा की जा रही है। उन्हें धर्म का चश्मा पहनाकर अंधा कर दिया गया। इस काम में कोई भी राजनैतिक पार्टी पीछे नहीं नहीं है। वे इस समय यह भूल जाते हैं कि हमारी आत्मा एक है, जिसे अलग नहीं किया जा सकता और सबसे बड़ा प्रश्न ये है कि एक ही घर के दो भाईयों की लड़ाई क्या उस घर का विकास होने देगी ? या फिर क्या एक आँख को फोड़कर चेहरे को सुंदर कहाँ जा सकता है?

"बचपन के लंगोटिया यार वज़ीर हसन और दीन दयाल के बीच इक्कीस-बाईस में अलगाव शुरू होता है। चालीस में दोनों के बीच हिंदू-मुस्लिम की दीवार खड़ी होती है। पैंतालीस में नदी के दो किनारे बनते है और आज़ादी हासिल होते ही दोनों पाटों के बची खून का दरिया बहता है। वज़ीर हसन हिंदुओं से डरे हुए हैं और दीनदयाल मुसलमानों से झल्लाये हुए हैं, परन्तु आज भी दोनों की आत्माएँ एक हैं। उनकी रगों में पुरानी स्मृतियों का प्रवाह मौजूद है। जिस प्रवाह में हिंदू-मुस्लिम दीवार टूटती बहती नजर आती है।" वे आगे लिखते हैं "राही का अपना दुख सिर्फ उनका ही नहीं बल्कि समूचे हिंदुस्तान के दुख में परिणत होता है। कबीराना जीवन जीते दुखिया राही सिर्फ जागते हैं और वे रोते हैं, "खावै अरु सोवै" की भूमिका उन्हें पसंद नहीं है। वज़ीर हसन के गोबरधन प्रसाद से मुलाकात होने पर वे बातों ही बातों में सब कुछ कह डालते हैं—"तसलीमात अर्ज करता हूँ कुँवर साहब! "अब तसलीमात छोड़िए गोबरधन प्रसाद! तसलीमाते तो पाकिस्तान चली गई।"[44]

उपन्यास की नायिका शहला जड़ परंपराओं से आहत है। रूढ़िवादी समाज के कारण उसे उसका प्यार नही मिल सका। वह मुस्लिम राजपूत है तो उसका विवाह अंसारी वहशत से कैसे हो सकता है। राही इस ओर भी इशारा करते है कि यह जातिवाद केवल हिंदुओं में ही नहीं, मुसलमानों यें भी उतना ही है। क्योंकि धर्म तो आसानी से बदला जा सकता है, परंतु रिति-रिवाज़ों, संस्कृति को बदलने के लिए सैकड़ों वर्ष भी कम पड़ जाते है। मुस्लिम राजपूत जो सैकड़ों वर्ष पहले इस्लाम अपना चुके थे, आज भी उनके रीति-रिवाज़ हिंदू राजपूतों जैसे ही है। वे किसी नीची समझी जाने वाली जाति मसलन-जुलाहा, नाई, धोबी आदि से वैवाहिक संबंध नहीं बनाते और न ही उन्हें अपने बराबर समझते है। शहला ने प्रेम करने से पहले नहीं सोचा होगा कि यहाँ पठानों और जुलाहों में रिश्तेदारी का सवाल ही नहीं उठता। वह तथाकथित नैतिकता को नकारती हुई व्यंग्यात्मक स्वर में पद्मा से सवाल करती है—"अच्छा तो पद्मा रानी यह बताओ कि जायसी, कुतुबन, ताज, रहीम, उस्मान वगैरह

किस खेत की मूली हैं? और कबीर को कब गिरफ्तार करेगी तुम्हारी सरकार?''[45]

पद्मा सांप्रदायिक सोच से प्रभावित है या तत्कालीन माहौल ने उसे भी अपने आगोश में ले लिया है। वह कहती है—''जब मुसलमान लोग पाकिस्तान बनवा लिहन हैं तो जाते क्यों नहीं। यह मलेच्छ हमारे देश को कब तक भ्रष्ट करते रहेंगे''[46]

यह प्रश्न केवल पद्मा या शहला का नहीं है बल्कि समूचा हिंदुस्तान इस प्रश्न की विनाशक लपटों से घिरा हुआ है। गुजरात और मुजफ्फरनगर आदि के दंगे इसका ताज़ा उदाहरण है जहाँ मानवता को कुचल दिया गया, जहाँ हैवानियत का नंगा खेल-खेला गया। जिसने हमारे देश को विश्व बिरादरी के सामने एक बार फिर शर्मिंदा कर दिया और न जाने देश को इससे कितना नुकसान हुआ होगा। लेकिन सांप्रदायिक लोग इसकी परवाह नही करते। उन्हें सत्ता चाहिए और, वैसे भी परवाह इंसान करता है और दंगाई हैवान होते हैं। अफसोस है कि आज सांप्रदायिक सोच के लोग ही सत्ता के शीर्ष पर पहुँचते जा रहे हैं।

राही एक और महत्त्वपूर्ण तथ्य की ओर ईशारा करते हैं और उसे असंप्रदायिकता कह सकते हैं, परन्तु जो आज के बुद्धिजीवियों पर करारा व्यंग्य है। वहशत अंसारी इस बात से डरा हुआ है कि शहला का मुकदमा लड़ने से तमाम हिंदू मेरे खिलाफ हो जायेंगे और सारे हिंदू मुकदमे मेरे हाथ से निकल जायेंगे। वहीं शिवनारायण सिंह शहला का केस इसीलिए लेता है कि सारे मुस्लिम केस उसे मिलेंगे। दोनों को स्वार्थ से मतलब है, हालांकि शहला को दोनों पहचानते हैं। आज भी जब कोई बात हिंदू-मुस्लिम को लेकर विवाद में आती है तो अधिकतर मुस्लिम बुद्धिजीवी हिंदुओं की हिमायत करते हैं। इसके विपरीत हिंदू बुद्धिजीवी मुसलमानों के हक़ में बात करते नज़र आते हैं। सत्य से परे इन्हें इस बात का अहसास हो गया कि दूसरे संप्रदाय की वकालत करने पर ही उन्हें सेक्यूलर माना जायेगा। यह अजीब किस्म की असांप्रदायिकता भी विभाजन की देन है।

आज की नई पीढ़ी को सामाजिक-सांस्कृतिक सौहार्द की, स्वस्थ परंपराओं की ठोस ज़मीन नहीं मिली, तभी तो नफरत की फसल आज भी लहलहा रही है। नई पीढ़ी को बताया गया है कि हिंदुओं ने पूरी की पूरी मुस्लिम सवारियों से भरी ट्रेन काट डाली। मुस्लिम औरतों के साथ बलात्कार किया गया। उनके स्तन काट दिये गए। और यही सब मुसलमानों ने हिंदुओं के साथ किया। उन्हें यह नहीं बताया कि रहीम व रसखान कृष्ण के दीवाने थे। सूफियों ने हमें प्रेम का पाठ पढ़ाया। अमीर खुशरों ने हमें क्या परंपरा दी? अकबर के दरबार में हिंदू मंत्रियों की संख्या मुसलमानों से अधिक थी। वह बीरबल के मरने पर इतना रोया, जितना अपने बेटों की मौत पर भी नहीं। रानी लक्ष्मीबाई पक्की हिंदू होकर भी बहादुरशाह ज़फर के साथ कंधे से कंधा मिलाकर लड़ी। सारे जहाँ से अच्छा हिंदुस्तान हमारा, लिखने वाला मुसलमान

था। लेखक साफ संदेश देता है इस देश में दोनों एक दूसरे के बिना अधूरे हैं। दोनों ने एक दूसरे को बहुत कुछ दिया है। जब तक इसको सही नज़रिये से नहीं देखा जायेगा तब तक हिंदुस्तान में इस प्रकार की समस्या बनी रहेगी और जो देश की प्रगति में बाधक होगा।

उपन्यास की नायिका शहला इस प्रयास की एक मज़बूत कड़ी है। वह तमाम मुस्लिम वकीलों को छोड़ शिव नारायण से अपना मुकदमा लड़वाती है।आज की पीढ़ी की सोच इसी तरह की होनी चाहिए। शहला की ऐसी सोच क्यों बनी, क्योंकि उसे विरासत में वज़ीर हसन की वह परंपरा मिली जो मन्दिर में नमाज़ पढ़ सकता है तथा कुएं से शंख निकालकर फूंक सकता हैं। अतः दोष पुरानी पीढ़ी का भी है जो हमें स्वस्थ परंपरा नहीं दे पाई।

उपन्यास में सांप्रदायिक दंगों की चर्चा है। इसके पीछे स्वार्थी राजनेता तथा सांप्रदायिक सोच रखने वाले लोग हैं, जो बांके बिहारी, वज़ीर हसन जैसे को भी मरवा डालते हैं और बिना किसी मुद्दे के सांप्रदायिक आग फैलाने में कोई कसर नहीं छोढ़ते। उसी बांके बिहारी की हत्या हिंदुओं द्वारा होती है तो वहीं शहला की इज़्ज़त मुस्लिम (बेहाल शाह) द्वारा लूट ली जाती है। जबकि दोनों सांप्रदायिकता के विरोध में खड़े हैं।

तात्पर्य है कि सांप्रदायिक उन्माद में लहूलूहान होती मानवता का मार्मिक चित्रण राही ने बहुत ही बारीकी के साथ किया है। यह हमें सोचेन को मजबूर करता है कि दंगे कभी भी हमारे देश और संस्कृति के लिए अच्छे नही हो सकते। दंगाईयों का कोई धर्म-ईमान नहीं होता और न ही वह हिंदू व मुस्लिम होते हें। दंगाई सिर्फ दंगाई होते हें, जो केवल डर, दहशत और नफरत पैदा कर सकते हैं।

वज़ीर हसन की मौत विभाजन की विभिषिका और हमारे न्याय तंत्र की पोल खोल कर रख देती है। वज़ीर हसन की हवेली में ही मंदिर है, वह कुएं से शंख निकालकर पूर्ति की ओर मुँह करके शंख फूँकते हैं और वही नमाज़ भी पढ़ते है। लेकिन दूसरे दिन अखबारों में खबरें छपी कि—मंदिर की मूर्ति तोड़ने की कोशिश करता हुआ मुसलमान पी.ए.सी की गोली से मारा गया।' उसके बाद पूरा शहर दंगों की आग में झुलस जाता है। राही साफ संकेत देते हें कि आने वाले समय में स्थिति ओर भी भयावह हो सकती है और राही का अनुमान सही निकला।

आज बीसवीं सदी गुज़र जा पाने के बाद भी इस प्रकार की घटनाएँ हमारे सामने आती रहती हैं। आज भी धर्म की आड़ में तुच्छ और स्वार्थी लोग सीधे-साधे लोगों का इस्तेमाल बड़ी आसानी से कर लेते हैं। उन्हें इस बात का अहसास भी नहीं होता कि इस प्रकार की चीज़े इंसानियत को मार देती है। हिंदुस्तानीयत को शर्मसार कर देती है।

उपन्यास के अंत में राही लिखते हैं कि "गाज़ीपुर में सन् 1932 के बाद से कभी बलवा नहीं हुआ है। परंतु हर वह शहर और कस्बा और गाँव गाज़ीपुर है जहाँ बलवा हो। मैं हिंदुस्तान और पाकिस्तान के हर शहर का बेटा हूँ, जो घर जलता है वह मेरा घर है।"[47]

कुंवरपाल सिंह लिखते हैं कि—'ओस की बूंद' में सांप्रदायिकता की समस्या को उसकी समस्त जटिलताओं के साथ उठाया गया है और दंगों के मध्य सच्ची इंसानियत की एक झलक दिखाई गई हैं। उपन्यास की कहानी चाहे एक ही धर्म तथा एक ही शहर को केन्द्र में रखकर रची गई है लेकिन यह तस्वीर पूरे देश की है। इसमें राही ने मुसलमानों के ऐतिहासिक-सामाजिक रिश्तों पर प्रकाश डाला है। सांप्रदायिकता किस प्रकार समाज को दो वर्गों में बाँट रही है। राज नेता व्यक्तिगत स्वार्थ के लिए आम आदमी को मोहरा बना रहे हैं और धर्म के नाम पर सांप्रदायिकता फैला रहे हैं। यह उपन्यास इंसानियत की तलाश में हर गाँव व शहर में जाता है और समाज में सौहार्द और समझदारी स्थापित करने का प्रयास करता है।"[48] इससे पहले इस प्रकार की स्वार्थ लोलुप राजनीति जो धर्म की आड़ में, साधारण जनता का खून चूस रही है तथा उसे आपस में लड़वाकर सत्ता प्राप्त करना चाहती है, उसका पर्दाफाश गणेश शंकर विद्यार्थी भी कर चुके थे। राही उसे ओर सूक्ष्म ढंग से हमारे सामने लाते है।

अस्तित्वविहीन होने का दर्द उकेरता दिल एक सादा कागज़

राही का यह उपन्यास 1973 में प्रकाशित हुआ। इस उपन्यास की कथावस्तु राही के अन्य उपन्यासों से भिन्न है। राही स्वयं इसकी घोषणा करते हैं। जो उपन्यास के फ्लैप पर अंकित है—"दिल एक सादा कागज़ एक तरह आधा गाँव से बिल्कुल भिन्न है। यह आधा गाँव, टोपी शुक्ला, हिम्मत जौनपुरी और ओस की बूंद के सिलसिले की कड़ी भी है और नहीं भी है। यह ज़ैदी विला के उस भूत की कहानी है जिसके कई नाम थे—रफ़्फ़न सैयद अली, रफअत ज़ैदी, बागी आज़मी। और यह ज़ैदी विला, ढाका और बम्बई के त्रिकोण की कहानी है। ज़ैदी विला, रफ़्फ़न के पिता हैदर ज़ैदी के द्वारा बनवाए गए दो मंज़िले भवन का नाम है। रफ़्फ़न यानी सैयद रफअत अली बागी आज़मी जो उपन्यास का महत्त्वपूर्ण पात्र है।" राही उसी के माध्यम से समाज के खोखले पन और धार्मिक आडंबरों को विभन्न पात्रों के द्वारा सामने लाते है।

ज़ैदी विला में मर्दों के अलावा बहुत सी औरतें भी हैं जैंसे जुम्मन बुआ, अली हुसैन बी मिरासिन, मरियम मन्हारिन तथा जन्नत इत्यादि। एक सैदानी भी है जो हर साल विला में आती हैं वह सब बीवीयों को इकट्ठा करके उनके हकूक समझाया करती थी—"इस बीवी ने जीते जी अपने खाविन्द की खिदमत न की और

इसीलिए मरने के बाद जहन्नुम की आग में जल रही है। और इस बीवी ने अपने मियाँ के ऐबों पर पर्दा डाला तो जन्नत में सात हूरें इसकी खिदमत पर मुकर्रर कर दी गई है।''[49] एक पात्र मौलवी तकी हैदर जो अश्लील हरकतों के कारण रफ़्फ़न, की घृणा के पात्र हैं। सैदानी बी के बारे में रफ़्फ़न को बाद में पता चला कि इन्होंने अपने पति को बहुत सताया था इसीलिए उन्हें एक रंडी रखनी पड़ी थी। अतः रफ़्फ़न सैदानी बी की बात पर ईमान नहीं लाता। वह जब साढ़े चार साल या पांच साल का रहा होगा तभी साढ़े सोलह साल की जन्नत से प्यार करने लगता है और शादी करने का फैसला कर लेता है। असल में रफ़्फ़न बड़ा शरारती लड़का है, वह ज़ैदी विला में हर ऐसे स्थान पर पहुँच जाता है जहाँ उसे नहीं पहुँचना चाहिए था और वह ऐसे-ऐसे सवाल जन्नत से करता है कि जननत की सांस अटक जाया करती थी जैसे ''अल्लाह मियाँ का ब्याह तो बड़ी धूम-धाम से हुआ होगा?'' ऐसे सवालों से जन्नत झेंप जाती तथा पाठक भी असमंजस की स्थिति में भटकते नज़र आते हैं। ''शादी के बिना बच्चा तो बहुत बुरी बात है ना बाजी? हमीदुन कल्लहे अम्मां को बता रही कि काने केली बेटी को शादी से पहले ही बच्चा हो गया तो ऊ संख्यिया खाके मर गई। हम्में तो ई भी मालूम है जनाब कि बच्चा होता कैसे है...।''[50]

इसके अतिरिक्त गुलबहरी और भाई जानू के अनैतिक संबंध की खबर भी वह जन्नत बाजी को बिना हिचकिचाहट के सुनाता है। भाई जानू रफ़्फ़न के बड़े भाई हैं और जन्नत उनसे बहुत प्यार करती है। दोनों के शारीरिक संबंध भी हैं। एक दिन मासूम रफ़्फ़न यह खबर हवेली में देता है—''भाई जानू जन्नत बाजी के पेट में लड़का डाल रहे हैं।''[51] पूरी हवेली सन्नाटे में आ जाती है और इस अनैतिक संबंध को विवाह करके नैतिक कर दिया जाता है। रफ़्फ़न के लिए ये बड़ा सदमा था क्योंकि वह जन्नत से शादी करना चाहता था।

एक पात्र है शर्फुआ जिससे अब्दुस्समद खां और मौलवी तकी हैदर अनैतिक संबंध बनाने को आतुर है। ठाकुर साहब का समलैंगिक मैथुन, वाकर हुसैन और कवि चंचल के हस्तमैथुन, भाई जानू और जन्नत के संबंध फिर विवाह, जन्नत का ब्रिगेडियर के साथ भाग जाना, भाई जानू का शरणार्थी बनना तथा उनकी बेटी शहरबानों का फौजियों की हवस का शिकार होना, रफ़्फ़न व जन्नत, रफ़्फ़न का मुंबई आकर फ़िल्मी राइटर बनना... इन्हीं पात्रों एवं इनसे जुड़ी घटनाओं की पृष्ठभूमि पर 'दिल एक सादा कागज' की रचना हुई हैं।

जन्नत का न मिलना रफ़्फ़न के लिए मामूली घटना नहीं थी। जब औरतों ने उसे दरवाज़े के बाहर रोक दिया था। वह जो अधिकार जन्नत पर समझाता था, वह टूट गया। वह उस रात सो नहीं सका और भाई जानू और जन्नत के बारे में सोचता रहा। ऐसा क्यों हुआ? इसका जवाब लेखक के पास भी नहीं अतः वह आदत के

मुताबिक उपन्यास के बीच में आ जाते हैं–

"मैं बहस इसीलिए छेड़ रहा हूँ इस कहानी में जन्नत का बड़ा महत्त्व है। जन्नत का महत्त्व इसीलिए कि यह कहानी समय की नहीं है, रफ़्फ़न यानी सैयद अली रफअत ज़ैदी की है, जो आगे चलकर बागी आज़मी कहा गया। यह कहानी है समय और रफ़्फ़न के टकराव की।"[52]

समय ने रफ़्फ़न को बदल दिया। अब वह जो लिखना चाहता है उसे लिख ही नहीं पाता था अब वह केवल उन कहानियों को लिखना चाहता है जो फ़िल्मों के किसी प्रोड्यूसर या हीरो या हीरोइन को पसंद हों। उसे बम्बई माया नगरी ने ज़िंदा दफन कर दिया। शायद लेखक अब उन दिनों को याद भी नहीं करना चाहता जब उसकी गिनती जिंदा लोगों में शुमार थी। उसने अपने भीतर के कलाकार को मार दिया था। मारता भी क्यों न उसे, उससे मिला ही क्या? दर-दर की ठोकरे और रहने के लिए गंदा सा घर। उसने कनीज फात्मा उर्फ जन्नत नाम की लड़की से शादी कर ली।

परेशानियाँ हर जगह होती हैं, यहाँ भी उन्होंने पीछा नहीं छोड़ा। बागी आज़मी आर्थिक रूप से परेशान थे अत: चंचल द्वारा की जाने वाली मदद से फ़िल्मी जगत में यह चर्चा फैल गयी कि चंचल, बागी के परिवार की परवरिश कर रहा है तथा कनीज़ फात्मा उर्फ जन्नत से उसके अवैध संबंध है। बागी आज़मी की खुद्दारी और जन्नत के दर्द को समझते हुए उसने चंचल से नाता तोड़ लिया। आर्थिक तंगी और बढ़ गई, और यहाँ जन्नत उबल ही पड़ी—"मैं ताजमहल की फरमाइश तो करती नहीं। पर एक साफ-सुथरा घर तो माँग ही सकती हूँ।"[53] रफ़्फ़न बहुत उदास हो गया था। शायद इतना उदास तो वह जन्नत की शादी पर भी नहीं हुआ था। अत: वह एक कॉलेज में हिस्ट्री का अध्यापक बन जाता है। परंतु वहाँ की विषैली राजनीति का जल्दी शिकार बनता है और नौकरी छूट जाती है। इसी बीच भाई जानू का खत आता है जो उसे अपने पास बुला रहे हैं। परंतु बागी आज़मी आज भी अपने वतन को नहीं छोड़ सकता, उसकी याद में तो आज तक ज़ैदी विला की यादें समायीं हुई हैं और ज़ैदी विला पाकिस्तान में नहीं मिल सकता। अत: लेखक फिर से मुंबई का रुख करता है। अभाव व निराशा भरी ज़िंदगी में जन्नत उसे हमेशा उत्साहित करती रहती है। लेखक की अंतर आत्मा आर्थिक तंगी के कारण चुप्पी साध लेती है और यहाँ आकर रफ़्फ़न 'कम्प्रोमाइज' करना स्वीकार कर लेता है। अब लेखक अपने ज़मीर को बेचता है, कहानी को नहीं, परंतु उसे सारी खुशियाँ मिल जाती हैं। गाड़ी, अच्छा घर आदि सारे ऐशो-आराम के बदले बस एक चीज़ अपनी खुद्दारी को बेच देता है। अब उसका अपना अस्तित्व नहीं रहा, अब वह बाग़ी नहीं रहा, वह अस्तित्वविहिन हो गया।

इन्हीं उतार-चढ़ाव के बीच उसे जन्नत के किसी ब्रिगेडियर के साथ भाग जाने का पता चलता है। पत्नी के जन्नत की उम्र पूछने पर वह कहता है—"ज़िंदगी को

दिन या बरस के गज से नहीं नापना चाहिए। ज़िंदगी को तजरबों के गज से नापना चाहिए। भाई जानू पाकिस्तान इसीलिए गये थे कि हिंदुस्तान में मुसलमानों की इज़्ज़त-आबरू महफूज नहीं थी और अब उनकी इज़्ज़त-आबरू ढाके में दुरुद पढ़ रही है।''[54]

लेखक फ़िल्मी दुनिया की ओर ईशारा करता चलता है। जहाँ कहानी नहीं नाम बिकता हैं वहाँ इमेज बड़ी चीज़ है। अगर आपकी इमेज बन गई तो आप चल जायेंगे। अत: लेखक भी इसी ओर लगा है। इस माया नगरी में किस-किस तरह लोग...डायरेक्टरों और प्रोड्यूसर द्वारा शोषित किये जाते हैं। लेखक देखता है कि तमाम साधारण से साधारण फ़िल्मी लेखक दूसरे महान रचनाकारों की कृतियाँ चुराकर बड़े लेखक बन रहे हैं। बड़ी बात यह है कि रफ्फन भी मजबूर होकर यह सब करने लगता। खराब लिखना उसकी नियति बन जाती है। वह खोटे सिक्के की तरह चल जाता है। उसका भी नाम बिकने लगता है। वह पाली हिल्स में भव्य फ्लैट खरीदता है। कार लेता है। अपना पूरा घर 'ज़ैदी विला' भी वापस खरीद लेता है। परंतु संसार की सारी सुख-सुविधांए जुटाकर भी वह संतुष्ट नहीं होता और उदास रहता है। उसका फन मर गया था। अब वह लिखता था जो नही लिखना चाहता था। उसने अपने-आप को बेच दिया था। वह हमेशा अपनी तरक्की के बारे में ही सोचा करता था। परंतु अन्दर से उदास अपने अतीत में खो जाता है। पेडरो (एक पात्र) का गीत सुनाई देता है—

''एव्री मार्न, एण्ड एव्री नाइट...'' रफ्फन सोचता है-अंधेरा? क्या यह इस युग का मानव मूल्य है?''

रफ्फन अपनी ही कहानी को लेकर 'ज़ैदी विला का भूत'' फ़िल्म बनाता है। जो पिट जाती है। अत: वह दूसरी फ़िल्म 'आस्तीन का सांप' शुरू करता है तभी भारत-पाक लड़ाई शुरू हो जाती है। रफ्फन जन्नत को लेकर गाज़ीपुर आ जाता है वहाँ अपना ज़ैदी विला खरीद लेता है। ''घर की तरफ यूँ न देखो जन्नत मैंने यही घर खरीदने के लिए अपने आपको बेचा है। क्योंकि मैं इसी घर का एक रूप हूँ।''[55]

तभी रफ्फ़न को पता चला भाई जानू, जो शरणार्थी बनकर हिंदुस्तान आते हैं और नज़रबंद हैं। जन्नत बाजी चली गई। शहरबानो, जिसकी शादी होने वाली थी, पाकिस्तानी सैनिकों की हवस का शिकार हो गयी और गर्भवती होकर पिता के साथ भारत आयी है, जो हमेशा आँसू बहाती रहती थी और इफ्फन सोचता है कि शायद आंसू इस युग का दूसरा मानव मूल्य है।

रफ़्फ़न, जन्नत और ज़ैदी विला तथा तेज़ धूप, बस रफ़्फ़न सोचता है कि अंधेरा इस युग का पहला मानव मूल्य है। आँसू युग का दूसरा मानव-मूल्य है तो यह बेदर्द धूप शायद इस युग का तीसरा मानव-मूल्य है। राही उपन्यास की भूमिका में लिखते हैं—

"मैं एक वेद हूँ, एक गीता हूँ, एक इंजील हूँ, एक कुरआं हूँ। किसे भला इतनी फुर्सत है कि मुझे उठाकर देखे कि मुझमें आखिर क्या लिखा है।" उपन्यास की कथा को लेखक के जीवन से जोड़ते हुए कुंवर पाल सिंह कहते हैं-

"उपन्यास में राही ने गाज़ीपुर, मुंबई व ढाका का त्रिकोण प्रस्तुत किया है और इसमें ज़ैदी विला की कहानी कही गई है। दरअसल इस रचना में राही की अपनी ही कहानी का बहुत अंश देखने को मिलता है। रचनाकार अपनी रचना का अनिवार्य अंग होता है।"[56]

उपन्यास की कथा वस्तु, गाज़ीपुर से शुरू होकर अलीगढ़, नारायणगढ़, जवाहर नगर और बंगलादेश तक होती हुई मुंबई में जाकर समाप्त होती है। लेकिन लेखक अपने करीबी रिश्तेदारों को ही पात्र बनाता है। फ़िल्मी नगरी में उसका अस्तित्व बच नहीं पाया, उसकी खुद्दारी दम तोड़ रही है। अब वह लिख नहीं रहा, उससे लिखवाया जा रहा है। इन सब बातों से ऐसा प्रतीत होता है जैसे राही स्वयं बीच-बीच में आकर अपनी ज़िंदगी का यथार्थ बयान कर रहे है। लेखक अस्तित्व को टूटने और बिखरने की कहानी बड़े दुखी मन से कहता है।

संवदेनशीलता दिखाने वाले समाज का संवेदनहीन होना है 'सीन 75'

'सीन 75' (1977), दिल एक सादा कागज' की अगली कड़ी नज़र आता है। इस उपन्यास की कथा फ़िल्म इंडस्ट्री से संबंधित है। इसमें राही ने फ़िल्मी जीवन की आंतरिक एवं बाह्य सच्चाईयों का यथार्थ रूप में चित्रण किया है। जिसमें महानगरीय जीवन, पूंजीवादी संस्कृति तथा देश में हिंदी फ़िल्मों के प्रभाव से दूषित अपसंस्कृति ही चारों तरफ दिखाई पड़ती है। राही फिल्मी समाज में व्याप्त अश्लीलता को बड़े शालीन तरीके से प्रस्तुत करते हैं। लेखक की चिंता फ़िल्मों को सही दिशा देने की है। लेकिन उसकी चिंता केवल चिंता रह जाती है। फ़िल्मी समाज में सिद्धांत नाम की कोई चीज़ नहीं। वहाँ कैरियर और पैसा ही सब कुछ है और इसके लिए आदमी अपना सब कुछ देने को तैयार है। यहाँ इज़्ज़त, अस्तित्व व संस्कृति की चिंता कोई नहीं करता, बल्कि यहाँ लोग अपने ज़मीर को भी मार देते हैं।

असल में यह समाज जो बाह्य रूप में दिखाई देता है वह आंतरिक रूप में ऐसा नहीं होता। फ़िल्मी दुनिया के बाह्य और अन्तः समाज में बड़ी भिन्नता है। जो चीज़ें पर्दे पर जनता को दिखाई जाती हैं, वो पर्दे के पीछे की दुनिया से नितांत भिन्न होती हैं। राही स्वयं फ़िल्मी लेखक थे और उन्होंने वहाँ की ज़िंदगी को बड़े करीब से देखा है तथा वे कहीं न कहीं उपन्यास में उपस्थित रहते हैं। 'सीन 75' में अपने निजी अनुभवों तथा बनावटी फ़िल्मी दुनिया के यथार्थ को राही बड़े प्रभावशाली ढंग से प्रस्तुत करते हैं।

फ़िल्मी दुनिया का सच यह है कि यहाँ हर नई हीरोइन का मानसिक व शारीरिक शोषण होता हैं। कई लोगों के बिस्तर को उसे गर्म करना पड़ता है तब जाकर उसे छोटा-मोटा मौका मिलता है। 'सीन 75' का हरीश ऐसा ही एक पात्र है जो नई लड़कियों की तलाश में रहता है। यहाँ रिश्तो-नातों की कोई कदर नहीं। यहाँ संबंध झूठे बनते हैं वो भी अपने स्वार्थ के लिए। हरीश और उपन्यास का नायक अमजद अच्छे दोस्त हैं, परंतु हरीश को अमजद के मर जाने का बिल्कुल ग़म नहीं, उसे दुख है अपने प्रीमीयर का। अत: वह दोस्त की मौत को बहुत साधारण रूप में लेता है।

राही संकेत करते हैं कि फ़िल्मों से हमारी मानसिकता में नकारात्मक बदलाव आ रहे हैं। यहाँ जिस लड़की का शोषण होता है वह भी कामयाबी के लिए ऐसा करने में ज़रा भी नहीं कतराती। बल्कि वह उसका प्रमाण-पत्र माना जाता है। 'सीन 75' में जैसे ही हरीश अपने दोस्त अमजद की मौत की खबर सुनकर बिस्तर से उठता है, तो हीरोइन बनने आई नई लड़की बड़ी बेशर्मी से कहती है—''आव न डार्लिंग''

यानी उसे अपने कैरियर की चिंता में अपनी इज़्ज़त और अस्तित्व का कोई ख्याल नहीं और वह चांस देने वाले को पूरा तृप्त कर देना चाहती है ताकि वह उसे छोड़ किसी और पर मेहरबान न हो जाए। यहाँ न जाने कितने लोगों के अनैतिक संबंध हैं। जिन्होंने अब ओर खुला रूप ले लिया है। वे उसे स्वतंत्रता का अधिकार समझकर गर्व महसूस करते हैं और उसे एक तरह की नई नैतिकता मानते हैं।

राही संकेत देते हैं कि सिनेमा में ऐसे लोगों की तादाद बढ़ गई है जो मनोरंजन के नाम पर अपसंस्कृति को जन्म दे रहे हैं। हमारे देश की संस्कृति को असली खतरा इसी बम्बइया संस्कृति से अधिक है। यह उपन्यास लेखक के अस्तित्व के सामने आये संकट का भी विस्तार से वर्णन करता है। यहाँ लेखक के अलावा सभी लेखक हैं अर्थात जो लेखक लिखना चाहता है उसे लिखने नहीं दिया जाता। इसीलिए जो होता है उसे दिखाया नहीं जा सकता यानी जो दिखाया जाता है वह यथार्थ नहीं होता। राही के कई उपन्यासों में यह चीज़ देखी जा सकती है, जब लेखक अपने अंदर की आत्मा को मार देता है तथा वह लिखता है जिसकी उससे माँग की जाती है। यहां अतीत से कोई जुड़ना नहीं चाहता, केवल वर्तमान को जीना तथा भविष्य की चिंता ही यहाँ की जाती है। इस फ़िल्मी दुनिया में 'रफअत बागी आज़मी बिका और अब 'अली अमजद' बिक जाता है—

''रोशनाई के लिए अपने को बेचा किये हम
ताकि सिर्फ इसीलिए कुछ लिखने से बाकी न रहे
कि कलम खुश्क थे, और लिखने से मजबूर थे हम।''[57]

यहाँ जो आता है बिक जाता है और जो नहीं बिक़ता वह वापस चला जाता है। प्रेमचंद, कमलेश्वर और असग़र वजाहत इसके उदाहरण हैं। 'सीन 75' टूटते हुए

जीवन-मूल्यों की कहानी है। जहाँ एक ही जीवन मूल्य है एक-दूसरे से आगे निकल जाने की होड़। चाहे इस होड़ में आगे जाने के लिए उन्हें अपनी पत्नियों और रिश्तेदारों का इस्तेमाल भी करना पड़े। फंदाजी इसके उदाहरण हैं जो अपनी बीवी और बेटी के साथ ऐसा होने देते हैं कि कही रमानाथ उनके हाथ से ना निकल जाये। क्योंकि रमानाथ की कहानियों की धूम मची है और फंदाजी उसका पूरा फायदा उठाना चाहते हैं।

वस्तुतः वर्गीय चरित्र बदलने के साथ-साथ जीवन मूल्य और संवेदनाएँ बदल जाती हैं और आदमी सपनों से कट जाता है। इस समाज का हर सदस्य स्वच्छंद है, अकेला है। इस समाज में सम्पतिशाली निर्माताओं, निर्देशकों, चलते हुए अभिनेताओं या लेखकों को लड़कियों की कमी नहीं होती। लेकिन अपनी माशूकाओं और रखैलों के बीच वह तन्हा रहता है। उसके सारे संबंध स्वार्थ पर आधारित होते हैं। वास्तव में फ़िल्मी दुनिया का यह समाज 'समाज' नहीं, बल्कि एक बाज़ार है। जब तक वह बाज़ार के योग्य होता है तभी तक उसकी पूंछ होती है... तथा यहाँ लोग मजबूरी में संबंधों को ढोते हैं।''[58]

वास्तव में यहाँ लोग अमानवीय तथा संवेदनहीन होते हैं। यह दुनिया पश्चिमी संस्कृति से पूरी तरह प्रभावित हैं। हमारा स्वस्थ समाज और संस्कृति यहाँ दम तोड़ रही हैं। यहाँ सभी लोग अवसरवादी तथा स्वार्थी हैं। फ़िल्मी समाज के चरिताख्यान का विवेचन करते-करते राही सांप्रदायिकता की ओर भी मुड़ते हैं। मुस्लिम होने के कारण अमजद अली को किराये पर मकान पाने में परेशानी होती है। मुसलमानों को लेकर दुराग्रह है तथा मुसलमानों पर शक करना फैशन सा हो गया है। मैं यह सोचकर अचंभित हूँ कि राही ने शक वाली बात पहले ही पकड़ लिया था। उन्हें आने वाले समय का ज्ञान हो गया था कि ये मामला ओर भी भयानक रूप में सामने आ सकता है। पिछले दिनों कई मुस्लिम अभिनेताओं को इस बात से दो चार होना पड़ा। उन्हें किराए का मकान नही दिया गया और उनकी बोली गई सामान्य बात को भी असामान्य तरीके से पेश किया गया।

'सीन 75' में लेखक वेश्याओं के दर्द को भी पाठकों तक पहुँचाने की पूरी कोशिश करता है। लेखक की सहानुभूति उनके साथ है। परन्तु उपन्यास की मुख्य समस्या फ़िल्मी दुनिया को लेकर है जिसने हमारे समाज को दूषित करने में कोई कसर नहीं छोड़ी है। आज की युवा पीढ़ी फ़िल्मों के तौर-तरीकों को बिना सोचे-समझे अपना रही हैं। अतः वह अपसंस्कृति का शिकार हो रही है। जो लोग इस बात को समझते हैं या तो वह मजबूर हैं या वे भी हालात से समझौता कर लेते हैं। यहाँ लेखक रुपयों के हाथों बिक कर अपना ज़मीर खो चुके हैं । यहाँ मानवीय संवदेना के नाम पर सिर्फ दिखावा है। यहाँ साथ रहते हुए भी सब तन्हा है। यहाँ कोई किसी

का सगा नहीं है, और लोगों के चरित्र पैसा कमाने के साथ बदल जाते हैं। फंदा-रामनाथ का संबंध इस दुनिया की हकीकत की परतें खोल देता हैं। राही सीन 75 में एक स्थान पर लिखते हैं इसमें यदि किसी को अपनी या अपने किसी दोस्त की झुनक मिल जाए तो उसके लिए क्षमा चाहता हूँ। पर मैं कोई अल्लाह मिया तो हूँ नहीं कि मनगंढ़त सूरते बनाता रहूँ। मैं तो देखी-भाली सूरतों को ही काट-छाँट के अपनी कहानी के क़ाबिल बना लेता हूँ'। इससे साफ ज़ाहिर होता है कि राही अपने आस-पास [illegible] समाज [illegible] सच्चाई ही बयाँ कर रहे हैं। राही ने ऐसे समाज की निर्मम आलोचना की और उसके यथार्थ को पूरी ईमानदारी से प्रस्तुत किया है। उपन्यास की भूमिका के रूप में लिखी नज़्म की पंक्तियाँ उस समाज की असलियत बता रही हैं—

जिसको देखिए,
जिससे मिलिए
औरों जैसा लगता है,
इस बस्ती में
जैसे किसी की अपनी कोई पहचान नहीं।

हिंदुस्तान में आज भी मौजूद है कटरा बी आर्ज़ू

'कटरा बी आर्ज़ू (1978) आपातकाल-संदर्भ की एक सार्थक रचना है। इसमें इमरजैंसी की घटनाओं और उससे होने वाले प्रभावों का सिलसिलेवार वर्णन किया गया है। इसमें इलाहाबाद के एक मुहल्ले 'कटरा मीर बुलाकी' या 'कटरा बी आर्ज़ू' के लोगों के सुख-दुख की ज़िंदगी का वर्णन है। असल में यह नाम उनकी आर्ज़ूओं के कारण है। इस मुहल्ले की इच्छाएँ, आर्जुएं बहुत हैं, अतः इसका नाम ''कटरा बी आर्ज़ू' पड़ गया है। यह मुहल्ला इमरजैंसी से बहुत प्रभावित हुआं उसी की कथा को केन्द्र बनाकर लेखक आपातकाल के समय जनता पर होने वाले अत्याचारों, भ्रष्टाचारों की कलई खोलता है।

'कटरा बी आर्ज़ू' में रहने वाले लोग आर्थिक दृष्टि से कमज़ोर हैं जिनकी इच्छाएँ बहुत हैं, परंतु उनको पूरा होने में बड़ी-बड़ी बधाएँ हैं। यहाँ हिंदू-मुसलमान दोनों तरह के लोग बड़े प्यार और आत्मीयता के साथ रहते हैं। पहलवान भोलू, देश, बिल्लो, शम्सू मियाँ, आशाराम, शहनाज़, महनाज़ आदि इसके केन्द्रीय पात्र हैं। सभी लोग छोटा-बड़ा काम करते हें और सभी के अंदर मानवीय संवेदना गहरे रूप में व्याप्त हैं। सभी लोग एक-दूसरे की सहायता को हमेशा तैयार रहते हैं। सामाजिक संबंधों की दृष्टि से 'कटरा बी आर्ज़ू' बहुत ही संश्लिष्ट और समृद्ध हैं, यहाँ हिंदू-मुस्लिम में कोई भेद नहीं। होली के दिन एक हिंदू द्वारा मुसलमानों के विरूद्ध एक टिप्पणी करने पर उसे लोग थप्पड़ मारते हैं और कहते हैं कि खबरदार यदि इस

मुहल्ले में हिंदू-मुसलमान का सवाल उठाया। इस कटरे में हिंदू-मुस्लिम संबंध बहुत मधुर है, परंतु इन संबंधों को राजनीति कटु बना देती है।

राजनीति मानवीयता पर चोट करती है। कभी व्यक्तिगत स्तर पर तो कभी सामूहिक रूप में गंदी राजनीति और बाद में इमरजैंसी का प्रभाव इस मुहल्ले को अपनी गिरफ्त में ले लेता है। यहाँ के लोग समझते हैं कि इंदिरा जी हमारे लाभ के लिए ऐसा कर रही है। इस भोली-भाली जनता को असलियत का पता नहीं। वह तो बिना जाने इंदिरा जी की जय तथा इमरजैंसी को सही मानते हैं। बाद में असलियत जानकर भी वह उसके समर्थन में रेडियो आदि पर बोलते हैं, कारण साफ था मजबूरी और ना समझी। राही ने उपन्यास की भूमिका में लिखा भी है—

> ''रोशनाई के लिए अपने को बेचा किए हम
> ताकि सिर्फ इसलिए कुछ लिखने से बाकी न रहे
> कि कलम खुश्क थे और लिखने से मजबूर थे हम।''[59]

आपातकाल की भयावहता के संदर्भ में यह एक सफल उपन्यास है। सामाजिक और मानवीय संबंधों और मूल्यों की दृष्टि से संपन्न एक छोटा सा गरीब मुहल्ला इमरजैंसी के दबाव में कैसे टूटकर बिखर जाता है इसका बड़ा प्रभावशाली वर्णन राही ने किया है। कहीं-कहीं अनावश्यक प्रसंग भी है, परंतु उससे उपन्यास की गति नहीं रूकती।

इमरजैंसी ने लाखों की ज़िंदगी में अंधेरा कर दिया। कटरे का गरीब, घर का सपना पालकर, रात-दिन एक करता है लेकिन जब उसका सपना पूरा होने को है तभी इमरजैंसी की बुलडोजर उन्हें कुचल देता है। बिल्लो और देशराज का सपना था घर इसी घर के कारण तो दोनों की शादी न हो सकी थी। जब शादी होने के करीब आई तो स्थितियाँ और भी भयानक हो चली थीं। इमरजैंसी के दिन आम आदमी के लिए बड़ी मुश्किल के दिन थे। जनतंत्र का स्थान राजतंत्र ने ले लिया था और चारों ओर क्रूर अफसरशाही का नंगा नाच खेला गया था। इंदिरा गाँधी ने अपनी महत्त्वाकांक्षा के कारण देश पर इमरजैंसी लाद दी थी। क्या इससे किसी को लाभ हुआ? बिल्लो, देशराज, इतवारी, शम्सू, भोलू पहलवान, मास्टर बदर सबकी ज़िंदगी में अंधेरा हो गया और जो बढ़ता ही चला गया।

''इलाहाबाद का 'कटरा मीर बुलाकी' अपने ठेठ अवधी अंदाज़ में 'कटरा बी आर्जू' हो रहा था कि सुबह धुंधलके में दिल्ली की ओर से आई जमुना की क्षीण सी धारा ने कहा, उसे छूकर गुजरनेवाली हवा ने कहा, इमरजैंसी और सूरज स्याह हो गया 'उजाला' दूर-दूर तक नहीं था। गंदे बदबूदार कुहरे की एक मोटी तह जैसे हर चीज़ पर जम गई थी। कोई चीज़ साफ दिखाई नहीं दे रही थी, विधानसभा, हाईकोर्ट, गाँधी जी की समाधि, मौलाना आज़ाद की कब्र, तिलक और गोखले के स्टैचू यूनीवर्सिटियों, प्रेस गरज की हर चीज़ पर अंधेरे की एक मोटी तह जीम हुई

थी। यह अंधेरा अजीब था।''[60]

इस अंधेरे में कुछ दिखाई और सुनाई नहीं दिया अर्थात् किसी की सुनने वाला कोई नहीं था। न जाने कितने लोगों की आरज़ूओं को इसने अंधेरे में डुबो दिया— ''उजाला कहाँ? मैं अपने को धुंधला नजर आ रहा हूँ। उजाला कहाँ है?

''कुहेर के खेत में
सारी पगडंडियाँ खो गई,
काफ़्ला रूक गया
क्या पता दिन है या रात है
हर हथेली की आँखें खुली हैं, मगर
सूझता ही नहीं
दूसरा हाथ है
या कोई राहज़न।''[61]

इमरजैंसी के दिन भारतीयों के लिए भयानक स्वप्न की तरह थे। सत्ता में जिनकी साझेदारी थी, उनके लिए आपातकाल कुछ सुखद हो सकता है, लेकिन आम जन के लिए यह बड़ा यातनादायक व पीड़ा देने वाला था। बुद्धिजीवीयों ने भी समझौता कर लिया था। हिरेन मुखर्जी, डॉ. नुरुल हसन, कमलेश्वर, ख़्वाजा अहमद अब्बास, सरदार जाफरी तथा कामरेड डाँगे जैसे लोग जो साहित्य को ऐसी मशाल मानते थे, जो राजनीति के आगे चलकर उसे रास्ता दिखाती है, वह स्वयं अब राजनीति के पीछे चल रहे थे। इनकी चाहे जो मजबूरी रही हों, परंतु इससे साहित्यिक मशाल की लौ बहुत धीमी हो गई थी। सत्ता प्रतिरोध की आग लगभग बुझ चुकी थी, परंतु राही मासूम रज़ा जैसे लेखकों ने समझौता नही किया। राही ने लिखा है—''इन बुद्धिजीवियों ने, साहित्यकारों ने, विचारकों ने, इतिहासकारों ने इमरजैंसी लगने के बाद डर के मारे जो चुप्पी साधी थी, वह अब तक नही टूटी है।'' कारण भले ही बदल गये हैं तब भय था आज पद और पुरस्कार है—''किसी को नेहरू अवार्ड अवार्ड लेना है, किसी को नेहरू स्कॉलरशिप लेना है, किसी को सरकारी डेलिगेसनों में घुसना है, किसी को प्रोफेसर बनना है। सब खुदगर्जी की अंधेरी चढ़ाये सर खींचे पड़े हैं। कोई बोलने को तैयार नहीं...क्योंकि साहित्य अकादमी का पुरस्कार देश की अखंडता से ज़्यादा कीमती है। कभी-कभी तो यह सोचकर शर्म आती है कि मैं भी गया गुज़रा ही सही साहित्यकार तो हूँ।''[62] राही जैसे कुछ खुद्दार और मर्द लेखक ही बाकी थे जो इस समय भी इसके विरोध में खड़े थे। ''मुझे शर्म यह सोचकर आती है कि हिंदुस्तानी बुद्धिजीवियों ने इसके खिलाफ कोई आवाज़ नहीं उठाई। कम्युनिस्ट बुद्धिजीवी तो खुल्लम खुल्ला इमरजैंसी का साथ दे रहे थे। हिंदुस्तानी साहितय का इतिहास उन्हें कभी क्षमा नहीं करेगा।''[63]

इमरजैंसी ने लोगों का जीना दूभर कर दिया था। अफसरशाही ने मनमाने ढंग से काम किया। परंतु इंदिरा गाँधी इन चीज़ों से बेखबर इसे सही ठहराने की कोशिश तो करती गई लेकिन उतनी ही उलझती गई। जनता का गुस्सा अंदर ही अंदर घुमड़ता रहा, उसने मौका मिलते ही उन्हें सत्ता से बेदखल कर दिया। कोई भी सरकार जनता की इच्छाओं के विरूद्ध चलकर देश की प्रगति नहीं कर सकती, और न ही इमरजैंसी किसी का भला कर सकती है।

वस्तुत: 'कटरा बी आर्जू' प्रतीक है पूरे भारत का, जिसमें पूरा हिंदुस्तान सांस ले रहा है। 'कटरा बी आर्जू' के पात्रों को केन्द्र में रखकर राही ने पूरे भारत की तस्वीर को सामने रखने की कोशिश की है। जिसमें उन्हें सफलता भी मिली है। इस उपन्यास में कुछ प्रसंग ऐसे भी आये हैं, जो राही के उपन्यासों में बार-बार दोहराये गये हैं। या यूँ कहें कि ये विषय राही का पीछा नही छोड़ते या फिर लेखक उन्हें छोड़ना नहीं चाहता, जो भी आप समझें। हिंदुस्तान-पाकिस्तान का मसला, हिंदू-मुस्लिम सांप्रदायिकता तथा आज़ादी के बाद मूल्यों का विघटन आदि-आदि, परंतु मुख्यत: यह उपन्यास इमरजैंसी की भयावहता पर केंद्रित है।

"यह कहानी हर बड़े शहर में निवास कर रहे हर उस आदमी की है जो जीवन यापन करने के लिए सपने संजोता है। उन सपनों को साकार करने के लिए जी तोड़ मेहनत करता है, जिस पल वह सफलता की मंज़िल के करीब होता है, इमरजैंसी के द्वारा उसके सभी अधिकारों का हनन कर लिया जाता है। उसके सभी सपनों पर पानी फेर दिया जाता है और उसके जीवन में अंधेरा व्याप्त हो जाता है। देश की किसी भी सामाजिक, राजनैतिक प्रतिक्रिया से मात्र सर्वहारा, सामान्य वर्ग ही प्रभावित होता है तथा नेता और साधन संपन्न लोग इमरजैंसी जैसी परिस्थितियों का भी फायदा उठाने से नहीं चूकते। इस उपन्यास में राही ने व्यंग्यात्मक प्रहार करके सामाजिक स्थिति को प्रस्तुत किया है।"[64] वस्तुत यह उपन्यास ऐसे लोगों पर भी करारा व्यंग्य है जो मौका देखकर अपने मूल्यों और सिद्धांतों को बदल लेते है या उससे समझौता कर लेते हैं। राही समझौता कर ही नहीं सकते थे अत: इमरजैंसी के विरोध में खड़े थे।

असंतोष के दिन क्या अब नहीं?

'असंतोष के दिन (1986) अपेक्षाकृत छोटा परंतु महत्त्वपूर्ण उपन्यास है। विभाजन और पाकिस्तान निर्माण ने सांप्रदायिकता का जो ज़हर देश में घोला थ वह आज तक बाकी है। आज़ाद भारत खंडित हो गया, सांप्रदायिक दंगों ने इसका पीछा नहीं छोड़ा, जिसके कारण कितने लोग बेघर हो गये और कितने ही मुसलमान जिन्होंने अपने घर वतन को नहीं छोड़ा, वे अपने घर में अजनबी हो गये। उन्हें शक की दृष्टि से देखा जाने लगा तथा उन्हें बार-बार अपनी देशभक्ति की सफाई देनी पड़ी। वे परिस्थितियों

से समझौता करने लगे। राही के सभी उपन्यासों में लगभग इस समस्या को उठाया गया है। इक्कीसवीं सदी में भी ये समस्याएँ बनी हुई हैं।

'असंतोष के दिन' भी राही ने इसी समस्या को लेकर लिखा। इसमें 1950, 60 के बाद बदली परिस्थितियों का यथार्थ दृष्टि से अवलोकन किया है। 1984 के बाद देश में एक नई सांप्रदायिकता ने जन्म लिया, जब दिल्ली में हिंदू-सिख दंगे भड़क गये। दरअसल वे बड़े असंतोष के दिन थे जब देश में चारों ओर सांप्रदायिकता की आग फैली हुई थी। बंबई में मराठा-मुस्लिम दंगा भी नया रूप ले रहा था। राही लिखते हैं—"हिन्दू-मुसलमान दंगा मेरी समझ में आता है, लेकिन मराठा-मुसलमान दंगा मेरी समझ में नही आता। अगर यह बम्बई मराठों की है तो जितनी हिंदू मराठों की है, उतनी ही मुसलमान मराठों की है, उतनी ही ईसाई मराठों की है?"[65]

'असंतोष के दिन' के केन्द्र में बंबई के सांप्रदायिक दंगे हैं यहाँ हिंदू-मुस्लिम दोनों मर रहे हैं। धार्मिक जुनून हिंसा का तांडव खेल रहा है। सरकार का हस्तक्षेप नाकाफी है। आंकड़े झूठ बताते है। मीडिया की भूमिका संदिग्ध होती जा रही है। अब लोग बी.बी.सी. लंदन रेडियो की बताई बातों पर अधिक विश्वास करते हैं। दंगों के कारण लोग घरों में कैद हो गए हैं। दंगाई एक दूसरे को लूट रहे हैं, हत्या कर रहे हैं। लोग डरे हुए हैं और सभी खामोश यह तमाशा देख रहे हैं। लोग अफवाहों के शिकार हो रहे हैं। सामान्य आदमी परेशान और बेहाल है। उसके हाथ में कुछ नहीं है, वह लाचार है। ये लोग दंगा नहीं चाहते, परंतु कोई ऐसा है जो अपने मुनाफे के लिए बड़ी होशियारी से यह सब करवा रहा है। लोगों की नासमझी की वजह से हालात बद से बदतर होते जा रहे हैं, लेकिन मानवीयता बची हुई है। यहाँ हिंदू-मुस्लिम एक दूसरे से लड़ रहे हैं, मार भी रहे हैं तथा एक दूसरे को बद्दुआ भी दे रहे हैं, परंतु एक दूसरे की जान भी बचा रहे हैं। अब्बास की पत्नी सैयदा एक तरफ हिंदुओं को बद्दुआ देती है—"खुदा गारत करे इन हिंदुओं को।" वहीं दूसरी तरफ वह अपने नौकरी राममोहन की बीवी-बच्चों को झोपड़पट्टी से निकाल अपने घर में जगह दे रही है। "और सुन! कल अपनी बीवी और बच्चों को कर्फ्यू उठते ही उस झोपड़पट्टी से यहाँ उठा ला क्या पता कब क्या हो जाए?"

लेखक स्वयं हैरान है कि एक तरफ बद्दुआ और दूसरी तरफ सैयदा राममोहन की सुरक्षा को लेकर चिंतित है। एक दूसरी पात्र सलमा है जो सैक्यूलर मानी जाती है और उसने बगावत करके रेवती श्रीवास्तव से शादी की है, लेकिन वही अपनी बेटी की शादी मुसलमानों में करना चाहती है। कहने का तात्पर्य है कि सलमा के अंदर की धार्मिक भावना समाप्त नहीं होती। वह अपनी बेटी के इस कृत्य (हिंदू से प्रेम) से दुखी है और उसे मरने की दुआएँ करती हैं। यही दुआएँ कभी सलमा को भी मिली थीं। यह अजीब किस्म का अलगाव इन्हीं साम्प्रदायिक झगड़ों के कारण

है। इसने हमारी मानसिकता को स्वस्थ होने का मौका नहीं दिया।

हिंदू-मुस्लिम एक दूसरे के खून के प्यासे भी हैं और एक दूसरे के मर जाने पर आंसू भी बहाते हैं। अब्बास जब बर्क साहब के मरने की खबर सैयदा को देता है तो सैयदा बहुत रोती है। हिंदू-मुस्लिम फसाद हो रहा है परंतु एक मुस्लिम औरत हिंदू की मोत पर गमगीन है।

लेखक साफ इशारा करता है कि आज़ादी के बाद से जो असंतोष का मौसम आया, अभी तक समाप्त नहीं हुआ। वह निकट भविष्य को लेकर भी दुविधा में है, चिंतित है। लेखक को चिंता है कि हमने हर चीज़ को नाम दे दिये हैं। उन्हें हिंदू-मुस्लिम बना दिया।

''नाम-नाम-नाम। वही कहानी बार-बार कही जा रही है कि घरों-मुहल्लों, दुकानों, बजारों के भी मज़हब होने लगे हैं। यह झोपड़-पट्टी हिंदू है, वह मुसलमान। यह दुकान हिंदू है, वह मुसलमान। यह खंजर हिंदू है, वह मुसलमान। यह लाश हिंदू है, वह मुसलमान।''[66]

इस सांप्रदायिकता ने अब्बास मसूवीं और सैयदा मसूवी जैसे सेक्यूलर लोगों की मानसिकता को भी प्रभावित किया। तभी तो सैयदा अपने लड़के माजिद और लड़की फात्मा के हिंदू से शादी करने की बात पर बिफर जाती है। उसे माजिद व संगीता की शादी से कोई परहेज नहीं परन्तु फात्मा को वह हिंदू के घर की बहू बनने को अस्वीकार कर देती है। बात इतनी बढ़ती है कि सैयदा घर छोड़कर चली जाती है। हद तो तब होती है जब यही किस्सा संगीता का पिता, विष्णु मेहरोत्रा, जिसके सर सेकुलरइज्म का खिताब बंधा है, दोहराता है 'बेटे की बात और है। वह चाहे जिसे ले आये पर बेटी को... सैयदा की इस बात को वह थोड़ा घुमाफिराकर कहता है। कहने का तात्पर्य है कि यहाँ आकर उनके सेक्यूलरिज़्म की कलई खुलती है और साथ ही सामाजिक जकड़न की भी, जो हमेशा उसे तोड़ने की बात करते हैं। जब बात अपने ऊपर आती है तो मामला जुदा हो जाता है। हमारे तथाकथित बुद्धिजीवियों और नेताओं की राही पोल खोल देते हैं। हमारे यहाँ धर्मनिरपेक्षता की जमीन बहुत कमज़ोर है यह न जाने हमें कब इस दलदल में फंसा दें। गुजरात, मुजफ़्फर नगर जैसे कांड इसके उदाहरण हैं। 2014 या उसके बाद होने वाले चुनाव धर्म के नाम पर ध्रुवीकरण करके ही जीते गए। तब लव जिहाद, पाकिस्तान और कब्रिस्तान, शमशान आदि मुद्दे इन पार्टियों के केंद्र में थे।

कहने का अर्थ है कि धर्मनिरपेक्षता कागज़ों और सेमिनारों तक तो बची रहती है और जब बात व्यवहार की आती है तो उसकी नींव हिलने लगती है। राही इसी ओर संकेत करते है। कि माजिद और संगीता तो इस साझा संस्कृति को प्रगाढ़ करना चाहते हैं परंतु हमारी पुरानी पीढ़ी की तंग सोच इसमें रूकावट बनती है। यानी हमारी

पुरानी पीढ़ी ने नई पीढ़ी को स्वस्थ मूल्य नहीं दिये हैं, वरना ये सांप्रदायिकता का ज़हर आज अपने इस रूप में न होता और जब माजिद–संगीता तथा रची–फात्मा के सपने चकनाचूर हो जाते हैं तो वे आत्महत्या कर लेते हैं। फिर मिलती है हमें उदासी, मायूसी और मिलते है असंतोष के दिन। देश में हो रहे दंगो के बारे में लेखक कोई भय महसूस नही करता, उसका कहना है—

''हिंदुस्तान में हिंदू–मुसलमान दंगे कोई पहली बार नही हो रहे हैं - शायद अखिरी बार भी नहीं हो रहे हैं।''[67]

राही की भविष्य दृष्टि मेरठ, मुरादाबाद, गुजरात और मुजफ़्फ़र नगर को देख रही थी। जब आदमी की पहचान ही उसकी मौत का कारण बनती है—''सरदार जी यह इस्लामी दाढ़ी छटवां डालो, नहीं तो मिशटेक में मारे जाओगे।''[68]...अब्बास इन दंगों में लिप्त लोगों की मानसिकता का नमूना पेश करता है-

''बलवा तो हिंदू–मुसलमान ही करवाया जाता है क्योंकि यहीं एक बलवा तीन घंटे के आगे चल सकता है।''[69]

जो लोग सारी ज़िंदगी इस सांप्रदायिकता से लड़ते रहे, वह भी इसमें मारे गये। अफसोस की कोई बात नहीं क्योंकि दंगाईयों के लिए ये बड़ी बात नहीं है। वह तो केवल हिंदू–मुसलमान को देखते हैं वैसे भी दंगाईयों का कोई धर्म नही होता, मानवीयता तो बिल्कुल नहीं, क्योंकि सभी धर्म इंसानियत के पक्षधर हैं।

राही हमें बताते हैं कि किस प्रकार कुछ छुटभैय्ये नेता इन्हीं दंगों के कारण बड़े नेता बन जाते हैं। दंगों के दौरान तो वह बड़े कट्टर होते हैं, परंतु अब नेतागिरी चलाने के लिए धर्मनिरपेक्षता का चोला ओढ़ लेते हैं। लेकिन उनकी आंतरिक सोच वहीं होती है। राही एक स्थान पर लिखते हैं—''मैं इस सरकार के खिलाफ नहीं हूँ कि इसकी पुलिस हिंदू–मुस्लिम झगड़ों में हिंदू और ब्राह्मण, ठाकुर और हरिजन झगड़ों में ब्राह्मण या ठाकुर हो जाती है। मैं इस सरकार के इसलिए खिलाफ हूँ कि यह सांप्रदायिकता को हवा देती हैं उससे फायदा उठाती है, प्रोनोट की तरह चुनावों में उसे भुनाती है।''[70]

उपन्यास के पात्र अब्बास द्वारा की गई यह टिप्पणी तत्कालिक राजनीति की पोल खोल देती है तथा वर्तमान राजनैतिक पार्टियों को सचेत करते हुए सांप्रदायिक नेताओं को आगाह भी करती है। वे सांप्रदायिक प्रवृत्तियों को परवान चढ़ाते हुए धर्म, जाति व क्षेत्र की आड़ लेकर सत्ता प्राप्त करते हैं। प्रत्येक राजनैतिक पार्टी मुस्लिमों की कमज़ोरी का फायदा उठाती है—'मुसलमान एक कटी हुई पतंग की तरह है जो सारे भारत में डगमगा रहा है और कटी हुई पतंग तो लूटी ही जाती है। जिसके हाथ जितनी डोर लग जाए।' यहाँ भी राही की भविष्य दृष्टि देख रही थी कि आने वाले समय में धर्म और नफरत की यह राजनीति बढ़ती जायेगी। मुसलमानों का तुष्टिकरण

बढ़ता जायेगा तथा हर पार्टी उसे इस्तेमाल करना चाहेगी। विकास को छोड़कर यही सारे मुद्दे राजनीति में घर कर जायेंगे। बाद में ऐसा ही होता गया और चुनाव इन्हीं मुद्दों पर आकर सिमट गया।

राही स्पष्ट तौर पर कहना चाहते हैं कि यहाँ जनसंख्या के एक बड़े हिस्से की पहचान धर्म के नाम पर होती है न कि भारतीयता के आधार पर। कोई भी देश जनसंख्या के बड़े हिस्से को अलग-थलग करके तरक्की नहीं कर सकता। भारत अगर इस समस्या से मुक्त होता तो, शायद आज वह दुनिया के सबसे सफलतम देशों में शुमार किया जाता है। राही मानते हैं कि सांप्रदायिकता दंगों में हिंदू-मुसलमान नहीं बल्कि इंसान मरता है—

''हिंदू चला गया, न मुसलमां चला गया
ईसा की जुस्तजू में मूक इंसा चला गया।''
''वह हिंदोस्तां नहीं है

x x x

वह मुर्दा बस्तियों का एक कब्रिस्तान है
अब वह एक शमशान है अब।''[71]

और जब 31 अक्टूबर 1984 को इंदिरा गाँधी की हत्या हुई, तो दिल्ली में एक बार फिर सन् 47 दोहराया गया और पूरे हिंदूस्तान में असंतोष का वातावरण छा गया—अंधेरा...

ज़िन्दा जलाए जाते हुए इंसान, हत्या, लूटमार मौसम की फिजा बन गई। असंतोष का एक पार्ट अभी खत्म भी नहीं हुआ था कि दूसरा शुरू हो गया। राही की मृत्यु के बाद भी ये अध्याय गुजरात, मुज़फ़्फर नगर व सांप्रदायिक दंगों या अन्य किसी न किसी रूप में चलता जा रहा है और आने वाले समय में ये अध्याय बंद हो जायें इसकी कोई गारंटी नहीं।

डॉ. कुंवरपाल सिंह लिखते हैं 'असंतोष के दिन' में देश में फैली सांप्रदायिकता को अभिव्यक्ति प्रदान की है। ये उपन्यास सांप्रदायिक तनाव की चिंता में लिखा गया है। यह तनाव अब तक का गंभीर तनाव है। एक और दिल्ली में हिंदू-सिख व हिंदू-मुस्लिम तनाव है तो दूसरी ओर मेरठ, अहमदाबाद में सांप्रदायिक तनाव। देश के अनेक भागों में ये सांप्रदायिक तनाव खतरनाक रूप धारण करते हैं और इन्हीं खतरों की ओर राही ने सर्जनात्मक रूप से ध्यान आकर्षित किया है।.... राही ने अपनी पूरी रचना में संकीर्णता और सांप्रदायिकता को विस्तृत पटल पर चित्रित किया है। यह सांप्रदायिकता देश के प्रधानमंत्री की हत्या करती है, इतिहास में पहली बार हिंदू-सिख दंगे होते हैं। जहाँ देश पहले ही विभाजन की त्रास्दी को झेल चुका है, वहाँ पुनः समाज बंटवारे के कगार पर पहुँच गया है। राही जैसे ईमादार संवेदनशील और

पूरे हिंदुस्तानी लेखक परेशान, हैरान और असंतुष्ट है और उनकी कलम से 'असंतोष के दिन' का सृजन होता है।''[72] इस प्रकार की वीभत्स परिस्थितियों में भी जहाँ चारों ओर अंधेरा और घृणा व्याप्त है, वहाँ राही हिंदुस्तानी मूल्यों की समा जलाकर इसानीयत के सबसे बड़े पैरोकार बन हिंदुस्तानीयत की राह आसान बनाते है।

संदर्भ ग्रंथ

1. परमानन्द श्रीवास्तव, उपन्यास का यथार्थ और रचनात्मक भाषा, भूमिका
2. डॉ. रेहाना रिज़वी, प्रेमचंद (कुछ विचार), राही मासूम रज़ा का रचना संचार, पृ.38
3. डॉ. रेहाना रिज़वी, (सुबह नौ), राही मासूम रज़ा का रचना संसार, पृ. 38
4. अभिनव कदम, राही विशेषांक, पृ. 206
5. वही, पृत्र 477
6. वही, पृ. 477
7. राही, आधा गाँव, पृ. 11
8. वही, पृ. 302
9. वही, पृ. 112
10. वही, पृ.459
11. कुंवरपाल सिंह, राही मासूम रज़ा, पृ.41
12. वही, पृ.41
13. राही, आधा गाँव, पृ. 297
14. वही, पृ. 262
15. वही, पृ.263
16. वही, पृ. 303, भूमिका
17. वही, पृ. 295
18. वही, पृ. 296
19. वही, पृ. 65
20. वही, पृ. 355
21. कुंवरपाल सिंह, राही मासूम रज़ा, पृ. 39
22. राही, आधा गाँव, पृ. 352
23. राही, टोपी शुक्ला, भूमिका
24. वही, भूमिका
25. वही, पृ.13
26. वही, भूमिका
27. वही, पृ. 27
28. वही, पृ. 38
29. वही, पृ. 43
30. वही, पृ. 70
31. वही, पृ. 31
32. वही, पृ. 54
33. रेहाना रिज़वी, राही मासूम रज़ा का रचना संसार, पृ. 123

34. राही मासूम रज़ा, टोपी शुक्ला, पृ. 90
35. रेहाना रिज़वी राही मासूम रज़ा का रचन संसार, पृ. 49
36. राही मासूम रज़ा, हिम्मत जौनपुरी, पृ. 17
37. रेहाना रिज़वी, राही मासूम रज़ा का रचना संसार, पृ. 50
38. राही मासूम रज़ा, हिम्मत जौनपुरी, पृ. 115
39. वही, पृ. 117
40. वही, पृ. 125
41. कुंवरपाल सिंह, राही मासूम रज़ा, पृ. 19
42. राही, मासूम रज़ा, ओस की बूंद, पृ. 23
43. डॉ0 कुंवरपाल सिंह, राही और उनका रचना संसार, पृ. 190
44. अभिनव कदम, राही विशेषांक, पृ. 304
45. राही मासूम रज़ा, ओस की बूंद, पृ. 42
46. वही, पृ. 42
47. वही, पृ. 81
48. डॉ. कुंवरपाल सिंह, राही मासूम रज़ा का रचना संसार, पृ. 20
49. राही, मासूम रज़ा, दिल एक सादा कागज, पृ. 12
50. वही, पृ. 15
51. वही, पृ. 43
52. रेहाना रिज़वी, राही मासूम का रचना संसार, पृ. 57
53. वही, पृ. 92
54. वही, पृ. 238
55. वही, पृ. 238
56. कुंवरपाल सिंह, राही मासूम रज़ा, पृ. 20
57. राही मासूम रज़ा, सीन 75, पृ. ?
58 अभिनव कदम, राही विशेषांक, पृ. 425
59. राही मासूम रज़ा, कटरा बी आर्ज़ू, भूमिका
60. वही, पृ. 153
61. राही मासूम रज़ा, कटरा बी आर्ज़ू, पृ. 105
62. संजय राय, अभिनव कदम, राही विशेषांक, पृ. 459
63. रेहाना रिज़वी, राही मासूम रज़ा का रचना संसार, पृ. 72
64. कुंवरपाल सिंह, राही मासूम रज़ा, पृ. 21
65. रेहाना रिज़वी, राही मासूम रज़ा का रचना संसार, पृ. 93
66. वही, पृ. 96
67. राही मासूम रज़ा, असंतोष के दिन, पृ. 24
68. वही, पृ. 25
69. वही, पृ. 29
70. वही, पृ. 40-41
71. वही, पृ. 51
72. डॉ. कुंवरपाल सिंह, राही मासूम रज़ा, पृ. 21

तृतीय अध्याय

हिंदुस्तानी संस्कृति का आईना है राही की कविता

राही मूलतः कथाकार के रूप में प्रसिद्ध है। उसका कारण शायद यह है कि उन्होंने प्रत्यक्षतः कोई भी काव्य रचना हिंदी में नहीं की, बल्कि वे मूलतः उर्दू से अनुवाद या लियांतर की गई है। अतः वे हिंदी काव्य जगत में कम चर्चित ही रहे। वैसे राही एक ऐसे रचनाकार हैं जिन्होंने उर्दू भाषा को हिंदी से अलग स्वीकार नहीं किया। वे हमेशा उर्दू को हिंदी का एक रूप मानते रहे। वे मानते थे कि उर्दू को देवनागरी में लिखने से उसका विकास भी होगा तथा भाषायी विभेद भी कम होगा। राही हिंदी-उर्दू को सबसे निकट की भाषायें मानते थे, लेकिन भाषायी राजनीति के कारण इनका अंतर बढ़ता गया। उनका मानना था कि जिस प्रकार धर्म और संस्कृति का घालमेल देश के लिए गंभीर खतरा है उसी प्रकार हिंदी-उर्दू भाषागत राजनीति दोनों भाषाओं के लिए हानिकारक है। राही हिंदी को उर्दू की बड़ी बहन मानते थे, अब सोचिए कि सगी बहनों को कैसे अलग किया जा सकता है। और अगर इसे अलग करने की कोशिश की गई तो यह सामाजिक ताने-बाने को अवश्य प्रभावित करेगा, क्योंकि ये सिर्फ एक राजनैतिक खेल था। जिसमें उर्दू हिंदी प्रेम सिर्फ दिखावा था। कुछ लोग भाषा का सांप्रदायिकीकरण करके अपना स्वार्थ साधना चाहते थे। राही इस भाषायी तुष्टिकरण को समझ रहे थे और लगातार अपना विरोध दर्ज करा रहे थे। राही उर्दू-हिंदी के विभेद के लिए सदा प्रयत्नशील रहे। वे जीवनभर दोनों भाषाओं की दूरी कम करने के लिए प्रयास करते रहे। राही का लेखन इसका प्रत्यक्ष प्रमाण है। राही का साहित्य पढ़कर आप ये अंदाज़ा लगा सकते हैं कि दोनों भाषाओं में केवल लिपि का अंतर है। राही जब उर्दू में शायरी करते हैं तो हिंदू धर्म के मिथकों (सरजू, शिव, पार्वती, महादेव, गंगा, सीता, गोमती) आदि प्रतीकों का प्रयोग धड़लले से करते हैं। वही हिंदी में लिखे उपन्यासों में मुहर्रम और इस्लामी प्रतीकों का प्रयोग करके एक प्रकार से हिंदुस्तानी संस्कृति, जिसका आधार समन्वय है, उसी साझी विरासत को ही प्रगाढ़ करते है। राही के दौर में जब लेखक विदेशी शैली से प्रभावित हो रहे थे, राही इससे प्रभावित हुए बिना ठेठ हिन्दुस्तानी बिंब, प्रतीक एवं शैली को ही अपनाएँ

रहे। क्रांतिकथा के इन पंक्तियों को देखिये—

जौनपुर भी ऐंठ रहा था, घूर रहा था बलिया
इस बस्ती की कजरी जागी, उस नगरी का बिरहा
ग़ाज़ीपुर की खुशबू चौंकी, आज़मगढ़ का चरखा
बक्सर के मैदान में आया, लोर सम्हाले आरा,
छपरा ने भी बातें समझी, अपने दिल की धड़कन की।
सुनो भाईयों, सुनो भाइयों, कथा सुनो सत्तावन की''

हिंदुस्तानी रंग और राही मासूम रज़ा की शायरी

राही की कविताओं में भारतीय परिवेश विस्तृत रूप में घुला-मिला है। इनकी कविताओं में नया रंग, नयी समस्याएँ तथा नयी शैली दिखाई पड़ती है। राही काव्य में सामाजिक, राजनैतिक तथा सांस्कृतिक प्रश्न उभरकर सामने आते हैं। व्यक्ति से यात्रा करती हुई कविता गाँव, शहर तथा देश तक पहुँचती हैं। यानी राही की चिंताएँ बहुत व्यापक हैं। राही की कविता जीवन की सच्चाईयों से रूबरू कराती हैं। उसकी जटिलता का बोध कराकर जीवन की समस्याओं का समाधान खोजने की वकालत करती है। राही कविता और जीवन को एक रूप मानते हैं। एक रूप का तात्पर्य है कि राही का व्यक्तित्व उनके काव्य में घुल-मिल गया है। उनके जीवन में जो भी मधुर और कटु अनुभव आए, उन सभी का चित्रण उनके काव्य में उपस्थित है। उनके जीवन, काव्य और व्यक्तित्व को अलग करके नहीं देखा जा सकता। इन पंक्तियों में जो दर्द है वह इस बात की गवाही देता है—

''अजनबी शहर के अजनबी रास्ते,
मेरी तन्हाई पर मुस्कराते रहे

x x x

ज़हर मिलता रहा, ज़हर पीते रहे
रोज़ मरते रहे, रोज़ जीते रहे

x x x

ज़ख़्म जब भी कोई मेरे दिल पर लगा
ज़िंदगी की तरफ एक दरीचा खुला।
गोया हम भी किसी साज़ के तार हैं,
चोट खाते रहे, गुनगुनाते रहे।''[1]

राही के व्यक्तित्व में बचपन से ही काव्य-प्रतिभा का संस्कार था। राही के सांस्कृतिक माहौल ने उन्हें कला प्रेमी बना दिया था। पारिवारिक परिवेश के कारण धार्मिक संस्कार भी राही को मिले। अतः उनकी बचपन की कविताओं में आध्यात्मिक

भावना का पुट दिखाई पड़ता है। अगर देखा जाए तो मुहर्रम से राही दूर तक प्रभावित रहे। उनकी कविताओं का प्रस्फुटन भी इसी कारण हुआ।

राही के घरवालों का कहना है कि उनकी आवाज़ बहुत दर्द भरी थी। वे नौहों की अच्छी धुनें भी सेट किया करते थे। जब मोहर्रम में ग़ाज़ीपुर आते थे तो अपनी बहनों को नये नौहों और उनकी धुनों का अभ्यास कराते थे। बचपन में राही नौहें लिखकर उसकी धुन भी तैयार करते थे। जिन्हें मजलिस में पढ़ा जाता था। यहीं से शायद उनकी शायरी की शुरुआत हुई होगी–

''ये बज़्मे गमे शै है अश्कों की घटा छाए
दिल धड़के तो यूँ घड़के मातम की सदा आए।
बच्चे को लिए हाथ में क्या माँग रहे हैं,
नाना की रिसालत का सिला माँग रहे हैं।''[2]

बचपन में की गई शायरी में दर्द और सच्ची भावना साफ झलकती हैं। उसी प्रकार उनके शेर और गज़लों में ताज़गी है, एक ऐसी मिठास है जो दिल के अन्दर तक चली जाती है। राही जब अलीगढ़ में थे तो उनकी एक प्रसिद्ध गज़ल 'अजनबी शहर के अजनबी रास्ते' को बहुत वाह-वाही मिली। उसके बोल लोगों की ज़बान पर चढ़ गए थे। राही की गज़ल मानो 'कागज़ पे रख दिया कलेजा निकाल के' लोगों की आम धारणा यही थी और वो इसका महफिलों में ज़िक्र करते थे। मजाज़ के बाद राही मासूम रज़ा ही इकलौते है, जिनके नाज़ व नखरे अलीगढ़ ने उठाए, अलीगढ़ के लोग अक्सर ऐसा कहते हैं। राही को उस समय के प्रसिद्ध शायर खलीलउर रहमान आज़मी, शहरयार, जज़्बी साहब, वामिक जौनपुरी तथा डॉ. मुजीबुर रहमान आदि का सानिध्य प्राप्त हुआ। उनके दोस्त कुंवर पाल सिंह तो उनके साथ होते ही थे। इसके अतिरिक्त उस समय के अक्सर बुद्धिजीवियों से उनके संबंध थे।

राही अपने आरंभिक दौर में 'फसाना' तथा 'कारवां' पत्रिका में नज़्में और लेख लिखा करते थे। डॉ. एजाज़ हुसैन 'कारवां' के संपादक थे। उस समय राही 'शाहिद अख्तर' के नाम से लिखते थे। उसी समय की एक प्रसिद्ध नज़्म है' 'हिंदोस्तां की मुकद्दस ज़मीं, जैसे मेले में तन्हा हो एक नाज़नी''। राही हिंदुस्तान को सबसे न्यारा मानते हैं। उनके देश-प्रेम का गवाह उनका पूरा साहित्य है।

भारत का विभाजन हो चुका था तथा विभाजन की त्रासदी के प्रभाव से पूरा देश त्रस्त था। लेखक और बुद्धिजीवी इससे गहरे सदमे में थे। देश विभाजन से बहुत नुकसान हो चुका था और रही-सही कसर सत्ता लोभी अयोग्य हाथों में बागडोर आने से पूरी हो गई। विभाजन के बाद सांप्रदायिकता का ज़हर देश भर में फैल चुका था। इससे राही का मन बेचैन था, मन में जो आग थी, वह साहित्य के रूप में निकल रही थी। ये वही समय है जब वो अलीगढ़ आये थे। एम.ए. में प्रवेश लेने से पूर्व ही

राही के कई काव्य संग्रह उर्दू में प्रकाशित हो चुके थे जैस—'रक्सेमय', 'मोजे सबा', 'नया साल', 'अजनबी शहर अजनबी रास्ते' आदि। तत्कालीन समय राही के जीवन का महत्त्वपूर्ण काल था।

इस प्रकार अलीगढ़ पहुँचने से पहले ही राही एक उर्दू शायर के तौर पर जाने जाते थे। फिर अलीगढ़ का साहित्यिक वातावरण उन्हें और भी परिपक्व कर रहा था। राही के पास ज्ञान का अथाह भंडार था। किसी भी विषय पर वे लंबी बहस कर सकते थे। हर पहलू पर उनकी पकड़ होती थी। हार मानना तो उन्होंने सीखा ही नहीं था। इनके अन्दर पायी जाने वाली इगो उनके म्यार को ऊँचा रखती है, हाँ उन्होंने कभी इगो को अहम नहीं बनने दिया। खुद्दारी राही के अन्दर कूट-कूट के भरी थी और यही खुद्दारी उन्हें औरों से अलग बनाती है।

राही समय की नब्ज़ को पकड़ने का माद्दा रखते हैं। वह दूरद्रष्टा हैं। उन्हें अपने अतीत से लगाव है, वर्तमान की उन्हें समझ है तथा भविष्य पर उनकी निगाहें टिकी हैं-

"प्यास जीने की अलामत है, बुझा लें कैसे,
हमने यह ख्वाब न देखे हैं, न दिखलाये हैं।
हाँ उन्हीं लोगों से दुनिया में शिकायत है हमें,
हाँ वही लोग जो अक्सर हमें याद आये हैं।"[3]

राही की कविताओं की बुनियादी लय उदासी है। शायरी में इतनी संवेदनशीलता और भावुकता तभी आ सकती है जब शायर ने विरह, उदास व तन्हाई आदि को स्वयं जिया हो। तभी तो उनका व्यक्तित्व हमेशा उनके काव्य को प्रभावित करता रहा-

"हम भी जुगनू की तरह सहरा में,
शाम होती है तो जल जाते हैं।"

जिस प्रकार राही ने कभी हिम्मत नहीं हारी, उसी प्रकार उनकी शायरी में उम्मीद की लौ लगातार जलती रहती हैं—

"सख्त हालात के तेज़ तूफान में, घिर गया था हमारा जुनूने वफा,
वो चिराग़े तमन्ना बुझाता रहा, हम चिराग़े तमन्ना जलाते रहे।"

राही ने अपने जीवन में जो कुछ कहा उसे उनके व्यक्तित्व से अलग नहीं कर सकते। राही की प्रारंभिक कविताएँ रचनाकार के निजी जीवन के सुख-दुख उसके उतार-चढ़ाव की कहानी बयाँ करती हैं। इन कविताओं में राही का अतीत से लगाव बार-बार दिखाई पड़ता है—

"ऐ मेरे शहर, गुलाबों के वतन, मेरे चमन
लौट आया हूँ मैं फिर मौत के वीरानों से,
फिर कोई शेर, कोई नज़्म पुकारे मुझको
फिर मैं अफसाने बनाऊं तेरे अफसानों से।"[4]

कुछ इसी प्रकार की उनकी एक लंबी कविता है जो बाद में काफी चर्चित रही है। कविता में अतीत मोह तो बार-बार आता है, परंतु तत्कालीन समाज और ओछी राजनीति करने वालों पर गहरे व्यंग्य को पकड़ा जा सकता है। कविता जैसे-जैसे आगे बढ़ती है व्यंग्य की धार पैनी होने लगती है—

''आओ कुछ देर इसी शहरे-तमन्ना की कहें और सुनें
जिसका दीवाना हूँ मैं आज तलक
वो मेरी तश्ना लंबी की जन्नत''

x x x

''मैं तो पत्थर था
मुझे फेंक दिया, ठीक किया
आज उस शहर में शीशे के मकां कैसे हैं''[5]

कविता में व्यंग्य का अपना एक मकाम रहा है, परंतु अफसोस इस बात का है कि, राही के इस पहलू की ओर ईशारा न तो उर्दू वालों ने किया और न ही हिंदी वालों की दृष्टि इस ओर गई। जबकि वास्तविकता यह है कि राही के अंदाज़ में ही एक व्यंग्य है, जिसकी चोट घनी और गहरी होती है। राही जब कुछ लिखते हैं, तो बेझिझक, उन्होंने जो भी कहा डंके की चोट पर कहा। चाहे बात राजनीति की हो या फिर धर्म की—

''अपने अल्लाह को बाज़ारों में
लोग सिक्के की तरह अब भी चलाते होंगे
चेहरों पे डाले अपनी नमाज़ों का नकाब
अपनी हर जेब में दुश्नाम के पत्थर लेकर
लोग मस्जिद से निकलते होंगे
संग सारो के लिए ढूँढने दीवाना कोई
कौन इस शहर में दीवाना हुआ मेरे बाद।''[6]

राही अपनी शायरी में कभी-कभी तन्हा रह जाते हैं, परंतु भारतीय संस्कृति उनसे कभी पृथक नहीं होती। उन्होंने कभी अपने विरोधियों की चिंता नहीं की जबकि उनके बहुत विरोधी हो गये थे। राही को सच कहने से कोई नहीं रोक सकता था और ऐसा कहते समय उनका स्वर और भी तीखा हो जाता है। वे ललकार कर कहते हैं कि तुम उस गंगाजल का क्या करोगे जो मेरी नसों में लहू बनकर दौड़ रहा है? वह भगवान महोदव को जटा से निकला है। शिव ने जिस गंगा को अपनी जटाओं में उतारा था, राही ने उसे अपने बदन में उतार लिया। राही में अपनी संस्कृति और देश प्रेमी होने का अहसास कितना तीखा है—

''मेरा नाम मुसलमानों जैसा है

मुझको कत्ल करो और मेरे घर में आग लगा दो।
लेकिन मेरी रग-रग में गंगा का पानी दौड़ रहा है
मेरे लहू से चुल्लू भर कर महादेव के मुँह पर फेंको
और उस जोगी से यह कह दो'
महादेव
अब इस गंगा को वापस ले लो
यह ज़लील तुर्कों के बदन में गाड़ा गर्म लहू बनकर दौड़ रही है।''[7]

राही की दिलेरी और बेबाकी देखने लायक है। उनकी वस्तुन्मुखता पैनी व धारदार है। उनका यह पैनापन, तेवर बनकर तीखे अहसास के साथ चुभता चला जाता है। सांप्रदायिकता को चुनौती देने वाली यह कविता राही को सच्चे अर्थों में भारतीय घोषित करती है। हिंदुस्तान की धरती के प्रति जो श्रद्धा और दीवानगी की हद तक लगाव राही को है उसकी मिसाल ढूँढना मुश्किल है। उनके इस प्रेम को शब्दों में व्यक्त नहीं किया जा सकता। उनकी कविताओं में बार-बार गाज़ीपुर व गंगौली शब्द इसी भाव को इंगित करते हैं।

''मुझे ले जाकर ग़ाज़ीपुर की गंगा में सुला देना।
वो मेरी माँ है,मेरे बदन का ज़हर पी लेगी।

राही को भारत के ज़र्रे-ज़र्रे से प्रेम है। वह केवल ग़ाजीपुर या गंगा तक सीमित नहीं है। राही 'वसीयत' नामक कविता में मौत के बाद की वसीयत कुछ इस तरह करते हैं—

''मगर शायद वतन से दूर मौत आये, तो मेरी यह वसीयत है
अगर उस शहर में छोटी सी इक नदी बहती हो
तो मुझको उसकी गोदी में सुलाकर उससे यह कह दो
कि यह गंगा का बेटा आज से तेरे हवाले है
वो नदी भी मेरी माँ है, मेरी गंगा की तरह मेरे बदन का ज़हर पी लेगी।''[8]

राही भारतीय संस्कृति के प्रेमी थे। कारण जो भी हो लेकिन उनका यह विश्वास बड़ा गहरा था, कि धर्मों की अनेकता के बावजूद भारत में रहने वाले व्यक्ति की संस्कृति भारतीय ही हो सकती है। आधुनिक हिंदी कवियों ने भारत माता के अनेक चित्र प्रस्तुत किये हैं लेकिन 'बावन बच्चों की माँ, फिर भी जवां' वाला रूप केवल राही ही देख सके। जिसके बावन करोड़ बच्चों हों, उस माँ के गर्व पर कवि इतराता है। धार्मिक अनेकता में सांस्कृतिक एकता की अनुभूति उन्होंने अन्तर्मन से की हैं। राही जैसे लेखक के लिए भारत और भारतीयता ही सब कुछ थी। उनकी एक और कविता 'रूपरेखा' से कुछ इसी प्रकार की अनुभूति होती है –

''कौन है ये

जो बरगद के मीठे साये में बैठ के माथा पोंछ रही है ?
गंगा की तनज़ेब का कुर्ता
और इस पानी से कुरते में गोमती और सर्जू की कलियाँ दामन पर...
देहातों के फूल कढ़े हैं।''[9]

राही ने कविता के लिए जो प्रतीक गढ़े, वो नितांत भारतीय हैं। बरगद परंपरा का प्रतीक है। भारत को रूपायित करने वाली श्रमशील समृद्ध परंपरा, गंगा, गोमती, और सर्यू जैसे ठेठ भारतीय प्रतीक राही जैसा संस्कृति प्रेमी ही बना सकता है। इस दौर में जब हिंदी के अनेक नये कवियों अज्ञेय व भारती जैसों पर पश्चिमी प्रभाव पड़ रहा था, वहाँ राही एक ठेठ भारतीय कवि के रूप में हमारे सामने आते हैं।

राही मानते हैं तौर अंग्रेज़ों ने भारतीय संस्कृति को बदलने का बहुत प्रयास किया और उसमें वे कुछ हद तक कामयाब भी रहें। राही संस्कृति के द्वैत को नकारते हैं। उनका मानना [illegible] संस्कृति, संस्कृति होती [illegible] हिंदू व मुसलमान नहीं। उनकी नज़र [illegible] देश में धर्म तो बहुत हो सकते हैं लेकिन संस्कृति बुनियादी तौर पर एक ही होती है। राही सांस्कृतिक धरातल पर ही नहीं, भाषायी धरातल पर भी एकता के पक्षधर थे। इस को राही ने व्यवहारिक तौर पर अपनाया भी। उनका साहित्य हिंदू–उर्दू के भेद को मिटा देता है। राही भाषा की सरलता और सहजता में विश्वास रखते थे। कविता करते समय जो शब्द उनकी लय तथा स्वभाव से मेल खाते वह उन्हें ही प्रयोग करते थे। चाहे वे हिंदी हो या उर्दू। ''मैं एक फेरीवाला'' संग्रह की भूमिका में उन्होंने लिखा है—

''मैं इस संग्रह के साथ आपको कोई शब्द कोश नहीं दे रहा हूँ। क्यों दूं?''

कितना विश्वास और आत्मीयता है राही के इस वाक्य में। असल में राही आम–फहम भाषा के पक्षधर थे। ऐसी भाषा जो आसानी से समझ आ सके तथा जिसे अधिक लोग बोल और समझ सकते हों। राही आम हिंदी को ऐसी भाषा मानते हैं। वह उर्दू को हमेशा देवनागरी में लिखने की वकालत करते रहे।

राही का युग धर्म एवं राजनीति को एक ही नज़रिये से देख रहा था। देश विभाजन की त्रासदी इसी घिनौनी सोच का दुष्परिणाम थी। परंतु राही धर्म और राजनीति को अलग–अलग करके देखते हैं। राही उन स्वार्थी, अवसरवादी लोगों से समाज को सचेत करते रहे। वे मानते हैं कि—''भारत में रहने वाला हर आदमी चाहे वह किसी भी धर्म का क्यों न हो, उसकी जड़ें भारतीय ही हैं। उसकी संस्कृति भारतीय ही हो सकती है। बाहर से लिए गये सांस्कृतिक तत्व चाहे वह लिपि हो या उपमाए, चाहे वे इस्लाम के नाम पर ली जायें या किसी और नाम पर वे कविता के सही उपकरण नही बन सकते क्योंकि उर्दू और हिंदी वस्तुत: दो अलग जबानें नहीं हैं।''[10]

राही की दृष्टि भविष्य पर पैनी नज़र रखती है। राही देश में बढ़ती जा रही अलगाववाद व धर्म के नाम पर होने वाली राजनीति से चिंतित थे। आज भारतीय

राजनीति में धर्म अपनी पकड़ बनाता जा रहा है। धर्मों को विदेशी मानकर उसके अनुयायियों को विदेशी कहा जा रहा है। यह ख्याल हमारी राष्ट्रीय एकता के लिए घातक सिद्ध हो रहा है। राही की पारखी नज़र इस बात को देख रही थी, तभी तो उनकी कविताओं में इस्लामिक प्रतीक न के बराबर है। उन्होंने शंकर, पार्वती, राम, कृष्ण, राधा, गोपी को अपना प्रतीक चुना। उन्हें दज़ला व सफा-मरवा की पहाड़ियाँ मन नहीं चढ़ती उन्हें अपने देश में बहने वाली गंगा से प्रेम है।' उनकी आशा हिमालय की चोटी को छूना चाहती हैं।

"माखन नहीं किसी मटके में, माखन कौन चुराये।
कृष्ण गया परदेस तो कोई क्या पायल खन काये,
नीलमनी की आस में राधा बैठी दीप जलाये,
कौन कन्हैया जमुना तट पर बंसी आज बजाये।" (क्रांति कथा)

राही की शायरी में अनुभूति की सच्चाई, मनोवेगों का ज्वार और भावों का प्रवाह शब्द-शब्द से टपकता है। उनका हृदय अपनी भावुक विरह व्यथा और कल्पना को काव्य में प्रकट करता है। राही की कविता में अनुभूति का मर्मस्पर्शी प्रभाव मिलता है। ऐसा प्रभाव जो मन में हिलकोरे मचा देता है और साथ ही ऐसे लोगों पर व्यंग्य भी करता है, जो प्रेम को बहुत हल्के और सतही रूप में लेते हैं।- मैं एक फेरीवाला में संकलित यह पंक्तियाँ देखिये—

"कोई तुमसे अगर पूछे
कि ये अशआर किसके हैं
तो मेरा नाम मत लेना
तुम्हें क्या इल्म इसका
कौन हूँ मैं
क्योंकि तुमने तो किताबों की
किसी दुकान तक
जाकर ये मजमूआ खरीदा है
कभी तुमने
तो इतना भी नहीं सोचा
वो खूने दिल
दुकानों पर नही मिलता
तुम्हारे वास्ते
जिस खूने दिल से शेर लिखता हूँ।"[11]

राही के काव्य में प्रेम, विरह, सुख-दुख, संयोग-वियोग का सामंजस्य है। अतः उनकी कविता भावात्मकता से ओत-प्रोत है। राही मानते हैं कि मेरी शायरी

हिज्र, प्यास और तन्हाई की शायरी है। और इसी कारण उनकी इमेज उर्दू के अन्य प्रगतिशील कवियों से अलग है—

''हमपे जो बीती, वो बीती मगर ए जाने बहार
खूने-दिल भूल गये, रंगे हिना याद रहा।
शोर करती ही रही हिज्र के सहरा में समूम
फिर भी लहजा तेरा ऐ बादे सबा याद रहा।।''[12]

राही की कविता में उनके व्यक्तित्व की छाप जगह-जगह दिखाई देती है। वे अपनी बात को अनोखे ढंग से कहते हैं। राही की खुद्दारी, उनका म्यार तथा आत्म सम्मान उनके काव्य में स्थान-स्थान पर परिलक्षित होता है -

''हम खून-ए-जिगर लेकर बाज़ार में आए हैं,
क्या दाम लगाएंगे, लफ़्जों की दुकां वाले।''[13]

राही में यह हिम्मत उनके आत्मविश्वास और खुद्दारी के कारण आती। राही बहुत साफगोई बरतने वाले रचनाकर हैं। उन्होंने कभी किसी की चाटुकारिता नही की। उनके लिए आत्म सम्मान बहुत बड़ी बात थी। उन्होंने कभी किसी के सामने झुककर बात नहीं की हालांकि इसका नुकसान भी उन्हें उठाना पड़ा। परंतु राही जैसे ईमानदार लेखक के लिए यह ज़रूरी था। राही का पूरा जीवन आईने की तरह साफ और बेदाग है। उनका काव्य भी उसकी वकालत करता नज़र आता है। राही को किसी से कोई लाग-लपेट नहीं है। तभी तो वह कबीर की तरह खरी-खरी कहने की हिम्मत रखता है—

''बहुत मीठे न रहना उस नगर में
ज़रा तुर्शी भी खुद में घोल लेना
गिरह भूले से कोई खोल लेना
कभी इक आध सच भी बोल लेना।''[14]

राही का काव्य अपनी मुहब्बत की नाकामयाबी को लेकर आंसू बहाता है तो अपने यारों और दोस्तों की बेवफाई पर पीड़ा से कराहता है तथा दुनिया के हालात को लेकर शिकायत भी करता है। राही के गीतों में, नज़्मों में गंभीरता भरी पड़ी है। 'आँखें' नामक कविता जो 'मैं एक फेरी वाला' संग्रह में संकलित है, राही लिखते हैं—

''तेरी आंखें हैं ख्यालों के दहकते हुए लब,
कोई आहट कोई आवाज़ नहीं
फिर भी एक लहजे का जादू भी है अंदाज़ भी है,
कितने पैगाम चले आते हैं।''

राही मासूम रज़ा अपनी जीवन यात्रा में अनेक संघर्षों और मानसिक तनाव से जूझते रहे, परंतु यह देखकर सुखद आश्चर्य होता है कि उन्होंने कभी हार नहीं मानी।

उनके काव्य में अतीत की जो प्रतिध्वनियाँ देखने को मिलती हैं, उनके द्वारा राही की मनोस्थिति को समझा जा सकता है। 'मैं एक फेरी वाला' में जो मानसिक तनाव, पीड़ा, प्यास, तन्हाई तथा विरह-वेदना देखने को मिलती है वह बीते जीवन की कहानी बयान करती है—

"आंसू क्या है? ग़म की आग में पिघली हुई शख्सीयत है जो,
कतरा-कतरा बह जाती है
इस जीने के हाथों में क्या-क्या सहते हैं
अपनी प्यास बुझाने को हम खुद आंसू बनकर बहते हैं।

x x x

कोई किसी का दर्द न जाने
कोई किसी की बात न माने।"[15]

राही संसार में मतलब परस्त या मौकापरस्त लोगों की तुच्छ सोच की ओर भी संकेत करते हैं। ज़ाहिर है राही का सामना भी ऐसे बहुत से लोगों से हुआ होगा। एक ऐसा अनुभव राही के यहाँ कुछ इस तरह अभिव्यक्त हुआ है—

'ये लोग जो मिलते हैं अजनबी की तरह
ये लोग खुद कभी मेरे करीब आये थे।'

जहाँ एक ओर कवि की दुखदायी स्थिति अंकित है, वहाँ दूसरी ओर जीजिविषा की भावना है, जो नि:संदेह दुख व करूणा से उभारने का काम करती है। 'अकेले दुकेले शेर' शीर्षक कविता दृष्टव्य है-

"बड़े गज़ब का अंधेरा था दिल की राहों में,
जलें हैं खुद तो ये परछाइयाँ निकाली हैं।
सर हमारा कहीं नहीं झुकता,
हमने ये रस्म उठा दी है।"

वास्तव में यहीं राही का जीवन था, उन्होंने कभी झुकना सीखा ही नहीं। वहीं अंदाज़े बयाँ कविता में परिलक्षित है। राही उन साहित्यकारों में से एक थे जिनके पास कहने को बहुत कुछ होता है। उनके सरोकार ऐसे थे जो कभी एग्जास्ट नहीं हो सकते, इसीलिए राही ताउम्र अपने सरोकारों और कमिटमेंट्स से जुड़े रहे। मगर शायरी में यही कमिटमेंट दूसरे प्रगतिशील लेखकों के मुकाबले बिल्कुल नये अंदाज़ में खालिस रचनात्मक स्तर पर व्यक्त हुए हैं। जो लोग उन पर सपाट बयानी का इल्ज़ाम लगाते हैं उन्होंने राही को ठीक ढंग से पढ़ा नहीं है। दरअसल राही उर्दू के उन शायरों में से एक थे जिन्होंने शुरू से ही नयी और ताज़ा हवा के दरीचे अपने ऊपर खुल रखे। उनके साथियों में खलीलुर्रहमान आज़मी जैसे प्रगतिशील लेखक और शायर थे, जिन्होंने रचनात्मक स्तर पर कभी किसी 'वाद' से समझौता नही किया।

यही हाल राही का भी था। उनके यहाँ खुद को रिवाइज करने का अमल हमेशा जारी रहा। जरा 1948 की उनकी गज़ल का एक शेर सुनिए और सोचिए कि क्या कोई आम प्रगतिशील शायर ऐसा शेर कह सकता है, उसके यहाँ तो पीछे मुड़कर देखना पाप है—

"तन्हा निकल पड़ा था, अपने सफर पे राही
मुड़-मुड़ के देखता है शायद कोई पुकारे।"

राही ने यह शेर बीस बरस की उम्र में कहा था जब उनमें दुनिया को बदल डालने का हौसला और जोश था, मगर यह शायर जोश में आकर शायरी करने की बजाए अपनी परंपरा की संजीदगी का सहारा लेता है।"[16]

कहने का तात्पर्य है कि राही अपनी विरासत, सभ्यता तथा संस्कृति जिसने हमें संस्कार दिये तथा जो हमारी ज़िंदगी का अहम हिस्सा रहें, उन्हीं स्वस्थ मूल्यों को ढूँढने अपने अतीत में जाते हैं। एक प्रगतिशील शायर होने के बावजूद उनकी शायरी का मिजाज़ अन्य प्रगतिशील लेखकों से अलग है। उनके यहाँ शब्द, प्रतीक व बिम्ब प्रगतिशील शायरों से सर्वथा भिन्न है। मसलन उदासी, तन्हाई, नींद, याद व ख्वाब वगैरह शब्द प्रगतिशील लेखकों के यहाँ नहीं मिलते। परन्तु राही की शायरी का शिल्प नये प्रकार का है। राही परंपरा को नहीं छोड़ते और वर्तमान को पूरी तरह से समझते हैं तथा भविष्य की और गहरी नज़र रखते हैं, इसी कारण तरक्की पसंद शायरों से कुछ विभिन्नता रखते हुए भी प्रगतिशील है। राही शायरी को प्रोपेगेण्डा नहीं बनाते। कविता का उद्देश्य उपदेश देना नहीं है। वह उसे एक रचनात्मक कार्य मानते हैं—

"शायर एक बच्चा है
ज़ेहन के गुलिस्तां की रंग-रंग दुनिया में
उन हसीं परों वाली
बेकरार तितली के
पीछे-पीछे चलता है
गिरता है,
संभलता है
आस्तीन फटती है
दामनों-गरीबों के तार झनझनाते हैं
टूट-टूट जाते हैं"[17]

पूरी कविता के अध्ययन के बाद इसकी सार्थकता समझ में आती है कि कवि केवल अपने व्यक्तित्व के विलयन से ही कविता नहीं बनाता। कवि मानता है कि केवल ज्ञान के आधार पर ही कविता नहीं बन सकती। केवल शब्दों का ज्ञान रखने

वाला रचनाकार उसके ताप को नहीं परख सकता। उसके लिए उसे अन्तर्मन से संघर्ष करना पड़ता है। तब जाकर अनुभूति कविता बनती है। यह अनुभूति तभी आती है जब उसने स्वयं उस जीवन को जिया हो-

"मेरे दर्दे-जुदाई की बस एक दवा है यारों,
मेरे घर से चुटकी भर मेरा आंगन ले आओ,
शीशागरों कायल हूँ, तुम्हारे फन का मैं भी लेकिन
दिल जैसा शीशा हो, तुम्हारे पास तो फिर दिखलाओ।"

राही को गंगौली और ग़ाजीपुर से बहुत प्रेम था। वह उनकी रग-रग में बसा था, इस बात की गवाही उनका पूरा साहित्य देता है। ठीक उसी प्रकार राही बंबई में रहे, लेकिन बंबई की महानगरीय संस्कृति उन्हें पसंद न थी। राही बंबई जैसे शहर में मूल्यों और आदर्शों के बिखरने से दुखी थे। इस महानगर में हर व्यक्ति स्वार्थी है, जहाँ प्रत्येक वस्तु का मोल बाज़ार को ध्यान में रखकर लगाया जाता है। वहाँ कोई किसी का मित्र नहीं। मित्रता के सारे रिश्ते इस मुनाफे की संस्कृति में धूमिल पड़ जाते हैं, परंतु राही को चिंता है कि बिना मूल्यों व आदर्शों के कोई देश या समाज कैसे ज़िंदा रह सकता है। कहने का तात्पर्य है कि उन्होंने जो जीवन प्रत्यक्षत: जिया, उसी अनुभव को उन्होंने काव्य में रूपायित किया—

"हर पड़ोसी कोई अजनबी, बंबई शहर में
कैसे जिंदा रहे आदमी, बंबई शहर में
रहन रखते हैं अइदे-वफा सारे अटले-हुनर
कौन किससे करे दोस्ती, बंबई शहर में।"[18]

शहरों की आपाधापी राही को कभी नहीं भायी। दरअसल राही की चिताएँ बहुत व्याप्क है, जो गाँव, शहर और देश को छूती है। राही शहरों के बनावटीपन और व्यक्ति केंद्रित जीवन से दुखी थे—

"एक चुटकी नींद की मिलती नहीं
अपने ज़ख्मों पर छिड़कने के लिए
हाय, हम किस शहर में मारे गये।"[19]

राही ने समाज की गली-सढ़ी परंपराओं, रूढ़ियों को तोड़ने की हमेशा कोशिश की, चाहे उसके लिए उन्हें कोई भी कीमत चुकानी पड़ी हो। राही ने उसकी कोई परवाह नही की। हाँ यह और बात है कि उसका दर्द उनकी कविताओं में देखा जा सकता है—

"मैं कहता हूँ अपनी आँखों के दरवाज़े बंद करो
वरना फिर सपने देखोगे, फिर उनसे शरमाओगे
तुम खुद देखो, हम जैसों का दुनिया ने क्या हाल किया
जब भी सच बोलोगे यहाँ पर, दीवाने कहलाओगे।"[20]

परंतु राही दीवाने कहने पर चिढ़ते नहीं और न ही पीछे हटते हैं। उन्होंने पीछे मुड़कर चलना तो सीखा ही नहीं था। राही सामाजिक अन्याय को देखकर चुप रह ही नहीं सकते थे। राही का विश्वास है कि दुख, परेशानी कुछ समय के लिए है, समय गुजरेगा तो सब कुछ बदल जायेगा—

"दोस्तों, जाना ये बन आई है
ये बड़े शहर की तन्हाई है
सच अगर बोलू तो कटती है ज़ुबाँ
और चुप रहने में रुसवाई है।"[21]

राही को ऐसे लोगों से नफरत है, जिनके दिलों में आग नहीं तथा जिनके दिमाग खाली हैं। ऐसे लोग केवल अपने स्वार्थी उद्देश्य के लिए जीते हैं और राही ऐसे लोगों को फटकार लगाते हैं। राही मासूम रज़ा की कविताओं में गुलाब व काँटे एक साथ आते हैं। मातम और खुशी, आशा और निराशा और सबसे बड़ी बात अपने देश की मिट्टी से बेपनाह मुहब्बत तथा सांप्रदायिक ताकतों से घृणा उनके काव्य के अभिन्न अंग बन गये हैं—

"घटा ज़मी पर झुकी हुई है
नदी का पानी हवा की नेज़ों पकी चोट खाकर तड़प रहा है
किनारे सहमें हुए खड़े हैं हवा के नाखून बड़े दरख्तों के पैरहन में धंसे हुए हैं
तमाम शाखें कराहती हैं।
उम्मीद साहिल की तरह कट-कटके गिर रही है।"[22]

राही अपने परिवेश पर गहरी नज़र रखते हैं। आज जो विभीषिका चारों ओर फैली है, चारों तरफ सामाजिक मूल्यों का ह्रास हो रहा है। मंहगाई भ्रष्टाचार, भूख, रोग और गरीबी से लोग आज़ादी के बाद भी जूझ रहे हैं। समस्याएँ बद से बदतर होती जा रही हैं। स्वयं लेखक इस बात का सामना कर रहा है—

"हर गागर में प्यास भरी थी, हर तालाब में बालू
राही हर पनघट पहुँचा, प्यासा ही लौट आया।"[23]

राही की कुछ कविताओं में निराशावादी दृष्टिकोण दिखाई पड़ता है उसका कारण उनका भोगा हुआ सत्य है। राही कविता में उसी सत्य को सार्वजनिक करते हैं। राही हार मानने वाले लेखक नहीं हैं, उन्हें रात के अंधेरे में सुबह की किरण दिखलाई पड़ती है। एक तरफ प्यास, हिज्र व तन्हाई तो दूसरी तरफ उनके प्रगतिशील तेवर जो पूरे समाज व संस्कृति की चिंता लिये हुए हैं—

"तोड़ना तो है लेकिन तोड़ना संभल कर है
रात के प्याले में सुबह की किरण भी है।
ये चराग़ जैसे लम्हे, यूँ ही रायगां न जाएं
कोई ख्वाब देख डालो कोई इंकिलाब लाओ।"[24]

दरअसल राही की कविताओं में कई तरह के रंगों का समावेश है। रोमानी और गैर रोमानी भावों की अभिव्यक्ति राही बड़ी सहजता से कर लेते हैं। उन्होंने देश की गुलामी के खिलाफ लिखा और आज़ादी के बाद अपने देश की समस्याओं का यथार्थ चित्रण करके उसे कम करने में महत्त्वपूर्ण योगदान किया। इस देश की नदियों, पहाड़ों, जंगलों, खेतों, झरनों आदि के गीत भी राही ने खूब गाये। वे जिस ज़मीन पर पैदा हुए, उसकी पुकार वे बराबर सुनते थे। राही ज़मीन से जुड़े कवि हैं। उनकी दृष्टि गाँव की प्रकृति की सरलता एवं सादगी से हमेशा प्रभावित रही। वे लोक जीवन की गहराइयों में प्रवेश करके कविताओं की आधार भूमि तलाशते हैं। उनकी संवेदना को कवि आत्मसात करता है, उन्हें कविता में डालता है। शेर वह बड़ा होता है, जो व्याप्क स्तर पर अहसास कराता है। राही का अहसास का दायरा असीमित है—

"मेरे वतन तेरा शाइर हूँ रंज सहता हूँ
हर एक शक्ल में हर घर में जाते रहता हूँ।"

राही की वतनपरस्ती कोई भी कीमत अदा कर सकती है। उसके लिए चाहें उसे कोई भी ग़म उठाना पड़े, वह सबके लिए तैयार है। राही अपने समाज तथा अपने देश के लिए आखिरी समय तक लिखते रहे। कुछ इसी भाव की इनकी ये पंक्तियाँ देखी जा सकती हैं—

"कालिदास और टैगोर का ये चमन
मीर-ओ ग़ालिब और इकबाल का ये वतन
एशिया के हंसी जिस्म का पैरहन
इश्क-ए-सदा मयकदा था ये दारुल मिहन।"[25]

राही को पढ़ते हुए मुझे बार-बार कबीर की याद आयी, आती भी क्यों नहीं? आधुनिक रचनाकारों में यदि किसी के ताप को कबीर के समकक्ष रखा जा सकता है, तो वह है राही मासूम रज़ा। राही ने कभी समझौता नही किया, झुकना उन्होंने सीखा नही। चाटुकारों और अवसरावादियों से उन्हें सख्त नफरत है। सबसे महत्त्वपूर्ण तथ्य है कि राही न केवल आजीवन सांप्रदायिकता से लड़ते रहे, बल्कि उन्होंने धार्मिक आडम्बर, कट्टरपन और मुल्लापन पर हमेशा प्रहार किये। ऐसे प्रहार जो व्यक्ति को तिलमिला दें। और वहीं कबीर की याद ताज़ा हो जाती है। कबीर पत्थर पूजने और अज़ां देने का मज़ाक उड़ाते हैं या यूँ कहें कि वे धर्म के बाह्य दिखावे पर व्यंग्य करते हैं। वहीं राही भी पीछे नहीं है। कबीर की ही तरह उन्होंने भी गंगाजल और पाक आब-ए-ज़मज़म की निरर्थकता पर चोट की है—

"ज़मज़म और गंगाजल की कह कौन बचा है मरने से,
हम तो आँसू का यह अमृत पी के अमर हो जायेंगे।"[26]

कबीर का काव्य हिंदू-मुस्लिम समस्या को जड़ से उखाड़ने के लिए आज भी

सार्थक है। इसीलिए राही मासूम रज़ा आजीवन इस सांप्रदायिकता से परेशान रहे। वे हमेशा इसकी चिंता लिए रहे। इसी मकसद के तहत वे सांप्रदायिकता पर चोट करते हैं—

"मंदिर-मस्जिद में आया है भक्ति का तूफान
राम-रहीम के इस झगड़े में तार-तार है थान।"[27]

राही की एक अन्य कविता 'करफ्यू आर्डर' जो सांप्रदायिकता को बड़ी गहराई और सच्चाई से उकेरती है। कविता का ताप दूर तक असर डालता है—

"एक सहमी हुई खामोशी के जादू के सिवा कुछ नहीं
मुझको राहों पर सिपाही अच्छे नहीं लगते
कोई आ जाए यहाँ शेखो-ब्राह्मण के सिवा।"[28]

कविता सीधे सांप्रदायिकता पर चोट करती है। राही की खामोशी व उदासी का सीधा सरोकार समाज से है। कथा साहित्य में जहाँ वह दुनिया के बाहरी को वरीयता देते हैं वहीं कविता में अंदर की दुनिया में डूबते हैं। रचनाकार सांप्रदायिकता को इतनी घिनौनी चीज़ मानता है कि कर्फ्यू के मरघटी सन्नाटे में भी वह अकेलेपन को तोड़ने के लिए, वह शेख व ब्राह्मण का एक साथ आना पसंद नहीं करता। यहाँ शेख और ब्राह्मण सांप्रदायिकता के प्रतीक तो हैं ही, साथ ही सामाजिक रूढ़ियों तथा थोथी मर्यादाओं के प्रति भी कवि विरोध का भाव रखता है।

"प्रतीकात्मक स्तर पर 'सिपाही' और 'शेखो-ब्राह्मण' एक ही सिक्के के दो पहलू हैं। स्पष्ट है कि यह मर्यादा विरोध या रूढ़ि विरोध उस अन्तर्मुखता से जन्मा है जिसे कवि ने उदासी या विरह कहा है, क्योंकि अन्तर्मुखी व्यक्तित्व समाज के सामान्यतः स्वीकृत 'नार्ब्स' के साथ समांज्जित नही हो पाता। कहना यह है कि राही जिस उदासी और तन्हाई की चर्चा करते हैं उसके सामाजिक सरोकार भी गहरे हैं। इसलिए उनकी कविताओं को अकेलेपन की बौद्धिक जुगाली करने वाले कवियों से अलगाया जाना चाहिए।"[29]

राही पीछे मुड़कर देखने वाले शायर नहीं, वे जब लय में आते हैं तो उनकी बेलाग टिप्पणी किसी की परवाह नहीं करती। ऐसे ही भाव की उदाहरण है ये पंक्तियाँ—

"अब मस्जिद अल्लाह का नहीं,
मुल्ला का घर है
अब मंदिर में राम नहीं,
सिंघल रहते हैं, आडवाणी पूजे जाते हैं।"[30]

राही पर सपाट बयानी का आरोप लगाया जाता है और शायद उसका तर्क व्यंग्य के पक्ष को लेकर है। परंतु सपाट बयानी का आरोप लगाने वाले यह भूल जाते हैं कि राही का अंदाज़ ही एक व्यंग्य है। 1984 के दंगे और उसकी त्रास्दी को ज़हन में रखकर लिखी गई राही की इन पंक्तियों पर ध्यान दीजिए—

दोस्तों...। आओ। चलो।
खून की बारिश है। नहा ले हम भी।
ऐसी बरसात।
कई बरसों के बाद आई है।
दश्ते-जुनूँ की ज़िद है कि लिख खैरियत का खत।
मैं पूछता हूँ, किसको लिखूँ और कहाँ लिखूँ।''[31]

अब आप खुद ही इस बात का फैसला करें कि राही की कविता में सपाट बयानी है या व्यंग्य की धार, हाँ यह अलग बात है कि ये धार तभी अधिक प्रखर व पैनी होती है, जब स्वयं राही जख़्मी होते हैं।

''राही अपनी बात को कहने के लिए नए प्रतीकों और बिम्बों का ही सहारा लेते हैं। रोशनी के शहरों के मुकाबले उन्हें नींद के शहर, गाँव और बस्तियाँ ज्यादा पसंद हैं। राही के आखिरी बीस बरसों की नज़्मों, गज़लों को आप पढ़ें तो देखेंगे कि उनके यहाँ रात, नींद और दर्द जैसे प्रतीकों का बार-बार प्रयोग हुआ है। यह प्रतीक उर्दू शायरी में प्रयोग होने वाले अर्थों में नहीं बल्कि नए अर्थों एवं पसमंजर में प्रयोग हुए हैं। राही का यही कमाल है। कोई नज़्म, कोई गज़ल आपको ऐसी नहीं मिलेगी जिसमें राही बोलते हुए नज़र न आएं। किसी शायर के लिए मेरे ख्याल में इतना काफी है। राही को बड़ा और अज़ीम शायर कहना उनका और उनकी शायरी का अपमान करना है क्योंकि बड़े और अज़ीम शायर फिलहाल पैदा होने बंद हो गए हैं। ऐसे युग में क्या इतना कम है कि राही की आवाज़ हमें दूर से सुनाई देती है।''[32]

कहने का तात्पर्य है कि राही का काव्य चुप नहीं रहता, बोलता है। राही की कविताओं में उदासी की लय बनी रहती है, जो उन्होंने स्वयं भी कबूल की है, परंतु उसका यह मतलब नहीं कि उनके काव्य में निराशावादी दृष्टिकोण है। ऐसा बिल्कुल नहीं है। राही के काव्य में आशा की किरण साफ दिखाई देती है। बात रही उदासी की तो वह सामाजिक सरोकारों और प्रतिबद्धता से ही पैदा हुई है। क्या बिना उदास हुए शायरी हो सकती है? कबीर, मीरा, मीर, अनीस, या नसिर काज़मी की शायरी में क्या उदासी नहीं है। राही के यहाँ उदासी उन्हें शायरी की स्वस्थ परंपरा के करीब ले जाती है—

'ऐ मेरे दिल, मेरे दिल मेरे दिल
आज की रात कहानी है मुश्किल'

राही की यह उदासी कबीर, मीरा और नासिर की वेदना तक कैसे पहुँचती है, और नये संदर्भों में क्या अर्थ देती है इसे गौर करना होगा, समझना होगा। सीधी और सपाट बात कहते हुए भी राही कविता में व्यंग्य की पैनी मार है। यह व्यंग्य राजनैतिक और सामाजिक जकड़न की गांठ खोल देता है। राही की कविता में ऐसी चिंगारी है जो अंधेरे को कम करने में महत्त्वपूर्ण भूमिका निभाती है—

हाँ जला लूं इक मशाल,
कुछ तो रोशनी होगी
रास्ते की वहशत में,
कुछ न कुछ कमी होगी।

1857, हिंदुस्तानीयत और राही

क्रांति कथा राही की महाकाव्यात्मक शैली की एक लम्बी कविता है, जिसमें 1857 की घटना को आधार बनाकर कवि ने तत्कालीन समाज का चित्रण किया है। 100 साल बाद लेखक वहाँ पहुँचता है और प्रत्येक गाँव, गली मुहल्ले का हाल स्वयं देखता और बयान करता है। बयान की रवानी देखते ही बनती है। लम्बी कविता लिखना इतना आसान नहीं, इसका दायरा बहुत व्यापक होता है, अतः लेखक को लोगों की मानसिकता, सामाजिक और राजनैतिक स्थिति का विस्तृत ज्ञान होना ज़रूरी होता है और अगर विषय ऐतिहासिक हो तो यह ओर भी महत्त्वपूर्ण है। राही मासूम रज़ा जैसा प्रखर बुद्धि वाला व्यक्ति जो भारतीय संस्कृति में रचा-बसा हो, जिसकी नज़र बहुत पैनी हो जो इतिहास की समझ रखता हो जिसे भविष्य की समस्याएँ और संभावनाएँ नज़र आ रही है, ऐसा व्यक्ति ही 1857 पर कविता लिखने में इंसाफ कर सकता था, और राही ने इंसाफ किया। परंतु अफसोस इस बात का है कि जब लम्बी कविता की बात होती है तो राही को इस तरह से याद नहीं किया जाता जिसके वो हक़दार हैं। खासतौर से उर्दू वालों ने राही के साथ इंसाफ नहीं किया दूसरी बात यह कि इस विषय पर उर्दू और हिंदी दोनों ओर काफी कम लिखा गया। बावजूद इसके राही के इस महाकाव्य को वो सम्मान नही मिला जिसके वो हकदार थे। बहरहाल मेरा विषय ये नहीं कि मैं इस पर बहस करूं या लिखूं। मैंने जब इसे पढ़ा, तो पढ़ता चला गया। इसकी रवानी ने मुझे बार-बार मुसद्दसे हाली की याद दिलाई।

राही ऐतिहासिक क्रांति की चिगांरी को खास से आम जन तक लेकर गए। वह उन आम शहीदों को भी याद करते हैं, जिन्हें हम भुला चुके थे। वे गाँवों में घुसते हैं, मुहल्लों में जाते हैं, मुखिया से बात करते हैं और उन्हीं की बोली से इसे लोक जागरण बना देते हैं। राही संदेश देते हैं कि हम यह जंग तो हार गए परंतु हम नहीं हारे, हिंदुस्तानीयत नहीं हारी। अर्थात् देश की समस्याओं से हम तब तक लड़ते रहेंगे, जब तक हमें उसमें सफलता न मिल जाये। उस समय प्रत्येक व्यक्ति अंग्रेज़ी दास्तां की ज़ंजीरों को तोड़ देना चाहता था। पुरूषों के साथ महिलाएँ भी सामंती जकड़न व गुलामी से मुक्ति चाहती थी। यदि क्रांति सफल हो जाती तो आज भारत की तस्वीर दूसरी होती, इसी परिकल्पना को लेखक ने यहाँ बताने की कोशिश की

है। इस क्रांतिकथा का वर्णन कवि नई ऊर्जा के साथ करता है। 1857 हिंदी व उर्दू दोनों ओर से हाशिये पर रहा है राही ने पहली बार इस पर लिखने की हिम्मत की। राही ने क्रांतिकथा के माध्यम से दिखाया कि किस प्रकार हिंदू और मुसलमानों ने इस लड़ाई को मिलकर लड़ा था और सबका एक ही मकसद था देश को अंग्रेज़ों से मुक्ति दिलाना और जिसकी ताकत थी हिंदुस्तानीयत—

"हिन्दू-मुस्लिम ऐके का था अमिट अफसाना
एक सतर उसकी काबा थी, एक सतर उसकी बुतखाना
दो सतरों के बीच में था आज़ादी का पैमाना
एक जुबां है हिंदू-मुस्लिम दोनों दिलों की धड़कन की
सुनो भाइयों, सुनो भाइयों कथा सुनो सत्तावन की।"

क्रांतिकथा में रवानी ऐसी कि शब्द जैसे ज़बान पर चढ़ते जाते है और कथा आगे बढ़ती जाती है। राही का लेखन सच्चे अर्थों में हिंदुस्तानी संस्कृति का आईना है। राही का पूरा जीवन समकालीन राजनैतिक-सामाजिक जीवन की विसंगतियों को, विडंबनाओं को उखाड़ फेंकने के प्रयास में गुज़रा। वे हमेशा भारतीय सांस्कृतिक पहचान को बचाने के लिए काम करते रहे—

"यह धरती राम की है लेकिन कौन कमी है रावन की
राम की चीख सुनी तो फौरन धोखा खा गये लछमन
दिल के द्वार से निकली बाहर सीता देखकर बाह्मण
आज़ादी की सीता को झटपटहर ले गया रावन
राम की हालात क्या कहिए क्या कहिए हालत लछमन की
सुनो भाइयो, सुनो भाइयो, कथा सुनो सत्तावन की।"

आज से लगभग डेढ़-सौ साल पहले भारतीय जनता का अंग्रेज़ों के खिलाफ यह विद्रोह देश की महान क्रांति बन गया था। पूरा भारतीय समाज एकजुट होकर निकल पड़ा, सबका मकसद एक ही था, अंग्रेज़ों को इस देश से भगाना। अंग्रेज़ों की उपनिवेशवादी नीति तथा भारतीय जनता के साथ सौतेले व्यवहार को जनता पहचान चुकी थी। भारतीयों का अंग्रेज़ों के प्रति क्रोध धीरे-धीरे विद्रोह का रूप ले चुका था। देश के कोने-कोने में इसकी चिंगारी फैल गई। भारतीय जनता का अंग्रेज़ों के खिलाफ यह पहला विद्रोह, देखते-देखते महासंग्राम बन गया। और अगर हम ये कहें कि यह भारत की स्वाधीनता संग्राम का प्रस्थान बिंदु था, तो सही होगा। जिसका परिणाम हमें 1947 में भारतीय स्वतंत्रता के रूप में प्राप्त हुआ।

बीसवीं शताब्दी बीत जाने के बाद भी हमारे देश में अनेक समस्या जस की तस बनी हुई है, समाज में फैला जातिवाद, क्षेत्रवाद तथा सबसे बड़ी समस्या जो आज तक बनी हुई है वह सांप्रदायिकता। मौका मिलते ही ये चीज़ें अपना रंग दिखा

देती हैं। देश में हिंदू–मुस्लिम के बीच खाई आज भी विद्यमान है, हाँ सेक्युलर सोच रखने वाले लोग इसे लेकर चिंतित हैं। वे लगातार इस कोशिश में लगे रहते हैं कि देश में ये समस्याएँ समाप्त हो जायें। इसी को ध्यान में रखकर 1857 की 150वीं सालगिरह घूमधाम से मनाई थी। उनकी कोशिश है कि देश से सांप्रदायिकता जड़ से समाप्त हो जाए। जातिवाद, क्षेत्रवाद का बोलबाला समाप्त हो। वह सब उदाहरण पेश किए गए जिन्होंने समानता और भाईचारे की मिसाल कायम की है। इसी को लेकर 1857 के शहीदों को याद किया गया तथा इस बात पर ज़ोर दिया गया कि किस प्रकार हिंदू–मुस्लिम दोनों समूहों के लोगों ने मिलकर, कंधे से कंधा मिलाकर अंग्रेज़ों का सामना किया। हिंदुओं ने मुसलमान को अपना बादशाह चुना। यानी एक नये समाजवाद का रास्ता तलाश किया जा रहा था। लेकिन सत्ता परिवर्तन और स्वार्थ परक राजनीति के कारण फिर ये समस्यासएँ और भी घिनौने में हमारे सामने आ गई है। कभी–कभी लगता है कि हमारे देश में सांप्रदायिक सद्भाव की नीवं कमज़ोर है, अगर ऐसा नही तो मौका पाते ही इसकी नीव में नफरत का पानी क्यों भर जाता है? और ये हिलने लगती है। राही जैसा दूरदर्शी लेखक इसे देख रहा था, समझ रहा था, और मुकाबला कर रहा था।

राही की यह महाकाव्यात्मक कविता इन सभी पहलुओं को देखकर और अधिक प्रासंगिक हो गई है। एक बात और ध्यान करने वाली है कि देश के इतिहास की इतनी बड़ी घटना लेकिन हिंदी साहित्य से लगभग नदारद। जहाँ तक राही की बात है तो इसे उन्होंने उर्दू में ही लिखा था कलांतर में इसे हिंदी में प्रकाशित किया गया। इससे राही ने बहुत से भ्रमों को दूर करने की कोशिश की, लेखक इसे जनता के महासमर के रूप में चित्रित करता है। राही भी इस समर का साथी है—

"मैंने यह नज़्म चंद किताबों की मदद से अपने कमरे में बैठकर नहीं लिखी है। मैंने इस लड़ाई में शिरकत की है, मैंने जख्म लगाये हैं, मैं दरख्त पर लटकाया गया हूँ, मुझे मुर्दा समझकर गिद्धों ने नोंचा है। मैंने उस बेबसी को महसूस किया है जब आदमी गिद्धों से और गीदड़ों से बचने के लिए अपना जिस्म नहीं हिला सकता और जब आँखों से एक बेपनाह खौफ बेपनाह बेबसी झलकने लगती है। मैंने उस खौफ को भी महसूस किया है जिसे तोपदम होने से पहले हिंदुस्तानी सिपाहियों ने किसी मकान में किलाबंद होकर अंग्रेज़ों के लश्कर को रोकने का हौसला किया था।"[33]

रचनाकार साफ-साफ कह रहा है कि यह नज़्म भले ही मैंने 100 साल बाद लिखी हो लेकिन मैं उससे उसी तरह जुड़ा हूँ, जिस तरह वे लोग जो इस कथा के साक्षी हैं। हालांकि रचनाकार इसे इतिहास नहीं मानता और ऐसा कर के वह उन आलोचकों को जवाब दे देता है जो इस महाकाव्य को इतिहास से जोड़कर इसकी संदिग्धता पर प्रश्न उठाते हैं।

"1857 इस नज़्म का मौज़ू नहीं है। इसका मौज़ू कोई सन नहीं है। इसका मौज़ू है इंसान। जो कभी नहीं हारता। इंसान के न हारने का यकीन मुझे इंसान की तवील तवारीख ने दिलाया। मेरे नजदीक तवारीख का मसवत काम यही है कि वह इंसानियत पर हमारे यकीन को मोहकम करती रहती है। सुकरात ज़हर पी सकता है, इबने मरियम को मसलूब किया जा सकता है। ब्रोनो को जिंदा जलाया जा सकता है एवरेस्ट की तलाश में कई कारवां गुम हो सकते हैं लेकिन सुकरात हारता नहीं, ईसा की शिकस्त नहीं होती, ब्रोनो साबित कदम रहता है और एवरेस्ट का गुरुर टूट जाता है।"[34]

पुस्तक प्रस्तावना के रूप में डॉ. संपूर्णानंद लिखते हैं—"मुझे श्री राही मासूम रज़ा की पुस्तक 'अठारह सौ सत्तावन' बहुत पसंद आई। इसके उर्दू संस्करण को देखने के बाद ही मेरे मन में यह भावना उठी थी कि इसकी हिंदी में भी निकालना चाहिए। यह प्रसनता की बात है कि हिंदी संस्करण भी निकलने जा रहा है। भाषा को भले ही उर्दू कहा जाए परन्तु यह ऐसी उर्दू है, जिसको साधरण हिंदी जानने वाला भी समझ सकता है, और यदि कहीं-कहीं कुछ शब्द समझ में न भी आवें तो टिप्पणियों के द्वारा उनका अर्थ लगाया जा सकता है। कवि के शब्दों में इस पुस्तक का उद्देश्य है 'सुनो भाइयों, सुनो भाइयों, कथा सुनो सत्तावन की' और सच तो यह है कि इस उद्देश्य को बहुत अच्छी तरह निभाया गया है।"[35]

राही मासूम रज़ा राष्ट्र-प्रेमी कवि है। उनका पूरा साहित्य इस बात का प्रमाण है। राही की कविताओं में भी यह चीज़ देखने को मिलती है, महाकाव्य 1857 इस दृष्टि से अति महत्त्वपूर्ण है। देश की उन्नति के लिए आपसी भेदभाव भुलाकर उन्होंने एकता की आवश्यकता पर बल दिया है। सांप्रदायिकता का वह उतना ही कट्टर विरोधी है जितना कि वह हिंदू-मुस्लिम एकता का समर्थक। राही जो कहते है डंके की चोट पर उनकी कलम से निकले शब्द बहुत भारी होते हैं।

'अठारह सौ सत्तावन' पर लिखे गए महाकाव्य द्वारा उन्होंने संघर्षों से जूझते रहने, धैर्य, साहस तथा कर्मठता का संदेश दिया है। 'अकेला तूफान' में देशभक्ति की भावना का चित्र इस प्रकार है—

वतन की मिट्टी/गवाह रहना। मैं तख्त-द-दार से भी अहल-ए-वतन को आवाज़ दे रहा हूँ।

तेरी हवा में जो साँस ली थी। जो तेरे खेतों से ज़िंदगानी का रस पिया था।
मैं उसकी कीमत चुका रहा हूँ।"[36]

राही की कविता एक ओर क्रांति की पक्षधर है तो दूसरी ओर सांस्कृतिक मूल्यों को साथ लेकर चलती है। हिंदी की राष्ट्रीय-सांस्कृतिक धारा के अन्तर्गत राही का योगदान महत्त्वपूर्ण है। उन्होंने देश-प्रेम, ओजस्विता, क्रांतिकारी भावना, कर्म, आशावादिता और उज्ज्वल भविष्य की कामना का जो विश्वास दिलाया है, वह

स्मरणीय हैं—

तिश्नगी! बढ़ के कोई जूए रौ पैदा कर
तू जहाँ से नहीं तू अपना जहाँ पैदा कर
राह में तेरे अंधेरा है तो परवाह नहीं
कभी इक चांद, कभी कहकशां पैदा कर

राही का दृष्टिकोण मानवतावादी है। उनकी रचनाओं में समाज देश और मानव कल्याण की भावना का स्वर विद्यमान है। यही कारण है कि उन्होंने 'अठारह सौ सत्तावन' को कविता का विषय बनाया। राही के काव्य में वतनपरस्ती का महत्त्वपूर्ण स्थान है। अत: भारत की धरती, आकाश, इतिहास-संस्कृति, उसमें जीवन का दुख-सुख, संघर्ष, क्रांति, व्यंग्य सब कुछ बड़े सहज भाव से चित्रित है। 'अठारह सौ सत्तावन' की 'अकेला तूफान' शीर्षक कविता दृष्टव्य है—जब वतन की खातिर लोगों ने अपने सगे-संबंधियों तक को छोड़ दिया था—

"है यह भी मुमकिन, कभी न आऊँ।
यह मेरा मुन्ना जवान हो जब, तो इससे कहना
कि तेरा बाबा। तलाश-ए-आज़ादी-ए-वतन में गया था घर से।
कि जब मैं उसकी तलाश में घर से जा रहा था,
तो मेरा मुन्ना! तो छह महीने का मेरा मुन्ना।
मज़े मे सोया हुआ था और मुसकुरा रहा था
तुम अपने मुन्ने को प्यार कर लो। मैं जा रहा हूँ
तुम इन्तेज़ार-ए-बहार कर लो।"[37]

पुस्तक की भूमिका में डॉ. कुंवरपाल सिंह लिखते हैं—"इतिहासकारों में 1857 के चरित्र को लेकर बहुत विवाद था। बहुत से इतिहासकार उसे सामंती व्यवस्था की पुन: स्थापना का आंदोलन मान रहे थे। उनमें कुछ तो इस सीमा तक बात कर रहे थे कि भारतीय सामंत अपने खोये हुए राज्यों को प्राप्त करने की लड़ाई कर रहे थे। उन्होंने भारतीय सिपाहियों और किसानों को धार्मिक नारे देकर साथ लिया। 1857 के बारे में यह सतही और यांत्रिक समझ थी। वास्तव में वह अंग्रेज़ों के विरूद्ध भारतीय जनता का महासंग्राम था। इस आंदोलन में किसान और कारीगर अपने हितों की लड़ाई लड़ रहे थे।"[38]

पुरुषोत्तम अग्रवावल कामत हैं—"1857 के बारे में अब इतना निर्विवाद है कि सैनिकों का विद्रोह होते हुए थी यह सिर्फ सैनिक विद्रोह (म्यूतिनी) नहीं था। न केवल इसके कारण सैनिक असंतोष से कहीं अधिक व्यापक थे, बल्कि उसके सरोकारों में एक निश्चित सांस्कृतिक आत्मबोध, उस आत्मबोध के आंतरिक तनाव और आत्मसंघर्ष और एक निश्चित राजनीति भी प्रकट होती है।"[39]

डॉ. रामविलास शर्मा का भी यही निष्कर्ष है—"1857 के स्वाधीनता संग्राम का चरित्र असांप्रदायिक और राष्ट्रीय था और राजसत्ता की मूल समस्या सामंतो की नहीं जनता के हित में हल की गई थी।"[40]

वस्तुत: 1857 को लेकर राही की समझ एकदम साफ थी। वे मानते थे कि इस युद्ध में लोग अपने स्वार्थ या किसी वस्तु प्राप्ति के लिए अथवा धनलिप्सा के लिए नहीं लड़े बल्कि उन्होंने मातृभूमि की रक्षा के लिए अपनी जानें देश पर न्यौछावर कर दी—

"कोई लड़ता है लाले चमन के लिए
यह लड़े सिर्फ अपने वतन के लिए।"[41]

राही बड़े स्वाभिमान और स्पष्टवादी प्रकृति के व्यक्ति थे। अवसरवादिता और चापलूसी से उन्हें बहुत नफरत नफरत थी, अत: साफगोई उनकी पहचान बन गई थी। वह अन्याय नहीं सह सकते थे। और जब बात वतन की हो तो उन्हें किसी प्रकार का समझौता मंजूर नहीं। उनका मानना है कि कोई भी रिश्ता मातृभूमि से बढ़कर नही हो सकता। इसी जज़्बे के तहत भारतीयों ने अंग्रेज़ी हुकूमत से बगावत की और अपने देश के लिए प्राणों का न्यौछावर कर दिया। उनका पुरुषार्थ कुछ इस तरह कहता है-

"जब बात वतन की है तो क्या भाई–भतीजा
अंग्रेज़ों के जो साथ है उनसे नहीं रिश्ता
मज़हब की भी बात नहीं कोई तमाशा
अंग्रेज़ों की फौजों से निकल आये तो अच्छा
रोके से न मानेगी जो एक बार चलेगी
हम रन की तरफ जाते हैं तलवार चलेगी।"[42]

यह कविता खास लोगों के इतर आम लोगों के बलिदान को भी याद रहती है। "हरचंद के शायर सन सत्तावन की तारीख नही लिख रहा है, न वह उसका मौजूअ है मगर सन सत्तावन के हवाले से वह इंसान और उसकी शिनाख्त चाहता है। इस तारीखी पसमंजर को लेकर उन बस्तियों की तलाश में निकल खड़ा हुआ एक मुसाफिर है जहाँ उसके जैसे बहुत से लोग हैं। इंसान, इंसानियत की बका के लिए जुल्म के खिलाफ सफआरा आरा हैं। यह नामवर से ज्यादा इन गुमनाम किरदारों की खोज है जो इन तारीक़ राहों मे मारे गये या गुम कर्दए मंज़िल बन गए। यह मंगल पाण्डेय और बख्त खां के साथ टीका सिंह ज्वाला प्रसाद, शम्सुद्दीन और मौजूदअली की भी वीरगाथा है। यह नाम कुछ भी हो सकते है इनका कोई भी मज़हब हो सकता है मगर इनकी शिनाखत तो इस देश की सोंधी मिट्टी हैं। यह वतन की मिट्टी को गवाह बनाकर तख्तएदार की तरफ जाने वाले उस इंसान की आवाज़ है जो कभी

शिकस्त नहीं खाता।''[43]

यह महाकाव्य सही मायनों में आज के संदर्भ में और भी प्रासांगिक है। आज भी हमारा देश कई घातक समस्याओं से जूझ रहा है। देश में आंतरिक कलह आज भी जारी है। हिंदू-मुसलमान आज भी एक दूसरे से कटे-कटे दिखाई पड़ते हैं। घृणा के ऐसे माहोल में मिलन की तमाम कोशिशें कभी भी धराशायी हो जाती है। ऊपर से धर्म आधारित नफ़रत की राजनीति इन्हें मिलने नहीं देती। ऐसे माहौल में राही की कविता भाईचारे का संदेश देती है—

''टीका सिंह का कमरा हो या शमसुद्दीन का आंगन हो
चुपके-चुपके खाके वतन के दीवाने आ जाते हैं
वह ज्वाला प्रसाद हो या मौज़ूद अली हो, कोई हो
शोले के लहराते ही खुद परवाने आ जाते हैं।''[44]

देश की एकता, अखंडता, सामजिक सद्भाव और सांस्कृतिक पहचान की चिंता हमें यहाँ दिखाई देती है। जब भारतीय अपने सभी ग़िले शिकवे भुलाकरा एक हो गए-

''यू ंतो हर काम में हर लख्ते-जुदा हैं दोनो
लेकिन इस अहदे फ़िरंगी से खफ़ा है दोनों।''[45]

राही की दृष्टि बहुत व्यापक है, वे बताना चाहते हैं कि अगर 1857 में हिंदू-मुस्लिम मिलकर न लड़ते तो हमें जितनी कामयाबी मिली, उतनी भी नामुमकिन थी। आज के अवसरवादी माहौल में जब देश आंतरिक कलह से जूझता रहेगा तो कैसे उन्नति करेगा? यदि हम 1857 के महासमर पर गौर करें तो पायेंगे कि उसमें किस प्रकार सभी धर्मों के लोग एक झंडे के नीचे एकत्रित थे। उनका मकसद एक था। वे दीवाने जान देकर अमर हो जाना चाहते थे। उनके लिए मनुष्यता केवल देश के लिए जीना-मरना थी—

''देश के वास्ते जब कोई जां खोता है
कल भी होता था अमर-अब भी अमर होता है।''[46]

''जीना है गर,जियो वतन के लिए
मरना है तो मरो वतन के लिए।''[47]

देश में चारों ओर क्रांति की ज्वाला भड़क उठी थी। गाँव-शहर, मुहल्ले, चौक-चौक पर एक ही मंज़र था। लोगों के हाथ में तलवार और मुँह पर अंग्रेज़ों के अत्याचार की कहानी। इस दृश्य को रचना कार इस तरह उकेरता है कि आँखों के सामने वो मंज़र तैरने लगता है—

''मरने पे लोग हो गये तैयार, यह हुआ
जागे मुहल्ले, चौंक उठे बाज़ार, यह हुआ

दीवाने खास फिर हुआ बेदार, यह हुआ
हर बर्ग नै से बोल उठी तलवार, यह हुआ
साज़ों की तह से रज़्म के नग़में उबल पड़े
शहज़ादे आस्तीनें चढ़ाए निकल पड़े।''[48]

इस महासंग्राम में स्त्रियों का योगदान भी महत्त्वपूर्ण है। माताओं ने अपने पुत्रों को मातृभूमि की रक्षा के लिए तैयार किया, वे उनमें उत्साह का संचार करती हैं। वह उनका हौसला बढ़ाने के लिए दूध का वास्ता तक दे देती है—

''हम तेरी माँ हैं और कह रहे हैं
शेर-ए-मादर की कीमत अदाकर
तेरी बंदूक नज़दीक ही है
हौसला हौसला हौसला कर।''[49]

राही की ज़बान पर शब्द अपने-आप आते जाते है और इसलिए कविता की रवानगी देखते ही बनती है। रचनाकार उस गुज़रगाह का भ्रमण करता है, जहाँ बच्चे यतीम हो चुके हैं, औरतें बेवा बन गई। कथा नायक परेशान है आखिर इस देश की यह दशा किसने की और क्यों की? उसे लगता है ज़िंदगी के लिए कुछ नहीं बचा। वह तुलसी के राम की तरह विवश है और पेड़, पक्षियों से इसका कारण पूछता है—

''दरख़्तों तुम ही बताओ, कोई इशारा कर दो
तुम्हारी शाखों को लाशों के फल दिये किसने
यह लूटी किसने तहारत तुम्हारे साये की
यह रंग शामो-सहर के बदल दिये किसने।''[50]

क्योंकि कथा का नायक इन रास्तों से पहले भी गुज़र चुका था, मगर उस समय उसकी दशा यह न थी, अतः वह फिर उन बीते दिनों की ओर लौटता है। यह नॉस्टेलजिया राही साहित्य की मुख्य वस्तु है, शायद रचनाकार वहाँ से ताकत प्राप्त करता है—

''गुज़र चुका हूँ इस रास्ते से पहले भी
दो रूया आम के पेड़ों के वह घने साए
फजां में आंबियों की वह गर्म खुशगवार महक
कि जिनके ज़िक्र से फस्ले बहार आ जाए।''[51]

कथाकार यहाँ अतीत से जुड़ता है, जब सब कुछ अच्छा था। गलियों में शोर करते हुए बच्चे, रंग-बिरंगे कपड़े पहनी हुई युवतियाँ, उनकी अल्लहड़ जवानियाँ, लहलहाती फस्लें, घरों में पकते खाने, हंसते हुए चूल्हे, हवा की वो रंगीनियाँ तथा स्वच्छ चांदनी मगर अब यह सब कहाँ था। अब तो उसके सामने खून से लथपथ लाशें, जले हुए घर, वीरान गलियाँ, सुनसान मंदिर, वीरान मस्जिद तथा दूर तक

फैली उदासी, खामोशी जैसे सब कुछ अजनबी हो। कथाकार सुलगते हुए गाँव देखकर परेशान है और सवाल करता है—

"बता सुलगते हुए गाँव, तू ही कुछ बतला
झिझक-झिझक के गुज़रती हवा, तू ही कुछ बोल,
किसी कराह, किसी चीख का सुराग मिले
सुलगती लाशों से महकती फिजां, तू ही कुछ बोल।"[52]

शायर इसी राह में आगे बढ़ता जाता है। रास्ते में बच्चे अपने पिता के लिए माँ से ज़िद करते हैं। वह स्त्री अपने जवान बेटे की मौत पर रोती नहीं। क्योंकि इस संग्राम में केवल उसी की गोद खाली नहीं हुई बल्कि यहाँ किसी का भाई किसी का पति, किसी का बेटा और किसी की मा-बहन इस लड़ाई में शहीद हो चुके हैं। बच्चे की ज़िद को मा लोरी से शांत करने का प्रयास करती है—

"आजा री निंदिया तू आ क्यों न जा
राजा को मोरे सुला क्यों न जा।"[53]

भारत के इस पहले स्वतंत्रता संग्राम को कुचलने में अंग्रेज़ों ने पूरी बर्बता दिखाई। हज़ारों लोगों को पेड़ पर लटका फाँसी दे दी गई। मासूम बच्चों, औरतों किसी को नहीं छोड़ा गया। घरों में आग लगा दी गई लेकिन इस बर्बरता से देश पर मिटने वाले दीवानों ने खौफ नहीं खाया बल्कि और डटकर मुकाबला किया। इस कुकृत्य से अंग्रेज़ों के प्रति घृणा और नफरत और भी बढ़ गई। कुछ लोगों ने अंग्रेज़ों का भी साथ दिया। राही ने मानो पूरा दृश्य खोलकर सामने रख दिया—

"अंग्रेज़ों ने घर में घुसकर हाहाकार मचा दी
सड़कों के दो रोया पेड़ों पर फांसी लटका दी
गद्दारों ने आग को बढ़कर हवा दी अपने दामन की
सुनों भाइयों, सुनो भाइयों, कथा सुनो सत्तावन की।"[54]

वतन के साथ विश्वासघात करने वालों पर राही तीखे प्रहार करते हैं। जो लोग अंग्रेज़ों के लिए मुखबिरी करते हैं, उन पर राही लानत भेजते हैं—

"देश के दुश्मन के मुखबिर पर इस धरती की लानत
अपने देश की नर्म हवापानी मिट्टी की लानत
जमुना के पंचल धारों की, गंगाजी की लानत
इस मिट्टी से बनने वाले नर-नारी की लानत।"[55]

राही ऐसे रचनाकार हैं जो बेलाग टिप्पणियाँ करते हैं। वे उससे भी आगे बढ़ते हैं और सीधे-सीधे नाम लेकर गद्दारों की खबर लेते हैं—

"सिंधिया को यह खबर पहुँची, कि लश्कर आया
बेहाया किले में बैठा था, बहुत गरमाया

x x x

उसके अजदाद की आन अश्कों से मुँह धोती है

मुँह छिपाए हुए तारीख कहीं रोती है।''[56]

अठारह सौ सत्तावन की कहानी मात्र एक इत्तेफाक नहीं है। इसके पीछे जन विरोधी वातावरण निर्मित हुआ था। पाठशालाओं और मदरसों तक में इसकी गूँज सुनाई दे रही थी। हिंदू-मुसलमान दूर-दूर रहते हुए भी आज़ादी के मामले में संगठित हो जाते हैं। भारतीय जनता अंग्रेज़ी राज से इतना त्रस्त हो चुकी थी कि उन्हें उससे अच्छी सामंतवादी व्यवस्था लगने लगी थी—

''पिछले राजा जैसे थे अच्छे भी थे अंग्रेज़ों से

आंख निकल आई खेतों की सख्त लगान के फंदो से।[57]

लेकिन जब भारतीय नौजवान जान हथेली पर लेकर निकल गये तो अंग्रेज़ों को जान बचानी मुश्किल हो गई। उनका घर से निकलना कठिन हो गया। उनके गिरज़ाघरों में सन्नाटा छा गया। क्रांतिकारियों का हौसला परवान चढ़ता गया, अब उन्हें किसी बात का ग़म नहीं—

''हम वह हैं कि नेत्रों को ज़ुबां देते हैं

तीरों को हमीं उम्र-ए-खां देते हैं

संगीन को सीने का मकां देते हैं

तलवार को अन्दाज-ए-बुतां देते हैं

जिस राह पर हो उस पर इक आफत आ जाये,

बल खाके जो निकले तो कयामत आ जाये।''[58]

उस समय के हालात ऐसे थे कि भारतीय नौजवान किसी भी हद तक जाने को तैयार थे। वे सर कटाने और ज़ख़्म खाने को अपने लिए मौका मानते थे -

''जो कटके गिरेगा वही अब सर होगा

जो आज मरेगा वह सिकंदर होगा

मौका कोई क्या इससे भी बेहतर होगा।''[59]

यही बात कैफी आज़मी कुछ यूँ कहते हैं—

ज़िंदा रहने के मौसम, बहुत है मगर

जान देने की रूत रोज़ आती नहीं

हिंदू-मुसलमान काशी और काबे के अन्तर को भूलकर एक साथ अंग्रेज़ों से लड़ रहे थे। इसीलिए वे जहाँ भी गये मैदान साफ कर दिया। यहाँ लेखक देश की एकता और अखंडता को बनाए रखने का संदेश भी देता है—

''और सुबह ने आकर यही मंज़र देखा

हारा हुआ अंग्रजों का लश्कर देखा

झुलसे हुए बंगलों के सिवा कुछ भी नहीं था,
अंग्रेज़ों की लाशों के सिवा कुछ भी न था।''[60]

आगे चलकर राही इस सत्य का उद्घाटन करते हैं कि जब हिंदुस्तानियों ने मिलकर लड़ाई लड़ी तो फिरंगियों के हौसले पस्त हो गए। वहीं भारतीयों का हौसला सातवें आसमान पर चढ़ा हुआ था –

''मई ग्यारह के दिन को था मेरठ में सन्नाटा
सूरज ने हर राह पे देखा अंग्रेज़ों का लाशा

x x x

सारी अक्कड़फो निकल गई इक दिन में बस अंग्रेज़न की
सुनो भाइयों, सुनो भाइयों, कथा सुनो सत्तावन की।''[61]

इसी सच्चाई का उद्घाटन स्वंय एक अंग्रेज़ कवि 'अर्नेस्ट जोंस' करता है कि भारतीयों के जोश और ताकत को देखकर अंग्रेज़ों की हालात बहुत खराब थी और वो रात दिन इसी फिक्र में थे कि किस प्रकार इस क्रांति की ज्वाला को शांत किया जाये, उन्हें अपनी दुर्बलता और भारतीयों की शक्ति का अहसास हो गया था—

''चौकस होकर चौकन्ना इंग्लैंड जमा कर रहा ताकत सारी
अपनी सबसे बड़ी फौज की सफें सजाई
दांव आखिरी
हुई किले-बंदी नगरों की
मानो खुद महसूस किया हम कितने दुर्बल
शत्रु हमारा कैसा दुर्दम बलशाली है।''[62]

'अर्नेस्ट जोंस' मानता है कि इस लड़ाई का कारण अंग्रेज़ों की शोषण नीति ही है। शांति हो ही नहीं सकती थी, क्योंकि दोनों के लक्ष्य भिन्न थे –

''कहाँ से, कैसे होगी शांति
जहाँ एक का लक्ष्य मुक्ति हो
दूसरे का हो दास बनाना?''[63]

अंग्रेज़ कवि के यह विचार इस बात को और भी मज़बूत करते हैं कि अंग्रेज़ों की नीति से भारतीय जनता बेहाल थी। उन्होंने भोली-भाली जनता का खून चूसने में कोई कसर बाकी न छोड़ी थी। राही इस बात को तूफान से पहले' शीर्षक कविता में यूँ बयान करते है—

''इन सीनों में दिल ही नहीं लालच की दुकाँ है
इस क़ौम के सौ हाथ हैं सौ गज़ की जुबा है
तहज़ीब नहीं लाशों वे यह जीती है लोगों
यह नफा की है ज़ोंक यह खूँ पीती है लोगों।''

इससे पहले भारतेंदु की कविता एवं मुकरियों में भी यह बात स्पष्ट तौर पर देखने को मिलती है कि अंग्रेज़ सरकार हमारे लिए नासूर बन चुकी थी, भारतीय जनता उनके घिनौने कृत्य को जान चुकी थी, अतः वह विद्रोह का रास्ता अपनाती है। यहाँ यह बात भी देखने वाली है कि इस लड़ाई में राजा-प्रजा, गरीब-अमीर, हिंदू-मुसलमान सभी कंधा से कंधा मिलाकर पूरे दिल से लड़े, तभी तो 1857 महा संग्राम बन गया था—

"राजा हो या प्रजा, शहरी हो या देहाती
वह ज़रबफ्त हो, ढाके मलमल हो, या तो लंगोटी
मंदिर हो या मस्जिद, वह बधना हो या थाली
अपनी-अपनी दुनिया में सबने यह जी में ठानी
आखिर कोई चीज़ है यारों ग़ैरत अपने आंगन की
सुनो भाइयों, सुनो भाइयों, कथा सुनो सत्तावन की।"[64]

चूंकि इस संग्राम से सामान्य जन जुड़ा है इसलिए उस जन की भाषा, सोच एवं देश भक्ति की पुकार भी महाकाव्य में दिखाई देती है। पूर्वी उत्तर प्रदेश के घरों में बोली जाने वाली भोजपुरी उर्दू के सहारे रचनाकार देश भक्ति भाव को इस प्रकार व्यक्त करता है—

"कबले आखिर रख़्खल रही लोहे का गहनवा हो
हो किसनववा हो
रख्खल-रख्खल कछउ ना काटी ई तलवरिया
तोहीर और देखत बांटे तोहरी कटरिया।"[65]

अठारह सौ सत्तावन, भारतीय गाँवों की परिस्थिति और उसकी दशा का आईना है। इस आईने में किसान, उनकी समस्याएँ तथा जीवन में होने वाली घटनाएँ देखी जा सकती हैं। किसान कर्ज़ के बोझ से दबा हुआ है। न केवल आम आदमी बल्कि गाँव के ज़मींदार और मुखिया भी अंग्रेज़ों के शोषण से तंग आ चुके थे। 1857 के समर में गाँव के मुखियाओं ने भी जी-जान से साथ दिया। राही कहना ये चाहते हैं कि समाज का हर वर्ग अंग्रेज़ों के खिलाफ था। उन्होंने रात-रात भर जागकर इस स्वाधीनता आंदोलन को शक्तिशाली बनाने में कोई कसर बाकी न छोड़ी। राही की लोक दृष्टि रोटी पर जाती है—

"रात के गहरे सन्नाटे में गाँव से मुखिया निकला
धीरे-धीरे उसने काटा अगले गाँव का रस्ता
दस्तक दी उस गाँव के मुखिया के दर पर वह जागा
बाहर निकला जब वह मुखिया तब उसने क्या देखा
रोटी देख के उसने पसारी झोली अपने दामन की

सुनो भाइयों, सुनो भाइयों, कथा सुनो सत्तावन की।
पूरब-पश्चिम, उत्तर, दक्खिन पहुँची इक सरगोशी
इस मुखिया ने रोटी दे दी उस मुखिया ने ले ली।''[66]

रोटी उस समय क्रांति का प्रतीक बनी, समाज के प्रत्येक वर्ग ने अपनी हैसियत के अनुसार इस स्वाधीनता आंदोलन को सफल करने की कोशिश की। अंग्रेज़ों की दमनकारी नीति से आम आदमी बेहाल था। वह पूरी ताकत से इस लड़ाई को नहीं लड़ पाया। संचार की कमी से पूरे देश में क्रांति की लहर जा न सकी। लगभग पूरा दक्षिण इससे अछूता रहा। यही कारण है कि यह समर अधूरा रह गया और हमें 1947 तक इंतज़ार करना पड़ा। फिर भी गुलामी की ज़ंजीरों को तोड़ने की बात इसमें पूरे ज़ोर-शोर से कही गयी है—

''राही ज़ंजीर-ए-पा को झटक दे
देख सूरज चढ़ा आ रहा है
गाँव को लौटकर देख लेना
वक्त कम और रास्ता बड़ा है।''[67]

महासंग्राम में हमें पूर्ण सफलता नहीं मिली, परंतु इसने परतंत्र देश को जगा दिया। नौजवानों में एक ऐसा उत्साह भर दिया जो किसी भी कठिनाई को पार कर मुल्क की आज़ादी चाहता है—

''फिर आखिर तुम सब चुप क्यों हो आगे बढ़ो और आगे बढ़कर
छीन लो अपना इक-इक साथी चाक करो इस जुल्म का दामन
वक्त तो अब है आज पुकारों अपने बाजू के लोहे को
फोड़ दो उस ज़ंजीर की आंखें ऐंठ दो इस बेड़ी की गर्दन।''[68]

यह क्रांति भारतीय जनता के आज़ाद होने का सपना है। यह सपना हिंदुस्तानीयत की परिकल्पना हैं। एक ओर लक्ष्मी बाई, तात्यां टोपे, अजीमुल्ला, टीका सिंह, शम्सुद्दीन, ज्वाला प्रसाद, मौजूद अली अंग्रेज़ों से लौहा ले रहे हैं तो दूसरी ओर आज़ादी के दूसरे दीवाने भीम का गदा, कृष्ण का चक्र, अर्जुन का बाण और राम की कमान बनकर जंगे आज़ादी में कूद पड़े। लेखक इसी बात को बड़ी खूबसूरती से पेश करता है—

''यू खिंचो राम की कमान बनो
कृष्ण का चक्र बन के वार करो
भीम का गुर्ज़, बाण अर्जुन का
गोरा तो बुलबुला है साबुन का।''[69]

मंगल पांडे इस महाकाव्य का नायक व रानी लक्ष्मी बाई नायिका बनकर सामने आती हैं। मंगल पांडे की शहादत की चेतना को लेकर शायर देश भक्ति के

भाव को दिग्दर्शित करता है। अंग्रेज़ों के खिलाफ सबसे पहली आवाज़ मंगल पांडे की थी। वह आवाज़ उस समय हर भारतीय के मन में उछालें मार रही थी—

"मंगल पांडे भारतमाता की आँख का तारा था
रोज स्नान के बाद वह अपने राम की पूजा करता था
गोरों से नफरत का लावा तो हर दिल में फूटा था
मंगल ने वह करके दिखाया जो हम सबने सोचा था।"[70]

इसी कारण मंगल पांडे अमर हो गया। 1857 और मंगल पांडे एक दूसरे के पर्याय बन गये। 160 वर्ष बाद 1857 और मंगल पांडे को लेकर फ़िल्म निर्माण इस बात का गवाह है कि मंगल पांडे का मुकाम हमारी दृष्टि में बहुत ऊंचा है। इस महाकाव्य में रानी लक्ष्मी बाई के माध्यम से रचनाकार भारतीय स्त्री की छुपी हुई शक्ति को सामने लाता है। रानी लक्ष्मीबाई पहली बार भारतीय स्त्री की शक्ति का प्रतीक बनती है—

"यह वह रानी है जिसे अपना नहीं कोई ग़म
ज़ख़्म के वास्ते बहता हुआ खूं है मरहम
इसने मैदान में लड़ मरने की खाई है कसम
साथ वाले गो हर एक हमले में हो जाते हे कम
लाशों से रास्ते रानी के पटे जाते हैं
यह बढ़ी जाती है अंग्रेज़ हटे जाते है।"[71]

इस स्वाधीनता आंदोलन में वह भारतीय नारी का प्रतिनिधित्व करती है तथा इस बात को स्पष्ट कर देती है कि नारी किसी भी क्षेत्र में कमज़ोर नहीं है। वास्तव में लक्ष्मीबाई की वीरता, साहस व नेतृत्व क्षमता तथा युद्ध कौशल को देखकर अँग्रेज भी आश्चर्य चकित रह जाते हैं—

"माना अंग्रेज़ ने तलवार का उसकी लोहा
हाथ उकसे न रूके और न सिर उसका झुका।"[72]

रानी लक्ष्मीबाई के साहस और स्वाभिमान की ओर भी रचनाकार संकेत करता है—

"सिर उठाए हुए आऊंगी अगर आऊंगी
वरना लड़ते हुए मैदान में मर जाऊंगी।"[73]

राही का अतीत मोह यहाँ भी बार-बार उमड़कर सामने आता है। 1857 में वह भाव बहादुरशाह ज़फर के माध्यम से व्यक्त हुआ है। क्रांति की विफलता के बाद बहादुर शाह ज़फर को गिरफ्तार करके रंगून भेज दिया जाता है। जेल में अकेले बैठे उसकी स्मृतियाँ जाग जाती हैं। उसकी कशमकश, लाल किले की यादें, जामा मस्जिद की अज़ां तथा अन्य घटनाएँ उसे बार-बार याद आती हैं। जेल की काल

कोठरी में बैठै बहादुर शाह का मन अतीत की गहराईयों में डूब जाता है –

"ऐ दीवाने खास के मर-मर
इस दीवाने-खास में कल तक
शाम आई तो इजाज़त लेकर
सुबह उठी तो रूख्सत लेकर
आज ये गोरे
इस दीवाने खास में ऐसे घूम रहे हैं
जैसे यह इक राह-गुज़र हो।"[74]

जब रचनाकार को पेड़ों पर लाशें लटकी दिखती हैं तब भी वह अपने सुनहरे अतीत में जाता है कि क्या ये वही जगह है जहाँ पहले सुगंधित हवा चलती थी, गाँव की अल्हड़ जवानियाँ यहाँ अंगड़ाई लेती थीं और सावन के गीत गाती थी। अब सब कुछ कैसे बदल गया इसकी इस दशा का ज़िम्मेदार कौन है? तात्पर्य है कि राही के अतीत में जाने से उसकी कविता का प्रभाव और अधिक बढ़ जाता है। पाठक जब अतीत और वर्तमान की तुलना करता है, तो उसे अंग्रेज़ों से और भी नफरत हो जाती है, और वह वर्तमान को सही तरह से समझता है—

"जिन सड़कों ने,
मुझसे वफा का अहद किया था
वह सड़कें वीरान पड़ी हैं
वह सड़कें बेजान पड़ी हैं
हर जानिब इक हू का आलम
हर जानिब इक सन्नाटा है
क्या इस दिल्ली शहर में अब बच्चे भी नहीं हैं।"

इस महाकाव्य में एक बात और ध्यान करने योग्य है कि इसमें जहाँ एक तरफ अंग्रेज़ों की दुर्दशा का वर्णन है, जहाँ उन्हें निहत्थों को भी नहीं छोड़ा। उन पर दनादन गोलियाँ चलाई जाती हैं। उनके खून से कुछ देर के लिए, गंगा का पानी लाल हो जाता है। इसे आप मनुष्यता का हनन कह सकते हैं। तो वही दूसरी ओर अंग्रेज़ों के जुल्म से बस्तियाँ की बस्तियाँ वीरान हैं, हर तरफ खामोशी और उदासी छायी हुई है। इसे देखकर अंग्रेज़ों के प्रति घृणा बढ़ जाती है, और निहत्थे अंग्रेज़ों को मारने से पाठक के अंदर उत्साह का संचार होता है। या तो यह देशभक्ति है या फिर राही की कला, जो कथा को इस अंदाज़ से सुनाता है जिससे भारतीयों के प्रति प्रेम तथा अंग्रेज़ों के प्रति घृणा की भावना बलवती होती है।

1857 का महासमर भारतीय जनता हार जाती है। चारों ओर तबाही और वीरानी से हैरान परेशान शायर एक बूढ़े से पूछता है—

"राही अब थक के चूर है बाबा
लखनऊ कितनी दूर है बाबा।"[75]

बूढ़ा जवाब देता है—लखनऊ? कैसा लखनऊ दिल का बाज़ार लुट गया। लखनऊ अब कहाँ रहा, वह तो अब लाशों के बीच में सो रहा है। हर तरफ रात है रात है। कहीं उजाला नहीं—

"बाबा अब थक के चूर है शायर
लखनऊ दूर, दूर है शायर।"[76]

परन्तु इस महाकाव्य का अंत निराशा पर नहीं बल्कि आशा के साथ होता है, और वह है मनुष्य का विश्वास क्योंकि बिना विश्वास के आशा केवल एक आशा ही रहती है। आशा को यकीन में बदलना मनुष्यों का काम है। इसी विश्वास ने 1857 की हार को 1947 की जीत तक पहुँचा दिया।

"हम न इसको कभी यूँ जां से गुज़रने देंगे, हम इसे याद बना लेंगे, न मरने देंगे।" राही की सोच की कद्र करनी होगी कि, हारी हुई लड़ाई का भी महत्त्व, भारत के लिए बहुत अधिक है। आज की स्वतंत्रता उसी 1857 की लड़ाई की कड़ी है। राही का मानाना है कि ज़रूरत होती है इच्छा शक्ति की जो हार में भी अपनी मंज़िल के पहुँचने तक बरकरार रहती है। राही इसी आशा के साथ हार न मानने का संदेश देते है—

"सिर पे है आज जो तूफान, चला जाएगा
यह अंधेरा भी है मेहमान, चला जाएगा।

और उस अंधेरे को दूर करने के लिए शहीदों के बलिदान की प्रेरणा से जो लौ दिलों में जली है वह अब किसी भी तूफान से बुझने वाली नहीं। इसी पैग़ाम के साथ राही क्रांतिकथा का अंत करते है-

"देख वह सुबह हुई, फूट रही है वह किरण
सुन मेरे पैरों की चाप और मेरे दिल की धड़कन
जाग। दीवानों के दामन की हवा लाया हूँ
तोहफए खूने शहीदाने वफ़ा लाया हूँ।"

संदर्भ ग्रंथ

1. अभिनव कदम, राही विशेषांक, पृ. 213
2. डॉ. रेहाना रिज़वी, राही मासूम रज़ा का रचना संसार, पृ. 151
3. मैं एक फेरी वाला, पृ. 17
4. वही, पृ. 23
5. अभिनव कदम, राही विशेषांक, पृ. 188
6. वही, पृ. 190
7. मैं एक फेरी वाला, पृ. 17
8. वही, पृ. 47

9. अभिनव कदम, राही विशेषांक, पृ. 246
10. मैं एक फेरी वाला, भूमिका
11. अभिनव कदम, राही विशेषांक, पृ. 211
12. वही, पृ. 217
13. वही, पृ. 221
14. वही, पृ. 220
15. वही, 'प्यास और पानी' कविता, पृ. 198,
16. वही, पृ. 436
17. वही, पृ. 208
18. वही, पृ. 396
19. मैं एक फेरी वाला, पृ. 80
20. अभिनव कदम, राही विशेषांक, पृ. 394
21. वही, पृ. 397
22. मैं एक फेरी वाला, पृ. 41
23. वही, पृ. 85
24. अभिनव कदम, राही विशेषांक, पृ. 402
25. वही, पृ. 404
26. मैं एक फेरी वाला, पृ. 85
27. अभिनव कदम, राही विशेषांक, पृ. 407
28. मैं एक फेरी वाला, पृ. 32
29. डॉ कुंवर पाल सिंह, राही और उसका रचना संसार, पृ. 247
41. अभिनव कदम, राही विशेषांक, पृ. 440
42. डॉ कुंवर पाल सिंह, राही और उनका रचना संसार, पृ. 247
32. अभिनव कदम, राही विशेषांक, पृ. 441
33. अठारह सौ सत्तावन, भूमिका
34. वही, भूमिका
35. वही, पृष्ठ-पस्तावना
36. वही, पृ. 72
37. वही, पृ. 74
38. वही, पृ. भूमिका
39. पुरूषोत्तम अग्रवाल, विचार का अनंत, पृ. 23
40. रामविलास शर्मा, महावीर प्रसाद द्विवेदी और हिंदी नवजागरण, पृ. 210
41. राही, क्रांतिकथा, पृ. 144
42. वही, पृ. 50
43. अभिनव कदम, राही विशेषांक, पृ. 384
44. राही, क्रांतिकथा, पृ. 130
45. वही, पृ. 89
46. वही, पृ. 153
47. वही, पृ. 153
48. राही, क्रांतिकथा, पृ. 123

49. वही, पृ. 86
50. वही, पृ. 25
51. वही, पृ. 22
52. वही, पृ. 25
53. वही, पृ. 27
54. वही, पृ. 117
55. वही, पृ. 54
56. वही, पृ. 197
57. वही, पृ. 47
58. वही, पृ. 121
59. वही, पृ. 109
60. वही, पृ. 115
61. वही, पृ. 116
62. अभिनव कदम, राही विशेषांक, पृ. 59
63. वही, पृ. 59
64. राही, क्रांतिकथा, पृ. 35
65. वही, पृ. 48
66. वही, पृ. 76
67. वही, पृ. 80
68. वही, पृ 89
69. वही, पृ 135
70. वही, पृ. 62
71. वही, पृ. 201
72. वही, पृ. 202
73. वही, पृ. 183
74. वही, पृ. 164
75. वही, पृ. 208
76. वही, पृ. 210

परिशिष्ट

छक्के छुड़ाने वाला राही और अलीगढ़: वे भी क्या दिन थे

प्रो. असग़र वजाहत

ये एक तिराहा था लेकिन इसे चौराहा भी कहा जा सकता था और अगर शब्द होता तो पंचराहा भी बताया जा सकता था। एक पक्की सड़क कठपुले से उतर कर कचहरी और नक़वी पार्क होती शमशाद मार्केट पर आने से पहले दो सड़कों में बट जाती थी और फिर तीसरी पतली गलीनुमा सड़क भी इसी तरह से निकलती थी। चौराहे पर पान की दुकान हुआ करती थी और उस ज़माने यानी 1963-64 के फैशन के अनुसार उस पान की दुकान पर भी एक रेडियो था। रेडियो उस ज़माने तक महँगी चीज़ मानी जाती थी और रईसों के घरों या पान की दुकानों में ही पाया जाता था। मिडिल क्लास तक पान की दुकान पर खबरें और क्रिकेट कैमेण्ट्री सुना करते थे।

दस ग्यारह बजे के बाद तीसरी सड़क से 30-35 साल का आदमी अजब अंदाज़ से चलता पान वाली दुकान पर आता था। चाल में हल्की-सी लंगड़ाहट हुआ करती थी। इस लंगड़ाहट को कुछ इस तरह भी कहा जा सकता है कि 'मेरे महबूब की चाल में है जो लंगड़ापन' कहने का मतलब यह है कि इस आदमी की चाल का लंगड़ापन एक अदा थी। वह आम तौर पर हल्के रंग और कीमती कपड़े की शेरवानी पहनता था। कभी रसिक तो कभी और कोई कलात्मक कपड़ा। शेरवानी के बटन खुले होते थे, सब नहीं। ऊपर के चार पाँच सलीमशाही जूतों में चाल के लंगड़ापन के 'अदा' वाले तत्व में इज़ाफा कर देता था। इस आदमी के बाल-लम्बे काले सूखे में भी एक अदा हुआ करती थी। बड़ी और गहरी आंखे जिनमें शोख़ी और शरारत की मौजें साहिल से टकराती रहती थी। क्लीन शेव, खड़ा नाक नक्शा....यह शख्स पान की दुकान पर पान खाने नहीं आता था, क्योंकि उसके हाथों में पान की डिबिया और बटुआ हुआ करता था। वह पान की दुकान पर आकर पूछता था-क्यों भाई हमारी टीम ने कितने रन बनाये, क्रिकेट मैच की ताज़ा तरीन खबरें लेने के बाद ये आदमी रिक्शा लिया करता था और रिक्शे के बीचों बीच इस तरह बैठता था जैसे शाहजहाँ तख्ते-ताऊस पर बैठते होगें।

कभी-कभी रात दस बजे के बाद यह आदमी इसी चौराहे से तीसरी सड़क

की तरफ जाता दिखाई देता था। इस आदमी का चेहरा 'दमक' रहा होता था-'चेहरा फरोग़े मैं से गुलिस्तां किए हुए' यह आदमी सुबह के दरवाज़े पर दस्तक देने चला जाता था। इस आदमी के कंधों पर ख्वाबों का इतना बड़ा बोझ दिखाई देता था कि लगता कि वह चल ही कैसे पाता है?

यही आदमी बारह-साढ़े बारह बजे के करीब आर्ट्स फैकल्टी के सामने लड़कियों के गिरोह में घिरा कैनटीन की तरफ जाता दिखाई देता था। तीन-चार लड़कियाँ इधर और तीन-चार लड़कियाँ उधर बीच में 'दिल लेने का चलन' वाली चाल चलता हुआ यह आदमी हाँ एक-आद पुरुष भी हुआ करते थे। इस गिरोह में...लेकिन सन् 64-65 में अलीगढ़ मुस्लिम विश्वविद्यालय जैसी कट्टरपंथी, सामंती, बुद्धि विरोधी-संस्था में लड़कियों के साथ कैंटीन जाने की हिम्मत करने वाला यह आदमी वह था जिसके बारे में कहा जाता था कि अलीगढ़ ने दो शायरों के ही नाज़ो-नख़रे उठाये हैं। अलीगढ़ के गर्ल्स कालेज के हास्टल में रात के वक्त दरवाज़े बन्द करके लड़कियाँ 'मज़ाज' के नाम लाटरी निकाला करती थी, और फिर पच्चीस तीस साल बाद ये लाटरी 'राही' के नाम मंसूब हो गयी-राही मासूम रज़ा।

आवारा टाइप के लड़के चीख-चीख कर एक लाइन पढ़ा करते थे-'गलत बिल्कुल गलत 'राही' को लंगड़ा कौन कहता है। जो मैरिस रोड तक पाया जाये वो लंगड़ा नहीं हो सकता,' ध्यान रहे कि मैरिस रोड अलीगढ़ की वह सड़क है जिस पर लड़कियों का कालिज है और जहाँ उस ज़माने में दिल जले आँख सेकने जाया करते थे। अब ये कैसे हो सकता था कि किसी को आँख सेंक कर संतोष कर लेना पड़े और कोई लड़कियों के झुरमुट में कन्हैया घूमें, शायद यही हसद का भाव था जिसके कारण लड़के कहते थे...'गलत बिल्कुल गलत'...।

राही मासूम रज़ा के दुश्मनों की कमी नहीं थी। क्यों न होती...एक तो नामी गिरामी शायर, दूसरे चाल में वो लंगड़ापन की लड़कियाँ फिदा हो जायें, तीसरा ये के मुँह खोले तो फूल झड़े...चौथा ये कि अगर किसी को छेड़ दे तो जिन्दगी भर तड़पा-तड़पा फिरता रहे...अब ऐसे आदमी के दुश्मन न होंगे तो क्या हमारे आपके होंगे...उर्दू के एक प्रसिद्ध लेकिन अकल के पैदल साहित्यकार को 'राही' खूब खीचते रहते थे...एक दिन 'राही' ने उनसे कहा-डाक्टर साहब...ये 'ऐबिट' नाम का 'स्कॉलर' भी गज़ब का था...जिस सब्जेक्ट की किताब उठाकर देखिए 'एबिट' के रिफ्रेन्सेज से भरी पड़ी है। अक्ल से पैदल साहित्यकार ने राही द्वारा दी गयी इस विद्वतापूर्ण जानकारी से सैकड़ों लोगों को लाभाविन्त किया और फिर यह हाल खुला कि 'राही' ने उल्लू बनाया था।

...अब तो राही पर गालियों की बौछार...और 'राही' खुश...।

राही उर्दू में पी-एच.डी. कर रहे थे। उनके सुपरवाइजर और उर्दू के प्रसिद्ध

आलोचक प्रो. आले अहमद 'सुरुर' के लोगों ने कान भरे कि साहब 'राही' काम-वाम नहीं करते लड़कियों के साथ तफरीह किया करते हैं। प्रोफेसर तो प्रोफेसर...और वो भी अलीगढ़ का यानी करेला नीम चढ़ा...बस जनाब हुक्म दिया 'राही' को काम दिखाओ...अगले दिन 'सुरुर' साहब के कमरे के बाहर हटो बचो का शोर मच गया...तीन बड़े बक्से लिए लोग गैलरी में आ गये...फिर 'सुरुर' साहब के कमरे में बड़े बक्से पहुँच गये...पीछे-पीछे 'राही' आये और बोले-साहब ये मेरा काम है...देख लीजिए...।

'राही' की अकड़ छोटे ज़मींदारों वाली अकड़ थी। मुकद्दमें बाजी का शौक विरसे में मिला था...। अलीगढ़ में जब नौकरी पर बहाल नहीं हुए तो उन्होंने एक बवंडर खड़ा कर दिया था। एक विख्यात अभिनेता पर नाराज हो गये तो उसे ऐसा लगा कि सिट्टी पिट्टी गुम हो गयी। अभिनेता ने शायद उनका कुछ पैसा-वैसा रोक लिया था और देता नहीं था। अभिनेता विग...लगाता था। उस ज़माने में उसका बड़ा नाम था। बड़ी मार्केट थी। राही ने अभिनेता से कहा कि मैं ग़ाज़ीपुर की अदालत में...आप पर मुकद्दमा दायर करुंगा। आप पर जो धाराएँ लगेगीं उनके चलते आपकी ज़मानत नहीं हो पायेगी। अदालत में जाना ही पड़ेगा। आप जैसे ही अदालत में जायेंगे मैं जज से कहूँगा कि हुज़ूर ये शख्स अदालत की तौहीन कर रहा है, क्योंकि अदालत के अन्दर टोपी लगाए हुए है। अदालत आपको टोपी उतारने का हुक्म देगी, आप हुक्म नहीं मानेगें तो जेल चले जायेंगे और अगर मानेंगे तो वहाँ मैं दस फोटोग्राफर खड़ा कर दूंगा जो आपको गंजे सिर की सैकड़ों तस्वीर खीच लेगें। वो तस्वीर मैं बंटवा दूंगा।

'जिक्र उस परीवश का और फिर बयाँ अपना' के स्टाइल पर यहाँ कुछ ऐसा हुआ कि 'राही की जादू बयानी और कानून की उनकी इतिमयत ने अभिनेता के छक्के छुड़ा दिये। 'राही' को छक्के छुड़ाने का शौक था। दिल के सफर में भी और दिमाग़ से सफर में भी उन्हें ऐसे लोग खूब मिले जिनके राही ने छक्के छुड़ाये। 'पार्वती खान' वाले प्रसंग में उन्होंने दूरदर्शन के एक अधिकारी के छक्के छुड़ा दिये थे। फूट डालने वाली और घृणा फैलाने वाली राजनीति के तो वो कट्टर विरोधी थे और अटल बिहारी से लेकर आडवानी तक को खुले पत्र लिख कर उनके छक्के छुड़ाया करते थे।

'राही' साहब का निजी जीवन और उसके आयाम बहुत जटिल हैं। आमतौर से उड़ती-उड़ाती ख़बरें लोगों तक पहुँचा करती थी जिससे तो इतना अंदाज़ा हो ही जाता था कि ज़िन्दगी का अच्छा खासा वक्त जोहरा जबीनों के दरम्यिान गुज़र रहा है। 'राही' का सार्वजनिक जीवन-अदब आर्ट, समाज और राजनीति को समर्पित था। उन्होंने और उस ज़माने में 'राही' की तरह ही विश्वविद्यालय के शोध छात्र के.पी. सिंह ने मिलकर 'संगम' नामक एक संस्था बनाई थी जिसमें हिन्दी उर्दू के साहित्यिक कार्यक्रम हुआ करते थे।

के.पी. सिंह उस जमाने में 'राही' मासूम रज़ा के साथ रहा करते थे। ये वही दिन थे जब राही ने उर्दू में 'आधा गाँव' लिखा था, और उसे कोई छापने वाला नहीं मिल रहा था। के.पी. सिंह उस ज़माने में कमलेश्वर को अलीगढ़ बुलाया करते थे, अलीगढ़ में ही कमलेश्वर ने 'आधा गाँव' के कुछ अंश सुन कर कहा था कि उपन्यास हिन्दी में छप सकता है। के.पी. सिंह ने 'राही' के साथ बैठकर न केवल 'आधा गाँव' हिन्दी में उतारा था बल्कि अच्छा खासा सम्पादन भी कराया था।

उन दिनों 'राही' शायरी अपने लिए करते थे और उपन्यास इलाहाबाद के 'जासूसी दुनिया' खातिर ख्यात प्रकाशक अब्बास हुसैनी के लिए 'रुमानी दुनिया' सीरिज में लिखा था करते थे। 'राही' ग़ज़ब के लिख्खाड़ थे। सवा सौ डेढ़ सौ पृष्ठ का उपन्यास एक रात में लिख डालते थे। पारिश्रमिक मिलता था, सौ रुपये...। छात्र जीवन के ख़र्चे-दवा दारु समैत चल जाते थे। 'राही' ने रुमानी दुनिया सीरीज के अंर्तगत जो उपन्यास लिखे थे, वे अपने नाम से नहीं लिखे थे, लेकिन उनमें से कुछ उपन्यास बहुत अच्छे थे। ऐसे ही एक उपन्यास के लिप्यांतरण का काम उन्होंने मुझे सौपा था, पता नहीं उसका क्या हुआ? पता नहीं राही के अन्य 'रुमानी दुनिया' सीरीज के उपन्यासों का क्या हुआ।

मैं अलीगढ़ सन् 61 में पहुँचा था। उसके एक साल बाद आजकल के विख्यात फ़िल्मकार मुज़फ्फर अली भी अलीगढ़ आ गये थे। हम लोग क्लास फेलो थे। मुज़फ़्फ़र हमेशा की तरह उस ज़माने में भी दर्शनीय या प्रियदर्शनीय थे, मैं हमेशा की तरह उस जमाने में भी 'मैदे का पेड़ा' लगा करता था, लेकिन दोस्ती हो गयी थी और हम लोग उस ज़माने में अलीगढ़ के साहित्यिक सांस्कृतिक सर्किल में दाखिल हो रहे थे। मुज़फ़्फ़र को 'राही' साहब पसन्द करते थे, और मुज़फ़्फ़र के बहाने मैं भी उनके कुछ करीब पहुँच गया था। 'राही' का सर्किल या कहें उस जमानें में अलीगढ़ में साहित्यकारों की जमात लम्बी चौड़ी थी। हिन्दी में रवीन्द्र 'भ्रमर' गोपाल दास 'नीरज' जैसे प्रतिष्ठित विराजमान थे तो उर्दू में 'मजाज' के समकालीन मोईनुलहसन 'जज्बी' थे। उन्होंने एक बड़े मार्के का शेर कहा है:-

इलाही मौत न आये तबाह हाली में
ये नाम होगा ग़में रोज़गार सह न सका

'जज्बी' साहब बताते थे, ये शेर उन्होंने बंबई में तीन दिन की भूख और उसके कारण जन्मी निराशा के क्षणों में लिखा था कि अब बस वे मर जायेंगे। संघर्ष के उन्हीं क्षणों में 'जज्बी' को अपनी विख्यात कविता 'मौत' भी लिखने की प्रेरणा मिली होगी। जज्बी साहब के बाद मैं मुनीबुर्रहमान साहब की चर्चा करना चाहूँगा जिनके बारे में मेरी राय है कि अगर उन्होंने शायरी करने पर थोड़ा भी ध्यान दिया होता तो आज फैज अहमद 'फैज' से कम उनका दर्जा नहीं होता। ग़ज़ब की शायरी

की है उन्होंने। अपनी विदेशी पत्नी के साथ कोई तीस–चालीस साल पहले अलीगढ़ से अमेरिका चले गये थे। वहाँ प्रोफेसर थे। अब सुना है आंखों की रोशनी चली गई है, पचहत्तर से ऊपर उम्र है, अमेरिका के किसी 'सबर्व' में अकेले रहते हैं, मुनीब साहब ने 'मज़ाज' की मौत पर एक शानदार नज़्म लिखी है:

वो चाहता था कि जुए सहर में गुस्ल करे
भिगोये अपने परो–बाल नर्म किरनों में
तजतिलयों से सुने नज़्माहे–बेदारी
समेट ले शफ़्के रंगो–नूर आंखों में
उसे मसल ही दिया ज़िन्दगी के हाथों ने

मुनीब साहब की हिन्दी वालों से बड़ी दोस्ती थी, 'कल्पना' के मालिक बदरी विशाल पित्ती से कहकर उन्होंने मेरी नौकरी 'कल्पना' में लगवा दी थी, पर मैं जा न सका था, पता नहीं क्यों? उन दिनों मुनीब साहब विश्वविद्यालय में पढ़ाते थे और उनके बारे में विश्वविद्यालय की अविवाहित, प्रौढ़ प्राध्यपिकाओं का कहना था 'आखिर मुनीब साहब ने इतनी जल्दी शादी क्यों कर डाली।'

'राही' साहब की ग़ज़लें, नज़्में और दीगर किस्म का कालम हम लोगों यानी छात्रों में इतना लोकप्रिय था कि प्राय: याद हो जाता था आज भी उनकी बहुत–सी नज़्में याद हैं और उनका सही जगह पर इस्तेमाल भी हो जाता है। जैसे जिस लाहौर नाटक लिखते समय:

और नतीजे में हिन्दोस्तां बँट गया।
ये ज़मीं बट गयी आस्माँ...
वाली पक्तियाँ इसतेमाल की...

'राही' साहब और अलीगढ़ के प्रसंग में कुछ और महत्त्वपूर्ण शायरों और दिलचस्प लोगों का ज़िक्र करना ज़रूरी है। जावेद कमाल नाम के एक शायर हुआ करते थे जो रामपुर के पठान थे और उनका असली नाम वाजिद खाँ था। जावेद कमाल ग़ज़ब के आदमी थे। उर्दू में एम.ए. पास थे लेकिन हालात की मार ने यूनीवर्सिटी कैंटीन का ठेकेदार बना दिया था। लम्बा कद, दोहरा बदन, साँवला रंग, खड़ा नाक नक्शा, गहरी सोच में डूबी आँखें, ग़ज़ब की शरारती मुस्कराहट और सूखे बाल...शेरवानी, बड़े पायचे का पजामा...हाथ में पानी का पुड़ा...जेब में विल्स फिल्टर के दो पैकेट...चूंकि कैंटीन का ठेका था इसलिए आमदनी अच्छी थी और चूंकि रामपुर के पठान थे इसलिए पैसा बचाने से बैर था...लम्बा चौड़ा परिवार था, एक भाई को पहलवानी का शौक था दूसरे को शिकार से दिलचस्पी थी, तीसरा तीतर लड़ाता था और चौथा...मतलब इस तरह के शौक जिसमें पैसा सिर्फ लगता है...कमाता नहीं...कमाने वाले अकेले जावेद कमाल। जिन्होंने खुद पैसे से बैर की।

कैंटीन में वैसे दिन भर ही शायरों अदीबों का आना जाना लगा रहता था लेकिन शाम को महफिलें जमती थीं...जावेद कमाल या तो शेर पढ़ते थे या गालियाँ देते थे...हर जुम्ले में एक मोटी-सी गाली 'कामा', 'फुल स्टाप' जैसी हुआ करती थी। बातचीत करने के न सिर्फ बेहद शौकिन थे बल्कि पूरी शिद्दत के साथ बोलते थे। दोस्तों को पक्का यकीन था कि जावेद कमाल कम से कम ढाई तीन लाख शब्द रोज़ बोलते थे। दोस्तों के बारे में निर्मम राय देने में भी उनका जवाब न था। 'राही' साहब के बम्बई जाने के बाद एक दिन जावेद कमाल बोले-यार अच्छा ही हुआ राही बम्बई चले...वो बम्बई के लिए ही बने थे।'

जावेद कमाल की कैंटीन में ही शहरयार, खलीलुरहमान आज़मी, बलदेव मिर्जा, के.पी. सिंह, कभी-कभी रवीन्द्र भ्रमर वगैरा आया करते थे। किसी की हिम्मत न थी कि एक आद पैसा ही दे दें। अरे जब हम हैं तो फिर आपको...चाय, समोसे, पान, सिगरेट सब कुछ जावेद कमाल के जिम्मे-कभी कभी फ़िल्म देखने का कार्यक्रम बनता था। तो जावेद कमाल रिक्शे के किराये से लेकर, सिनेमा के टिकट और इंटरवल की चाय तक का पेमेण्ट किसी को नहीं करने देते थे...। दुनिया का शायद ही ऐसा कोई काम हो जो जावेद कमाल ने न किया हो। झूठ और सच वग़ैरा की बात न कीजिए...। जावेद कमाल जो कुछ कहते थे सच ही होता था या लगता था...। वैसे भी बात वही सच होती है जो सच लगती हो...। जावेद कमाल ने कलकत्ता में कपड़े, जूते की दुकान से लेकर बम्बई में ठेकेदारी, फ़िल्म निर्देशन, ग्वालियर में डकैती, झाँसी में फौजदारी, रामपुर में अपनी प्रेमिका के पिता की पिटाई...आगरे में ट्रेड यूनियन, मद्रास में गोदी मजदूरों की ठेकेदारी, हैदराबाद में चकला वालों की दादागिरी, जालंधर में हॉकी टीम की कप्तानी, बंग्लौर में हीरे जवाहरात का कारोबार...और न जाने क्या-क्या किया।

एक साल गर्मियों की छुट्टियों के बाद अलीगढ़ लौटा तो बड़ी सनसनी खेज़ खबरें सुनने को मिली। खबर यह थी कि 'राही' साहब ने किसी ऐसी महिला से विवाह कर लिया है जो किसी कैप्टन साहब की पत्नी है और जिनके कई बच्चें हैं। दूसरी खबर यह थी कि 'राही' अपनी नव विवाहिता पत्नी को लेकर बम्बई चले गये हैं। तीसरी खबर यह थी कि 'राही' को विश्वविद्यालय की नौकरी से निकाल दिया गया है, जितनी मुँह उतनी बातें...। जावेद कमाल का अपना मौलिक विश्लेषण...।

'राही' साहब ने बड़ी कोशिश की कि अलीगढ़ मुस्लिम यूनिवर्सिटी में बहाल हो जायें पर यह न हो सका...। वहाँ की एक 'पावर फुल लॉबी' उनके खिलाफ हो गयी थी। बम्बई में करीब चालीस साल की उम्र में 'राही' को संघर्ष करना पड़ा। मैं उसका साक्षी नहीं हूँ, मैं तो बम्बई में 'राही' से उस वक्त मिला जब वे एक सौ छब्बीस फ़िल्में लिख चुके थे, उनके घर पर कई इंकमटैक्स 'रेड' पड़

चुके थे, लोगों के मुताबिक 'राही' ने पैसों का पेड़ लगाया था, और अपने गाँव गंगौली पर जान देने वाल 'राही' गंगा के किनारे किसी आम के बाग में दफ़न होने की इच्छा रखने वाला 'राही' अलीगढ़ का शाहज़ादा...हर तरह की सुविधाओं से सम्पन्न वातानुकूलित कमरे का कैदी था और पैसों के पेड़ की डालियाँ हिला रहा था।

हम तीन दोस्त थे। बम्बई के सफर पर...। मैं बम्बई शब्द को मुम्बई नहीं लिख रहा हूँ क्योंकि उस जमाने में बम्बई ही थी...। ठाकरे की मुम्बई नहीं थी...। 'राही' को फोन करले पहले कहीं पहचानने से इंकार न कर दें...कहीं...कहीं लेकिन सब गलत...। राही साब ने अगले दिन ग्यारह बजे दिन घर बुला लिया...। मैं प्रमोद जोशी और मदहोश बिल्ग्रामी 'राही' साहब के फ्लैट पहुँचे तो देखा ड्राइंगरुम में 'एन्टीक' फर्नीचर के बीच कश्मीरी कालीन पर कई तकियो का सहारा लिए 'राही' लेटे हुए थे। सामने शतरंज की बाज़ी लगी हुई थी...। तीन लोग इधर-उधर बैठे थे...। हम लोग भी जाकर बैठे तो 'राही' ने अपने आसपास बैठे चमचे नुमा लोगों से परिचय कराना शुरू किया-इनसे मिलो वसीम खाँ हैं...। आगरा से हीरो बनने आये हैं...। इनसे मिलो...कोई खलनायक बनने आया था तो कोई गीतकार, कोई संगीतकार...। परिचय के दौरान वे चमचे नुमा लोग 'राही' को खुश करने वाली हँसी हँसते रहे और 'राही' मज़ा लेते रहे। कुछ ही मिनट बाद 'राही' ने चमचों से कहा-भई ये शतरंत-वतरंज हटाओ...ये लोग दिल्ली से आये हैं...। अब हम अदब से बात करेंगे। चमचों ने तुरंत-फुरंत शतरंज की बाज़ी हटायी और जिन्न भूत की तरह गायब हो गये। बड़े सलीके से एक ट्रे में लगी चाय आई...। बातें होती रही...अदब, आर्ट, दिल्ली, अलीगढ़, फ़िल्म इण्डस्ट्री...। दोस्त, अहबाब...'राही' के लहजे में वहीं याराना, फक्कड़पन, और मस्ती और दोस्ती का भाव था...। वो खूब चहक रहे थे...। जैसे बुलबुल को गुलशन मिल गया हो...। फोन की घंटी बजी...उधर की आवाज़ सुनते ही 'राही लुढ़क कर बोले-आदाब तसलीमात अर्ज़ है...कैसे मिजाज़ हैं...हाँ...हाँ...क्यों नहीं, क्यों नहीं...जहे नसीब तशरीफ लाइये...ज़रुर... ज़रुर...जी आदाब...' फोन बंद करते ही 'राही का मिजाज़ नसाज़ नज़र आया। इतना तो हमें पता चल ही चुका था कि जिसका फोन आया है वो आदमी आ रहा है। कुछ लम्हे खामोश रहने के बाद 'राही' बोले-साला पूरी रात बर्बाद कर देगा। हम लोग समझे नहीं...ये कौन है और पूरी रात बर्बाद कर देगा? 'राही के चेहरे पर उभरे सवाल समझ गये और बोले-भई...एक बड़े बजट की फ़िल्म लिख रहा हूँ...उसका ये 'फाइनेन्सर' है...उनके चेहरे पर थकान की परछाइयाँ देखी...लगा एक सौ से ज़्यादा फ़िल्में लिखने का दर्द उनकी आंखों में झांक रहा है...''इस साहब की तीसरी बीबी से तलाक हो चुकी है...लड़का 'ड्रग एडिक्ट' हो गया है...और इस कम्बख्त को रात में नीद नहीं आती...'इन्सोमोनिया' का मरीज़

है...मेरे पास आ जाता है और रात-रात भर जमा रहता है''...कुछ ही मिनट बाद घंटी बजी...दरवाजा खोलने के लिए नौकर दौड़ा...लेकिन 'राही' साहब भी खड़े हो गये...हम तीनों भी खड़े हो गये...सफारी सूट पहने एक औसत कद-काठी का आदमी अंदर आया...वो किसी की तरफ नहीं देख रहा था...'राही' ने हम लोगों का परिचय कराया...वह एक शब्द नहीं बोला...उसने पहला वाक्य जो बोला वो ये था—शतरंज कहाँ हैं?

कुछ देर पहले समेटी गयी शतरंज की बाज़ी फिर जम गयी। हमने 'राही' से कहा-तो ठीक है साब...हम लोग चलते हैं। 'राही' ने बड़े खुलूस से कहा-अभी तो बम्बई में हो न? आना...फोन कर लेना...सुबह मद्रास चला जाता हूँ लेकिन शाम को आ जाता हूँ...उन दिनों 'राही' मद्रास के किसी प्रोड्यूसर के लिए फ़िल्म लिख रहे थे और बम्बई से मद्रास इस तरह आते जाते थे जैसे कोई मुहल्ले में घूमता है।

कुछ साल बाद जावेद अख्तर,...जो उस ज़माने में सलीम के साथ विख्यात जोड़ी सलीम जावेद का हिस्सा थे, के घर 'राही' साहब से मुलाकात हुई। जैसा कि जग ज़ाहिर है फ़िल्म इण्स्ट्री पर लगभग दो दशक सलीम जावेद की हुकूमत रहीं है और इस जोड़ी ने 'कमाई के जो कीर्तिमान बनाये थे, वे शायद आज तक नहीं टूटे हैं। उम्र और शायरी में जावेद 'राही' साहब के सामने 'लौण्डे' थे लेकिन फ़िल्मी लेखन की हैसियत से जावेद का दर्जा उन दिनों 'राही' साहब से कहीं ऊँचा था...

जावेद साहब के घर तक मेरी पहुँच का माध्यम बनी थी शमा ज़ैदी और उनके पति एम.एस.सेथ्यू...जावेद साहब उन दिनों अपनी पहली पत्नी डेज़ी ईरानी के साथ थे। उनका घर समन्दर के इतने करीब था कि ड्राइंग रुम में डर लगा रहता था कि पानी पता नहीं किस लहर के साथ अंदर आ जाये। मेरे ख्याल से करोड़ों की कीमत का बंगला रहा होगा, जो कहते हैं तलाक के बाद जावेद ने अपनी पहली पत्नी को दे दिया है...शायरी की 'नशिस्त' जमीं थी, 'राही' साहब भी थे...दौर पर दौर चल रहे थे...तब तक जावेद साहब ने तौबा नहीं की थी...आजकल तो उनके साथ 'जेठ-बैसाख' हो जाता है...वो मेरी जावेद साहब से पहली मुलाकात थी...फिर धीरे-धीरे मिलने के कारण बढ़ते रहे...लेकिन आज तक मुझे अपना दोस्त होने का शरफ़ नहीं हासिल हो सका...वैसे भी चालीस पैतालीस साल की उम्र के बाद कहाँ किसी से दोस्ती हो पाती है? और आजकल हमारे जैसे लोगों के पास न तो दोस्ती करने का वक्त है और न दोस्ती करने की हिम्मत। अब तो ऐसी दोस्तियों की ज़रुरत है जो चलताऊ भी हो और टिकाऊ भी।

उस दिन जावेद साहब के यहाँ शायद रात का एक बज गया था...धीरे-धीरे लोग उठ रहे थे...कोई दो बजे के करीब, हम लोगों के साथ 'राही' भी उठे...घर जाने के लिए...जावेद ने उनसे कहा—'राही साहब' आप भी जा रहे हैं? कुछ देर

रूक नहीं सकते हैं?

'राही' रूक गये। फौरन रूक गये।

'राही' से बम्बई में मिलना लगातार मुश्किल होता जा रहा था। आम तौर पर वो 'घर' पर नहीं मिलते थे। कभी-कभी मिल जाते तो बड़े प्यार से बुलाते थे और खूब 'गुफ्तुगू' रहती थी। उनके उपन्यास भी लगातार आ रहे थे...लेकिन 'आधा गाँव' जैसी रचना के लिए जो बेफ़िक्री, मस्ती और लगन चाहिये वो 'राही' को ज़िन्दगी में फिर कभी न मिल सकी...चाहने के बावजूद न मिल सकी...एक सफल फ़िल्मी लेखक जिसने करोड़ों रुपया कमाया...अपने लिए थोड़ा सा वक्त न कमा सका...हाय वक्त न कमा सका...और वक्त मिटता गया...

'राही' से पिछली मुलाकात जो बम्बई में हुई थी मुझे अब भी पता नहीं कितने साल हो गये है...शायद पन्द्रह बीस साल...अपने मित्र और कैमरा मैन हरिमोहन के साथ 'राही' साहब के पास गया था। हरि मोहन 'टोपी शुक्ला' पर फीचर फ़िल्म बनाना चाहते थे और 'राही' ने उन्हें बगैर एक पैसा लिए अनुमति दे दी थी। ये 'राही' का कमिटमेण्ट था...इन्हीं दिनों किसी मुलाकात में 'राही' ने बताया कि उन्होंने एक स्टील फैक्ट्री डाल दी है...और शायद एक और कोई फैक्ट्री लगवा रहे हैं...'राही' के मुँह ये सुनकर मैं सन्नाटे में आ गया था...चीखता रोता हुआ सन्नाटा...चीत्कार करता सन्नाटा...ये शहर...ऐ शहर...ये तूने क्या किया...खलीलुर्रहमान आज़मी की एक नज़्म के कुछ शेर हैं...

याद करते हुए उस यूसुफे गुमगश्ता को
कुछ दिनों रोई तो होगी मेरे घर की दीवार
कुछ दिनों गाँव की गलियों में उदासी होगी
आम के बाग में बेचैन फिरी होगी बहार

बताया जाता है कि राही की ख्वाहिश थी कि उन्हें पैतृक गाँव गंगौली में दफन किया जाये...गंगा के किनारे किसी आम के बाग में...महादेव मंदिर के पास क्योंकि उनकी रंगों में गंगा का पानी लाल खून बन कर दौड़ रहा था...लेकिन 'राही' बम्बई में नहीं मुम्बई के किसी क़ब्रिस्तान में दफन हैं...शायरों के साथ यही होता आया है...मीर तकी 'मीर' का शेर है...

सिरहाने 'मीर' के अहिस्ता बोलो
अभी टुक रोते-रोते सो गया है

...और आज 'मीर' की कब्र के पास से धड़ाधड़ ट्रेनें गुज़रती रहती हैं...'राही' चाहे जहाँ दफन हों...मैं तो उन्हें गंगा के किनारे उगते हुए सूरज में, रेत पर टहलते हुए देखता हूँ...रेत पर उनके कदमों के निशान मिटते नहीं...उन्हें गंगा अपनी गोद में समेट लेती है।

सबसे जुदा राहों का
अजब आज़ाद मर्द था राही

(सैयद शाहिद मेहदी से असग़र वजाहत की बातचीत)

उर्दू और फारसी के मर्मज्ञ, प्रशासनिक सेवा के भूतपूर्व अधिकारी जामिया मिल्लिया इस्लामिया के पूर्व कुलपति सैयद शाहिद मेहदी ने 'राही' मासूम रज़ा के जीवन और व्यक्तित्व के पक्षों पर कुछ ऐसे तथ्य और विश्लेषण सामने रखें हैं जो 'राही' को समझने की कुंजी सिद्ध हो सकते हैं। 'राही' के चचेरे भाई होने के कारण सैयद शाहिद मेहदी ने समग्रता में 'राही' के व्यक्तित्व पर प्रकाश डाला है। उनसे यह साक्षात्कार लिया है हिन्दी के प्रतिष्ठित ख्याति प्राप्त लेखक असग़र वजाहत नें।

असग़र वजाहत : हिन्दी के लेखक राही मासूम रज़ा के रचनाकर्म से भली भांति परिचित हैं लेकिन उनके व्यक्तित्व और उस परिवेश के बारे में जानकारियाँ कम हैं जिसमें 'राही' ने होश संभाला था और जो उनके व्यक्तित्व निर्माण में महत्त्वपूर्ण रही। कृपया 'राही' के जीवन के उन पक्षों पर प्रकाश डालिए।

सैयद शाहिद मेहदी : राही मासूम 'रज़ा' मुझसे बड़े थे। बचपन में हम लोग मोहर्रम के लिए गाँव यानी गंगौली जाया करते थे, वहीं मासूम भाई से मुलाकात होती थी। मुहर्रम में वहाँ सारे रिश्तेदारों के जमा होने से बड़ी गहमा गहमी रहती थी। हम सब लोगों का खानदान बुनियादी तौर पर गाँव के छोटे ज़मीदारों का खानदान था।...'मासूम' भाई की शख्सियत बड़ी दिलकश थी। हम उम्र लोग उन्हें घेरे रहते थे। उनके पैर में हल्का-सा लंग था जिसके बारे में बताया जाता था कि बचपन में 'बोन टी.बी.' हो गयी और उसकी वजह से एक पैर छोटा हो गया था। लेकिन बड़े वजीह थे। गोरा चिट्टा रंग, खड़ा नाक, बड़ी और चमकदार आंखे किसी को भी अपनी तरफ खींच लेने की ताक़त रखती थी। उनके इर्द-गिर्द एक हतक़ा बना रहता था। बचपन में बीमार पड़ जाने की वजह से पढ़ाई का सिलसिला टूट गया था और उन्होंने आगे की पढ़ाई उर्दू के इम्तिहानात देकर पूरी की। उनकी शख्सियत में बग़ावत का रुझान उस ज़माने में भी था। यानी किसी दूसरे के पीछे न चलना, बल्कि अपना रास्ता खुद बनाने की हिम्मत...ये कहा जा सकता है कि वो रैडिकल थे।...सरे आम अपनी राय का इज़हार कर सकते थे...सख्त से सख्त

और कड़वी से कड़वी बात कहने की हिम्मत थी...रवायतों को तोड़ने में मज़ा आता था...मुझे याद है एक बार उन्होंने गंगौली में मजलिस पढ़ी थी। लेकिन उस तरह मेम्बर (मजलिस पढ़ने के लिए इमाम बाड़े में रखा मंच) पर बैठने के बजाये उसके बराबर खड़े होकर मजलिस पढ़ी थी। बहुत अच्छी मजलिस पढ़ी थी लेकिन उसमें भी अपना अलग और जुदा अंदाज़ था...बग़ावत की खुशबू थी एक खुद्दारी थी...कज अदाई थी...छोटे ज़मींदारों की दुनिया में जैसी आन-बान, रोब-दाब और सज-धज होती है...किसी से अपने को छोटा न समझना... किसी से मरऊब न होना...किसी के आगे सिर नहीं झुकना, किसी के आगे न गिड़गिड़ाना 'मासूम' भाई का बुनियादी किरदार था...किसी से दबते नहीं थे...बड़े से बड़े अदीब या शायर या प्रोड्यूसर डायरेक्टर से उनके ताल्लुकात बराबरी के ताल्लुकात थे...उनका ये अंदाज़ उम्र भर कायम रहा...इलाहाबाद में उनकी मुलाकात उर्दू के मशहूर पब्लिशर अब्बास हुसैनी से हुई जो उर्दू में 'निकहत' नाम का महाना निकालते थे। इसके अलावा वो 'जासूसी दुनिया' और 'रूमानी दुनिया' नाम की दो किताबें हर महीने शाया करते थे। राही भाई शाहिद अख्तर के नाम से रुमानी दुनिया के लिए नाविल लिखा करते थे। यहीं मासूम भाई को शायद पाबंदी से लिखने की आदत पड़ी...लिखने वालों के लिए पाबंदी से लिखना बहुत ज़रूरी है। इलाहाबाद से ही मासूम भाई मुशायरों में जाने लगे थे। उनकी आवाज़ में जादू था, उनका तरन्नुम अनोखा था। एक तो अच्छी शायरी दूसरे अच्छी आवाज़। मुशायरे में बहुत मकबूल हुए। लूटने लगे...शायद सन् 1956-57 के आसपास राही भाई अलीगढ़ आयें और यहाँ अपने बड़े भाई प्रो. मूनिस रज़ा के साथ रहने लगे...लेकिन बड़े भाई के साथ रहते हुए भी उन्होंने अपनी अलग 'स्पेस' और पहचान बनाये रखी। वो वली मंज़िल के अलग कमरे में, घर के बाहर हिस्से में रहा करते थे। उनसे मिलने यार दोस्त आते थे, गप्प-शप्प की महफिलें आरास्ता होती थीं...

असग़र वजाहत : जनाबेवाला राही साहब ने शायरी की शुरुआत 'ग़ज़ल' से की थी या नज़्म से?

सैयद शाहिद मेहदी : ग़ज़ल के शायर के तौर पर मासूम भाई को पहले पहचाना गया। 1957 में 1857 की जंगे आज़ादी की सौसाला तक़रीबात मनाई जा रही थी। मासूम भाई ने 1857 पर इपिक लिखा...इसमें मूनिस भाई की तहरीक शामिल थी। अलीगढ़ में उनकी जो हीरो इमेज थी वो इससे और ज़्यादा मज़बूत हुई लड़के लड़कियों के गिरोह उन्हें घेरे रहा करते थे। उस ज़माने में अलीगढ़ में बहुत बड़े शायर, नस्त्रनिगार और नक़्क़ाद (आलोचक) थे लेकिन मासूम भाई ने किसी का कैम्प ज्वाइन नहीं किया...वो अपनी मस्जिद बनाने पर यकीन करते थे।

असग़र वजाहत : राही साहब किस व्यक्ति, नेता, साहित्यकार आदि से प्रभावित कहे जा सकते हैं?

सैयद शाहिद मेहदी : हक़ मग़फरत करे अजब आज़ाद मर्द था। 'मासूम' भाई पर असर किसी और का बड़ी मुश्किल से होता था...अपनी अलग राह जो चलने की आदत थी वो उन्हें इस बात से रोकती थी कि वो किसी के असर में आये। जब वो इलाहाबाद और अलीगढ़ में थे तो इन दोनों शहरों में बड़े पाये के शायर और अदीब मौजूद थे लेकिन मासूम भाई किसी के असर में नहीं आये...सयासी या आइडियोलाजिकल असर मासूम भाई पर उनके बड़े भाई मूनिस रज़ा का हो सकता है...इसके अलावा मैं नहीं कह सकता कि उन पर किसका असर था वो तो अपना रास्ता ही खुद बनाने पर यक़ीन करने वाले लोगों में थे।

असग़र वज़ाहत : इतना आत्मविश्वास कैसे पैदा हो गया था 'राही' साहब के अन्दर?

सैयद शाहिद मेहदी : एक तो फैक्टर वही है–कस्बे छोटे ज़मींदार वाला और दूसरे ये हुआ कि वो जब इलाहाबाद आये तो पाबंदी से लिखने की आदत डाली जिसकी वज़ह से आमदनी भी होने लगी। किसी के दस्ते निग़र नहीं रहे। अपना खर्च बखूबी चलाने लगे। इस तरह अपने कुव्वते वाज़ पर एतमाद बढ़ता रहा है और पूरी ज़िन्दगी 'मासूम' भाई ने किसी से कुछ माँगा नहीं दिया ही है...और खूब दिया है...खर्च के मामले में उनका कोई हिसाब किताब नहीं था...ये नहीं कि कोई बुरी आदत थी और पैसा वहाँ खर्च होता था। अब घर में मेहमानों का सिलसिला लगा हुआ है, खातिर तवाजों हो रही है...लोग आ जा रहे हैं...दिन में सैकड़ों बार चाय बन रही है...मनो खाना पक रहा है...ये उनका शौक था...इस तरह उनकी मोहब्बत और शफकत की बारिश हर खासो–आम पर हुआ करती थी।

असग़र वजाहत : इसके अलावा उनके व्यक्तित्व का कोई और पक्ष जो बहुत महत्त्वपूर्ण हो?

सैयद शाहिद मेहदी : कम्प्रोमाइज करना उन्होंने सीखा ही नहीं था। समझौते करने वाली उनकी शख्सियत नहीं थी। आप देख लीजिए उन्होंने लड़ाई लड़ते वक्त ये नहीं देखा कि किससे लड़ रहे हैं और वो कितना ताकतवर आदमी है। उन्होंने हमेशा ये देखा कि वो खुद सही हैं? हक़ और इंसाफ़ के रास्ते पर हैं या नहीं? जब उन्हें ये यकीन हो जाता था कि वो सच्चाई पर है तो बड़े से बड़े आदमी के सामने नहीं झुकते थे। फ़िल्मी दुनिया की कुछ बड़ी हस्तियाँ जब उर्दू 'मीर' और 'ग़ालिब' पढ़ाने लगीं तो मासूम भाई ने उन्हें बताया कि 'मीर' और 'ग़ालिब' क्या है? फ़िल्मी दुनिया के माहौल में ये बात पसंद नहीं की गयी और 'राही'

यहीं के बाअसर लोगों से ताल्लुकात खराब हो गये। ज़ाहिर है कि ये ऐसे लोग थे जो अगर चाहते तो काम की झड़ी लगा सकते थे। गंगौली हो या गाज़ीपुर, इलाहाबाद हो या दिल्ली, बम्बई हो या मद्रास मासूम भाई ने बराबरी की सतह पर ही ताल्लुकात बनाए थे। बी.आर. चोपड़ा जैसे शख्स से भी वो बराबरी से मिलते थे और इसकी वजह यही थी कि अपनी मेहनत और जेहानत पर उन्हें पूरा यकीन था।

असग़र वजाहत : क्या यह कहा जा सकता है कि राही साहब का रवैया रुमानी था और वो हक़ीक़त पसंन्द नहीं थे?

सैयद शाहिद मेहदी : ज़िन्दगी और अदब की तरफ उनका रवैया लोजिकल था। यह बात ज़रूर है कि ज़ज्बातियत उनकी शख्सियत का एक बहुत बड़ा अनसुर था जो शायरी और नाविल निगारी में बार-बार झलकता है। शायद यही वजह है कि कुछ लोगों ने उन्हें रुमानी शायर और मुसन्निफ समझा और मेरे ख्याल से उस ज़माने की तरक्की पसन्द तहरीक और समाजवादी तर्जेफ़िक्र का उन पर गहरा असर था। उनकी सबसे बड़ी खूबी मैं यह मानता हूँ कि उनके पास ज़िन्दगी के तजुर्बों का खज़ाना था।

असग़र वजाहत : क्या वजह है कि राही साहब ने एक शायर होने के बावजूद फ़िल्मों के लिए गीत नहीं लिखे?

सैयद शाहिद मेहदी : बंबई में जब वो फ़िल्मों के लिए स्क्रिप्ट लिखने लगे थे तो उन्होंने शायरी को शायद अपने बहुत निजी एहसासात की अक्कासी का ज़रिया बना लिया था और वो नहीं चाहते थे कि इस शायरी को फ़िल्मी कमाई का ज़रिया बनाये। यही वजह है कि उन्होंने उस ज़माने में मुशायरों में जाना बन्द कर दिया था। अब जैसे अख्तरुल ईमान को देखिए वो जीवन पर स्क्रीनप्ले और मुकालमे लिखते रहे लेकिन गीत कभी नहीं लिखें। मेरे ख्याल से शायद मासूम भाई ने फ़िल्मी राइटिंग और अदबी राइटिंग में एक फर्क रखा था और अदब एहतराम का लिहाज़ रखा।

असग़र वजाहत : राही साहब की शायरी और नाविलों में राष्ट्रीय एकता के तत्व बहुत प्रमुख है। क्या अपने व्यक्तिगत जीवन में भी राही साहब मिली जुली संस्कृति और मूल्यों में विश्वास करते थे।

सैयद शाहिद मेहदी : यह सब तो हमारे उस माहौल में था। सब कुछ वहाँ फिजिकल प्रेजेन्ट था। अगर आप गंगौली जाएं तो दखेंगे कि गंगा की गोद में बसा एक गाँव है। आप पीपल के पेड़ों और मन्दिरों को देखेंगे आज भी वो पूरा इलाका हिन्दू-मुस्लिम दोस्ती और मिली-जुली तहज़ीब का नुमाइन्दा है। राही भाई को गंगौली से बेहद प्यार था।

असग़र वजाहत : आखरी बार वे गंगौली कब गए थे?

सैयद शाहिद मेहदी : हाँ, यह एक बहुत अजीब बात है लेकिन सच है कि राही भाई बंबई जाने के बाद गंगौली कभी नहीं गए।

असग़र वजाहत : इसकी क्या वजह थी?

सैयद शाहिद मेहदी : मैं यकीन के साथ तो नहीं कह सकता लेकिन शायद उनके तसव्वुर और ख्वाबों में गंगौली की जो तस्वीर थी उसे वो बिगाड़ना नहीं चाहते थे। ज़ाहिर है कि वक्त बड़ा ज़ालिम होता है। वो पुराने नुकूश को मिटाता रहता है। एक हस्सास शायर उन्हीं नुकूश के सहारे जीता है। इसलिए शायद मासूम भाई गंगौली कभी नहीं गए। लेकिन वो गंगौली को भूले कभी नहीं। गंगौली को न उनकी शख्सियत से अलग कर सकते हैं न उनके अदब से।

धर्म और साम्प्रदायिकता

(राही मासूम रज़ा द्वारा लिखा गया लेख)

ज़ाहिदे-तंग नज़र ने मुझे काफिर जाना और काफिर समझता है कि मुसलमान हूँ मैं!! मगर मज़े की बात यह है कि न मैं काफिर हूँ, न मुसलमान। मैं तो एक हिन्दुस्तानी हूँ और इसके सिवा मेरी कोई और पहचान नहीं हैं। इसलिए मैंने अपनी नज़्म 'वसीयत' में लिखा था कि अगर मैं गंगा से दूर मरूं तो—

मुझे ले जाके गाज़ीपुर में गंगा की गोदी में सुला देना।
वो मेरी माँ है, वह मेरे बदन का ज़हर पी लेगी
मगर शायद वतन से दूर, इतनी दूर मौत आये
जहाँ से मुझकों गाज़ीपुर ले जाना न मुमकिन हो तो फिर मुझको।
अगर उस शहर में छोटी सी एक नदी भी बहती हो
तो मुझको उसकी गोदी में सुला कर
उससे कह देना कि यह गंगा का बेटा आज तेरे हवाले है!!

तो आज आपसे गंगा का यही बेटा बात करना चाहता है क्योंकि आज मेरा दिल दुखा हुआ है। धमकियों भरे खतों से मुझे डर नहीं लगता क्योंकि मुझसे पहले भी बहुत से लोग सच बोलने के जुर्म में मारे जा चुके हैं।

मुझे जो बात परेशान करती है वह यह है कि लोग सिर्फ वही बातें क्यों सुनना चाहते हैं जिसे वे सच मानते हैं। जानते नहीं-मानते हैं और जानने की कोशिश हीं नहीं करते। मैं सचमुच यह जानना चाहता हूँ कि अगर आपको लाखों लाख मंदिरों और मस्जिदें बनवाने का अधिकार है, कि अगर आपको बौद्ध मंदिर गिराकर हिन्दू मंदिर बनवाने का अधिकार है, कि अगर आपको हिन्दू मंदिर ढाकर मस्जिद बनाने को अधिकार है, कि अगर आपको पंजाब की मस्जिदों को मंदिर या गुरुद्वारा बना लेने का अधिकार है तो मुझे कहने का अधिकार क्यों नहीं है कि एक ऐसे मंदिर और एक ऐसी मस्जिद को ढा दिया जाये जो हमारे नागरिक और सामाजिक जीवन में आग लग जाने का कारण बन सकती हैं। क्या आपको यह अधिकार इसलिए है कि आप 50 करोड़ हैं? क्या आपको अधिकार इसलिए है कि आप 72 करोड़ हैं? और

क्या मुझे यह अधिकार इसलिए नहीं कि मैं अकेला हूँ? पर क्या मैं वाकई अकेला हूँ? और जो हूँ भी तो क्या लोकतंत्र में अकेले आदमी को किसी डर के बिना इज़्ज़त से जीने का अधिकार नहीं? जो नहीं, तो आप अपने धर्म और आप अपने मज़हब को नहीं जानते हैं और न ही उसकी इज़्ज़त करते हैं।

मजे के लिए एक खत के कुछ हिस्से देखिये—

धमकी भरे पत्र

''साले कुत्ते रहा ('ज' के नीचे बिंदी नहीं डाली!)...मैं बताता हूँ कि मुसलमानों ने क्या दिया है इस देश को। मक्खी, मच्छर, बिखरी हुई हड्डियाँ, गंदी सड़ी गलियाँ और पान की पीक से सने टाट के बोरे लटके हुए दरवाजे...जिस उल्लू के पट्ठे ने क़ौम लिखी उसमें यह भी लिखा है कि ये बेगैरत कौम 1400 साल में गारत हो जायेगी।...। मुसलमान चाहे मुनीस रजा हों या राही मासूम रजा...तुम सब लोगों के पदजमदजपवद एक ही है क्योंकि खून जो गद्दार है, बेटा बाप की गरदन साफ करता है, बाप बेटे की। बाप बेटी तथा बहू से शादी कर खुदा कहलाता है। चाचा भतीजी से और मामा भांजी से शादी करता है...तुम मलेच्छो की कोई संस्कृति नहीं...साले कटवे मक्के मदीने पर तू खुद पेशाब कर उसके बाद उसे बम से उड़ा दे...राम जन्मभूमि को ढाने कहने की हिम्मत तेरी...शिव सेना का त्रिशूल अंतड़ियों में घुसने को तैयार है...गंगा में नहा तू सूअर अगर कुछ जानना है तो वेदों को पढ़ उपनिषद पढ।''

बाल ठाकरे विचार करें

यह खत लिखने वाला, गीता पर ईमान रखने वाला कोई हिन्दू हो ही नहीं सकता! यह कोई कायर है जिसने अपने खत में अपना नाम तक नहीं लिखा! यह आदमी न इस्लाम के बारे में कुछ जानता है न हिन्दू धर्म के बारे में (लेकिन चूंकि इसके हाथ में शिवसेना का त्रिशूल है, इसीलिए मैं चाहता हूँ कि सर्वश्री बाल ठाकरे इस बात पर विचार करें कि उन्होंने शिवसेना का त्रिशूल किन लोगों के हाथ में दे दिया है।)

मैंने 30-40 खतों में से केवल दो खत चुने हैं। इससे पहले मैं एक सुलतानपुरी का ज़िक्र कर चुका हूँ। दोनों ही आधा सच बोले। सुलतानपुरी ने मुसलमानों को बताया कि मैं बाबरी मस्जिद को गिराने की बात कर रहा हूँ और यह बेनाम आदमी यह कह रहा है कि राम जन्मभूमि का मंदिर गिराने की बात कर रहा हूँ। जबकि पूरा सच यह है कि मैंने दोनों को गिराकर वहाँ बच्चों के लिए एक राम बाबरी पार्क बनाने की बात कही थी! परन्तु उस सुलतानपुरी मुसलमान और इस शिव सैनिक हिन्दू के आधा सच बोलने से यह पता ज़रूर चलता है कि साम्प्रदायिकता

का कोई धर्म नहीं है। यह सेक्युलरिज़्म पर हमला करने के लिए कभी भी हरे और केसरी का गठजोड़ करवा सकती है।

परन्तु मैं आपको जो दूसरे खत सुनाने जा रहा हूँ वह पहले की तरह जाहिल नहीं है।

यह खत लिखा है 24

तलैया मुहल्ला, झांसी के श्री मनमोहन साहू स्नेही ने, जो 'बुंदेलखंड नवनिर्माणार दल' के महामंत्री हैं'...

यह अपने खत के आखिर में लिखते हैं कि, ''हाँ मेरी भी एक तमन्ना है। काबे के अन्दर जाकर ऊँ नमः शिवाय जपू और शिव को गंगाजल अर्पित करुं''

कुछ याद आता है कि शायद पहली लोकसभा में हिन्दू महासभा (?) के सदस्य ने यह कहा था कि काबे का 'संग़े-असवद' वास्तव में शिवलिंग है और उसे हिन्दुस्तान वापस आ जाना चाहिए। ख्याल आता है कि पंडित नेहरू ने बहुत डांट पिलाई थी। पर मैं पंडित नेहरु नहीं हूँ (होना भी नहीं चाहता!) मैं स्नेही जी से केवल यह पूछना चाहता हूँ कि आप की यह तमन्ना क्यों है। क्या इसलिए कि जहाँ एक मंदिर था वहाँ एक मस्जिद बन गई है? यदि ऐसा है तो आप में और बाबर बादशाह में क्या फर्क रह जायेगा? यह प्रश्न मैं इसलिए कर रहा हूँ कि स्नेही जी ने लिखा है:

''जहाँ तक श्री राम जन्मभूमि पर बाबरी मस्जिद का प्रश्न है...गरीब से गरीब और कमजोर से कमजोर भी प्रयत्न करता है कि उसे उसका हक मिल जाय! आक्रांताओं ने सम्पूर्ण मानवीय संवेदनाओं को बलाये ताक रखकर हिन्दुओं की उस काल की न केवल सम्पत्ति वरन हिन्दुत्व को मिटाने में कोई कोर कसर नहीं छोड़ी थी।''

स्नेही जी तो कवि हैं (शायद) तो उन्हें अपने साहित्य और अपनी सभ्यता का इतिहास तो मालूम होना चाहिए।

इतिहास गवाह है

क्या रसखान का नाम काटकर कृष्ण भक्ति काव्य का इतिहास लिखा जा सकता है? क्या तुलसी की रामायण में आपको कहीं मुगल दरबार की झलकियाँ दिखाई नहीं देती? क्या आपने अनीस के मरसिये देखे? देखें तो आपको यह भी मालूम होगा कि इन मरसियों के पात्रों के नाम भले ही अरबी हों परन्तु वह है अवध के राजपूत। क्या आपको ग़ालिब का एक शेर सुनाऊँ......

जला है जिस्म जहाँ, दिल भी जल गया होगा
कुरेदते हो जो अब राख जुस्तुजू क्या है।

यह शेर पढ़कर कौन सी तस्वीर उभरती है? क्या आपने नज़ीर अकबराबादी की नज़्म 'होली' पढ़ी है? क्या आपने गोलकुंडा के कुतुबशाही बादशाहों की मस्जिद देखी है? उसके खम्बे कमल के तराशे हुए फूलों पर खड़े हैं और उसकी मेहराबों में आरती के दिये खुदे हुए है? क्या आप जानते हैं कि महाकवि अमीर खुसरों की माँ राजपूतानी थीं? क्या आपने देखा है कि मुहर्रम पर दशहरे की छाप कितनी गहरी है? क्या आपने बड़े गुलाम अली खाँ, करामात अली खाँ, फैयाज खाँ, अहमद जान थिरकवा, अल्ला रक्खा खाँ, बिसमिल्ला खाँ, बेग़म अखतर, रसूला बाई...वगैरा के नाम सुने हैं? स्नेही जी 'हिन्दुत्व को मिटाने में कोर कसर न छोड़ने' की बात न कीजिये। हिन्दुस्तान के मुसलमानों ने हिन्दू संस्कृति और सभ्यता को अपने खूने-दिल से सींच कर भारतीय संस्कृति और भारतीय सभ्यता बनाने में बड़ा योगदान किया है।

आप जैसों की परेशानी यह है कि आप लोग धर्म की धूलभरी, गहरे रंगों वाली ऐनक उतार कर धूप का असली रंग देखने को तैयार ही नहीं है। भूल जाइये कि हिंदुस्तान सिर्फ आप जैसे हिन्दुओं ही का है। हिंदुस्तान मेरा भी है और वह किसी भी तरह आप से कम मेरा नहीं है।

आप स्नेही हैं तो हिंदुत्व जैसे अर्थहीन शब्दों के जाल से निकलिये और ढाई अक्षर प्रेम का लेकर उठिये, उठिये, घर-घर जाइये। अन्त में जिगर मुरादाबादी का एक शेर...

उनका जो काम है, वह अहले सियासत जानें
मेरा पैगाम मुहब्बत है, जहाँ तक पहुँचे।

इस बार वास्तव में मैं पाकिस्तान के 'इस्लामी बम' और राष्ट्रपति रीगन की दोगली और मानव-दुश्मन राजनीति की बात करना चाहता था। उसे आगे कभी के लिये टालना पड़ा क्योंकि खतों का उत्तर देना ज़रूरी था।

एक बात और प्रिय त्रिशूली मित्रों। गाली बकने से पहले गाली बकना सीख तो लो।

ग्रंथ सूची

उपन्यास

1. आधा गाँव (1966), राजकमल प्रकाशन, नई दिल्ली
2. टोपी शुक्ला (1968), राजकमल प्रकाशन, नई दिल्ली
3. हिम्मत जौनपुरी (1969), राजकमल प्रकाशन, नई दिल्ली
4. ओस की बूंद (1970), राजकमल प्रकाशन, नई दिल्ली
5. दिल एक सादा कागज़ (1973), राजकमल प्रकाशन, नई दिल्ली
6. सीन–75 (1977), राजकमल प्रकाशन, नई दिल्ली
7. कटरा बी आर्ज़ू (1978), राजकमल प्रकाशन, नई दिल्ली
8. असंतोष के दिन (1986), राजकमल प्रकाशन, नई दिल्ली
9. नीम का पेड़ (2003), राजकमल प्रकाशन, नई दिल्ली

काव्य संग्रह

1. अठारह सौ सत्तावन क्रांति कथा (1957) में मूलतः उर्दू में प्रकाशित हुआ था। नया संस्करण (1999, 2004), वाणी प्रकाशन, नई दिल्ली
2. मैं एक फेरी वाला (1976), राजकमल प्रकाशन, नई दिल्ली
   नया संस्करण (2004), शिल्पायन, दिल्ली
3. शीशे के मकां वाले (2001), वाणी प्रकाशन, दिल्ली
4. ग़रीबे शहर (2001), वाणी प्रकाशन, दिल्ली

जीवनी

1. छोटे आदमी की बड़ी कहानी शहीद अब्दुल हमीद की जीवनी (1966), राजकमल प्रकाशन, नई दिल्ली
   नया संस्करण (2004), शिल्पायन, दिल्ली

लेख, निबंध एवं अन्य रचनाएँ

1. खुदा हाफ़िज कहने का मोड़ (1999),वाणी प्रकाशन, नई दिल्ली
   (साहित्यक एवं सांस्कृतिक निबंध)

2. लगता है बेकार गए हम (1999), वाणी प्रकाशन, नई दिल्ली
(व्यंग्यात्मक निबंध एवं राजनैतिक पत्र)
3. सिनेमा और संस्कृति (2001), वाणी प्रकाशन, नई दिल्ली
(सिनेमा और संस्कृति के अंतर्संबंधों पर वैचारिक लेख)

सहायक-ग्रंथ सूची

1. उपन्यास का शिल्प, गोपाल राय, बिहार हिंदी ग्रंथ अकादमी, प्रथम संस्करण-1973
2. भारतेंदु हरिश्चन्द्र एवं हिंदी नवजागरण की समस्याएँ, डॉ राम विलास शर्मा, राजकमल प्रकाशन, नई दिल्ली, पांचवा संस्करण-1999
3. भारतीय जनजागरण और प्रेमचंद के उपन्यास, डॉ. सत्यवती मित्तल, प्रकाशन संस्थान, नई दिल्ली, प्रथम संस्करण-1999
4. अठारह सौ सत्तावन के स्वाधीनता संग्राम का हिंदी साहित्य पर प्रभाव, डॉ. भगवान दास माहौर, प्रथम संस्करण, 1976
5. उपन्यास का यथार्थ और रचनात्मक भाषा, परमानन्द श्रीवास्तव
6. आधुनिक हिंदी काव्य और संस्कृति, डॉ. भक्तराज शास्त्री, चन्द्रलोक प्रकाशन, 128/106, जी ब्लॉक, किदवाई नगर, कानपुर-208011, प्रथम संस्करण-1996
7. आधुनिक साहित्य की प्रवृत्तियाँ, नामवर सिंह, लोकभारती प्रकाशन, इलाहाबाद, नवीन संस्करण-2004
8. भारतीय संस्कृति का मुसलमानों पर प्रभाव, डॉ. महम्मद उमर (अनुवादक- डॉ. जानकी प्रसाद शर्मा)
9. नई कविता और अस्तित्वाद, राम विलास शर्मा, राजकमल प्रकाशन, नई दिल्ली, छात्र संस्करण-1993
10. नवजागरण और प्रतापनारायण मिश्र, भगवती प्रसाद शर्मा, राधा पब्लिकेशन्स, अंसारी रोड, दरियागंज, नई दिल्ली-110002, प्रथम संस्करण-1994
11. प्रगतिशील साहित्य के मानदंड, रांगेय राघव, सरस्वती पुस्तक सदन, आगरा, संस्करण-1954
12. महावीर प्रसाद द्विवेदी और हिंदी नवजागरण, रामविलास शर्मा, राजकमल प्रकाशन, नई दिल्ली, पहली आवृत्ति-2002
13. राही मासूम रज़ा, एक अध्ययन, डॉ. जिलेदार सिंह, चिंतन प्रकाशन, हंसपुरम्, कानपुर-208021, प्रथम संस्करण-2005
14. राही मासूम रज़ा का रचना संसार, रेहाना रिज़वी, सुलभ प्रकाशन, 17 अशोक मार्ग, लखनऊ-226001, प्रथम संस्करण-1999
15. राही मासूम रज़ा, कुँवरपाल सिंह, साहित्य अकादमी प्रकाशन, प्रथम संस्करण-2005, रवीन्द्र भवन, 35, फिरोजशाह मार्ग, नई दिल्ली-110001
16. राही मासूम रज़ा से दोस्ती, सं.-कुंवर पाल सिंह, इतिहास बोध प्रकाशन, बी-239, चंद्रशेखर

आज़ाद नगर, इलाहाबाद–211004, प्रथम संस्करण–2006
17. विचार का अनंत, पुरूषोत्तम अग्रवाल, राजकमल प्रकाशन, नई दिल्ली
18. साठोत्तरी हिंदी उपन्यासों में राजनैतिक चेतना, कृष्ण कुमार बिस्सा, दिनमान प्रकाशन, नई दिल्ली, संस्करण–1984
19. स्वतंत्रता संग्राम, बिपिनचंद्र, अमलेश त्रिपाठी, बरूण दे, अनुवादः रामसेवक श्रीवास्तव, नेशनल बुक ट्रस्ट इंडिया, ए–5, ग्रीन पार्क, नई दिल्ली–110016
20. स्वातंत्रयोत्तर हिंदी कथा साहित्य और ग्राम जीवन, डॉ विवेकी राय, लोकभारती प्रकाशन, इलाहाबाद, प्रथम संस्करण–1974
21. हिंदी उपन्यास का विकास, मधुरेश, सुमित प्रकाशन, बी–43, गोविन्द पुर, इलाहाबाद–211004 (19996–2004, चतुर्थ संस्करण)
22. हिंदी के आंचलिक उपन्यास, डॉ. मृत्युंजय उपाध्याय, चित्रलेखा प्रकाश न, 170, अलोपी बाग, इलाहाबाद, 211006, प्रथम संस्करण–1989
23. हिंदी उपन्यासः एक अन्तर्यात्रा, रामदरश मिश्र, राजकमल प्रकाशन, दिल्ली, प्रथम संस्करण–1968
24. हिंदी उपन्यास 1950 के बाद, संपादक–निर्मला जैन, नित्यानंद तिवारी, नेशनल पब्लिशिंग हाउस, 23, दरियागंज, नई दिल्ली–110002, प्रथम संस्करण–1983
25. हिंदी उपन्यासों में मार्क्सवादी चेतना, डॉ. वीरेन्द्र कुमार, संजय प्रकाशन, दिल्ली–110053, प्रथम संस्करण–1994
26. हिंदी उपन्यास सामाजिक चेतना, कुँवर पाल सिंह, पांडुलिपि प्रकाशन, प्रथम संस्करण–1976
27. हिंदी उपन्यासः समकालीन परिदृश्य, संपादक– डॉ. महीप सिंह, लिपि प्रकाशन, 1 अंसारी रोड, दरिया गंज, नई दिल्ली–110002, प्रथम संस्करण–1980
28. हिंदी उपन्यास साहित्य की विकास परंपरा में साठोत्तरी उपन्यास, डॉ. पारूकांत देसाई, चिंतन प्रकाशन, हंसपुरम, कानपुर–208021
29. हिंदी साहित्य और संवेदना का विकास, रामस्वरूप चतुर्वेदी, लोकभारती प्रकाशन, इलाहाबाद, सत्रवा संस्करण–2004
30. हिंदी साहित्य का दूसरा इतिहास, बच्चन सिंह, राधाकृष्ण प्रकाशन, नई दिल्ली, प्रथम संस्करण–1996

पत्र-पत्रिकाएँ

1. अभिनव कदम, राही विषेषांक, संपादक–चन्द्रदेव राय, जयप्रकाश धूमकेतु, अतिथि सं.–कुंवर पाल सिंह, नवम्बर–2001– अक्टूबर 2002, 223 प्रकाश निकुंज, मऊनाथ भंजन, मऊ (उ.प्र.) 257001
2. धर्मयुग, 1 मार्च 1992, 25 जनवरी 1987, फरवरी–1999
3. वर्तमान साहित्य, शताब्दी कथा विशेषांक, जनवरी–फरवरी 2000, संयोजक संपादक–

असग़र वजाहत, निर्मल पब्लिकेशन, कबीर नगर, नई दिल्ली।
4. सुबह नौ – मासिक उर्दू पत्रिका, मई–जून 1970
5. साप्ताहिक हिंदुस्तान, 5 अप्रैल 1992
6. हिंदुस्तान, 10 मई 2007, नई दिल्ली
7. हंस, मई–2007, संपादक–राजेन्द्र यादव, अक्षर प्रकाशन प्रा.लि. 2/36, अंसारी रोड, दरियागंज, नई दिल्ली–110002

राही मासूम रज़ा

प्रसिद्ध उपन्यासकार, बेहतरीन शायर, शानदार पटकथाकार और दर्जनों सुपरहिट फिल्मों के लेखक राही मासूम रज़ा का जन्म 1 सितम्बर 1927 को उत्तर प्रदेश के गाज़ीपुर जिले के गाँव गंगौली में हुआ था। प्रारम्भिक शिक्षा वहीं से तथा उच्च शिक्षा अलीगढ़ मुस्लिम यूनिवर्सिटी से प्राप्त की। कुछ दिनों वहीं अध्यापन करने के बाद फिल्म लेखन के लिए मुंबई चले गए। यह सोचकर सुखद आश्चर्य होता है कि एक व्यक्ति के कितने आयाम हो सकते है। एक पीढ़ी ऐसी है जो उन्हें साहित्य की अमूल्य रचना आधा गाँव (उपन्यास) के लिए जानती है तो वहीं दूसरी पीढ़ी उन्हें टी.वी. की दुनिया में अब तक के सबसे प्रसिद्ध धारावाहिक 'महाभारत' के लिए जानती है। कितने ही लोग उन्हें, कर्ज़, गोलमाल, मिली, लम्हें तथा मै तुलसी तेरे आंगन की जैसी सुपरहिट फिल्मों के कारण और अदब की दुनिया के लोग उन्हें बेहतरीन शायर के तौर पर पहचानते है। हालांकि हिंदुस्तानीयत उनकी असली पहचान है।

‘‘कोई ज़िंदां (जेल) जो मिले रूक के इबादत कर लो,
और तो कोई जगह सज़्दे के काबिल ही नहीं।’’

—**राही**

श्रेष्ठ भारतीय साहित्य

भारतीय ज्ञानपीठ